中国传媒大学"十二五"规划教材编委会

主任： 苏志武　胡正荣

编委：（以姓氏笔画为序）

　　　王永滨　刘剑波　关　玲　许一新　李　伟
　　　李怀亮　张树庭　姜秀华　高晓虹　黄升民
　　　黄心渊　鲁景超　蔡　翔　廖祥忠

网络与新媒体专业"十二五"规划教材编委会

主任： 黄升民　钟以谦

委员：（以姓氏笔画为序）

　　　马　澈　刘英华　芦　影　杜国清　周　艳
　　　赵新利　郭开鹤　黄京华

网络与新媒体专业"十二五"规划教材

媒介传播理论
人与人之间的影响

钟以谦 著

中国传媒大学出版社
·北京·

目 录

前 言 /1

第一章　理论面对的现实　/1
　　一、虚拟世界里的我们　/2
　　二、什么叫理论?　/5
　　三、受众　/6
　　四、媒介与媒体在概念上的差异　/8
　　五、媒介、媒体研究　/10
　　六、媒体研究的核心是人　/11
　　七、媒体研究的缺憾　/12
　　八、传统媒体时代向新兴媒体时代的异变　/14
　　九、社会现实的发展动向　/16
　　十、两种媒体对社会的影响　/20

第二章　分子化社会的成因　/25
　　一、大众与分子化社会　/25
　　二、个性化及自我中心的时代　/27
　　三、后工业化社会与人　/29
　　四、分配制度彰显个人的社会价值　/34
　　五、大众文化消费成就个人自我中心　/38
　　六、个人比以往任何时候都具有更大的行动范围　/40
　　七、独生子女与经验弱化的社会　/42

八、技术创新解散了集体而非社区 /45
九、工作场所的集体型结构受到了削弱 /47
十、现代企业制度的建立与个体的要求在提高 /50
十一、大城市和超级城市出现 /52

第三章 人对人的影响力 /55
一、人为何要影响人？ /55
二、人因何能影响人？ /58
三、社会学习理论 /66
四、吸引理论 /71
五、自我评价保持模型 /74
六、关系规则理论 /77
七、社会交换理论 /78
八、自我表露 /80
九、社会渗透理论 /82

第四章 从众的影响力 /87
一、从众现象 /87
二、从众研究 /89
三、从众是人的本能吗？ /97
四、榜样的影响力 /99
五、各式各样的从众表现 /103
六、对从众的认识 /109

第五章 流言的影响力 /115
一、流言为何具有"强大的"传播与影响力？ /116
二、对国人流言（谣言）定义的分析 /119
三、流言的几个特性 /123
四、信息内容论 /125
五、流言的社会论 /129
六、流言的社会关系论 /136
七、流言的社会心理论 /143

第六章　宣传的影响力　/154

一、宣传及其内涵　/154

二、宣传与社会控制　/156

三、权力与宣传　/161

四、权力性影响力　/163

五、硬权力和软权力与宣传的影响力　/165

六、宣传的技巧　/167

第七章　文化社会环境的影响力　/175

一、文化与人的关系　/175

二、文化与沟通　/179

三、权力距离　/180

四、个体主义和集体主义　/184

五、内在归因与外在归因　/191

六、阳刚和阴柔　/195

第八章　关于媒介理论的研究　/201

一、关于媒介受众的理论研究　/202

二、关于对收编/抵抗范式的学习　/206

三、诞生于后工业化进程的个体主义　/212

四、人对于人的影响力出自最基本和最深刻的社会关系　/214

五、从众的影响力归于群体的压力　/216

六、流言的影响力在于期盼与无果　/217

七、宣传的影响力出于权力下的技巧　/218

八、文化的影响力来自环境的力量　/219

后　记　/221

前 言

我不知道别人是如何处理前言的,这么说也许不近情理,其实更主要的是因为我不知道前言应该怎样写才合适。比如说它的作用应该是统括全书的要旨?还是作为一个娓娓道来的开篇?如果是全书的统括,读者请先读第八章。其中若有质疑再请回顾相关各章;若再有质疑,就敬请直接与我联系,也可以直接书面反驳。对我而言,尊重反对意见是我能活到老学到老的前提,也是做学问的基础。

作为一名学院派人,我的精神指引是:不歌功颂德,只专注于发现问题,解决问题。因为,只要问题被解决掉,身后留下的一定只是美好。持这种精神可以说是"痛苦"的,但一定不是阴暗的。二者的差别就在于:是在灿烂当中去发现阴暗,还是在阴暗当中去专注更阴暗。"爱之越深,痛之越切"就是前者以爱包含着痛的心境的恰当表述。

于我之痛,在于亲身见识过三种新媒体的兴盛,其中,前两种被称为传统媒体,我曾目睹其转落过程,但一直无法解释其原因。

第一种新媒体是广播,20世纪50年代见到它时,它虽已不属于兴盛期,但至少算是鼎盛时期。因为文盲也能利用它,当时还是学龄前儿童的我,自然也受惠其中。对于50年代存在上亿文盲的中国来说,广播就是一个神奇的高科技产物。20世纪80年代初期,我还在怀柔见过一台收音机为全村人服务的场景。收音机的输出端经功率放大后,一个喇叭变成了全村家庭数量的"小喇叭",通过它能把"政令送到千家万户",也能集合全村的劳动力到"场院"共同劳动。20世纪70年代起,城镇居民闲暇时也会围坐在电子管收音机周围,看着光电管随音的高低闪烁着亮光。每日收听"新闻和报纸摘要""广播剧"及体育实况转播节目,既是政治也是娱乐生活。在那个时期,广播的真实被等同于现实的真实。1938年10月30日晚8点黄金时段,美国哥伦比亚广播公司(CBS)播放了一个名为《星际大战》的广播剧,许多听众信以为真,感到末日来临,于是引起了一场社会性大恐慌事件。只不过30多年后我们就看到广播由新媒体到旧媒体的转变。

第二种新媒体是电视,20世纪60年代接触到黑白电视时,画面常会出现扭曲和拉长现象,但因为每天都能看到新近发生的事件的新闻简报影片,每个人无意中就会将它与广播对比,"耳听为虚,眼见为实"这种说法,因电视的出现变得很容易理解,同时,观众对于电视中的内容,也真就不假思索地接受了。"文革"结束后,中国的电视有了再次发展的机会。20世纪80年代开始向家庭普及时,有购买能力、能先睹为快的家庭,在邻居面前是何等的自豪。同时也似乎再次确认了"秀才家中坐,便知天下事"的神通不是虚无,从此也有人真就不学无术,还敢自比诸葛,指点江山。从此,家庭中最重要也是最神圣位置上的电子管收音机,被9英寸黑白电视机取代了。买电视机和看电视成为社会生活的重要内容。电视也成为时代的宠儿,大有取代其他传播形态之势:电影院门可罗雀,各种舞台剧也只在电视里出现,相声也在电视里安了家,甚至连体育也只在电视里才有观众,才能发展。短短的40年后,我也就真看到了电视开始走下神坛,从新媒体变成了传统媒体。

随着时代的发展,我看到了第三种新媒体,即互联网,它从20世纪90年代初开始风靡世界。表面上看,互联网与之前所有大众媒体都不同,它变单向传输为双向传输,从使用变成了互动。实质上它揭示出的事实远不至此,如果说电视之前的所有大众媒体都是在技术支持下,将生产者与消费者分置于它的两端,以规模化传播形成规模化消费而得以生存和发展,是地道的大工业化生产时代的产物;那么此后,互联网的发展则提供了一个场域,供一切有信息生产需要和能力的人,在其中互为生产者与消费者,在生产中完成交换,在交换中完成消费,在消费中更新和生产内容。作为支撑体的互联网体系,实际上是一个不属于任何人,也不属于任何国家、地区、部门专有和运营的一个亚生态体系。其中的所有人甚至只知道运营模式,不知道盈利模式,却又能在其中完成传统交易并实现盈利。它是全新的生产方式,也是新生产力的基础,眼下我姑且也把它称为"媒体"。

广播、电视和互联网都有过新生时期,也都曾是新媒体,相比之下,互联网比前两者更新;与之前的媒体相比,在性质上也大不相同。尽管互联网里的信息大多数是"垃圾信息",可信度也较低,但是仅由它能让受众变成传者,使媒体为中心的信息社会变得无限多极化这一点,就足以令人耳目一新,甚至让人措手不及。

实际上互联网在不断呈现它自己的容貌和可能性的过程中,对社会传承带来多大的推动力,至今尚不得尽知。但有一点可以肯定:历史上报纸也曾经是新媒体,书籍也曾经是新媒体。历史长河中层出不穷的新媒体,在一浪盖过一浪的过程中,反映出来的是社会的进步。换言之,媒体层出不穷的动力不在于媒体本身,而在于它生存所依赖的这个社会的变革力。如果说社会这个有机体的神经是媒体的话,还有几个更为重要的系统与它并存,比如:可作为血液循环系统来理解的能源体系;可作为肌肉系统来比喻的交通系统;可作为消化系统来认识的市场系统等。在社会有机体中,不可能出现某一系统单独进化的可能。这就意味着媒体世界新旧交替的动因,大多不在媒体之中,而在构成整个社会有机体的所有体系的相互作用之中。因它们的发展,媒体才得以发展。

逐渐发觉,媒体由新到旧的转变过程之所以难解释,大多是因意识被局限在媒体的范畴之内,而不是放在整个社会有机体里来对媒体进行考察的原因。真所谓"只缘身在庐山中,不识庐山真面目"。人如此,理论亦然。传统的传播理论不仅局限于媒体范畴,甚至只以媒体为中心来展开。由媒体完成信息商品的生产,再由普通大众构成的消费市场的圈子里,研究的问题多集中在传和受两端。有时传受两端之间会添加进广告主的存在,使传受关系从两端变为三方;传受之间的关系研究也会从效率问题转变为利润与效果问题。这些理论伴随着报纸走向广播,从广播走进电视,又在为电视落后于互联网送行。文脉不变的理论,似乎总可以应对百年以来的现实,或许只为了使理论始终正确。理论不会过时,这样才能使理论在发展中自成一统,其中也包括尽可能不涉及其他社会领域。这样做的结果,使传媒理论可以自成一体,但自成体系的同时,也难免落入与其反映对象共存亡的命运、甚至加速其共同过时、共同谢世的可能性。

互联网的出现给人们带来了巨大的惊喜,这才让人们发现之前理论的局限与不足。每到这种时候,我就会感叹变化似"断崖"般剧烈。的确,这次的变化几近变革,称之为"断崖"式也未尝不可。之前,少数人向不特定多数大众进行传播的时代已经到头,无数人向无数人进行传播的时代正在开始。过去的传媒理论解释不了今天的现实,新的现象一时又难以找到与之对应的理论,这就成为本书第一章不得不探讨的问题。比起快速变化的因素来说,那些不变且相关的因素就是最值得关注和研究的对象。对于传播研究来说,那个不变的因素就是受众,就是人。

促成媒体变革出新的社会力量是什么呢?回答这个问题如同回答人是如何使自己进化的问题一样困难。众所周知,人的进化受制于环境的演变。媒体的演进更迭,又何尝不是如此。这是本书不可回避的又一重要问题。我力图用第二章来说清楚这个问题。如果说第一章是在提出问题的话,从第二章开始就是在回答问题。之所以进入互联网时代,传统的传播理论就日显不足,问题不全在理论本身,在于它所面对的是与之前完全不同的对象,因此难有能全面解释问题的理论。这个完全不同的互联网,本就不是传媒业所造就的。它如同空气、水一样,已成为生态的一部分。其中有我们离不开的要素,也有被我们污染的成分,更多的甚至是无用的东西。对媒体的认识或许不能建立在有用与无用这种基础上,也不能以有益部分的多寡来对媒体进行价值判定。如同空气对人来说,有用部分只是占比很少的氧气,但人们从不会因此来取舍空气,判定其价值。

可见当把大众媒介视作生态后,就不得不回归整个社会生产的大环境,从整个社会的基础要素出发来对媒介进行梳理和把握。我们把大众媒体置于社会生态之林进行研究时,就不会感受到脱节与悖理感。它们均为"商品"生产者,协同发展造就市场是其自然属性。因此,可视它们为自变因素,是形成社会更迭的主要动因。但是,当发现信息生产与消费可以在同一平面上进行对接,信息的生产者就是消费者时,我们看到了一种深刻的变化,影响之深远也将超乎陈见。

生根于社会有机体深处的互联网,其能量决不只来自于传播活动本身;同理,其影响力也只能从孕育出它的社会基础层面才能加以把握。回归人本身,回应人与人的社会表现、事项才是理解以人际传播为基本特质的互联网传播活动的正确思路。本书第三章就试图回答这个问题。理解了人何以能影响人,就不难理解附加了传播技术的人际传播的影响关系问题。在传统媒体已无限细分市场之后,极少数人对不特定多数人进行的传播活动,也已变成了多数人对更大多数人进行的传播活动。其中也包含着人对人的传播与影响关系,因此可以与互联网一并加以把握和分析。

一些最基本的、较原始的社会信息活动成为本书分析的对象。本书初步涉及的有:从众、流言、宣传和文化这四个方面。它们无一不比大众传媒岁数大、寿命长、作用广。从它们的角度来看,甚至可以认为大众传媒只是它们的产物,想取代它们,却又始终处于不能之中。但如果把从众、流言、宣传和文化传播与互联网相对接,会给人一种出乎预料的吻合感。或许大众传媒本来就是不完美的,只是一种中间替代物。在寻求能与人性对接的媒体的进程中,大众传媒时代是人类走过的一段弯路,是一笔不得不支付的学费。只是当我们回归连接人性的传播方式时,我们因为离开得太久,而显得有些不适了;表现为各种传统媒体体质基础上的过敏状态:不设防的拥抱、过敏性抗拒、谨慎型冷漠和乐观性批判等。

第一章 理论面对的现实

■ **本章要点**

1. 什么是理论
2. 理论的现实意义
3 媒体研究中的新问题
4. 媒介所面临的社会现实问题
5. 传统媒体与新兴媒体的社会差异

1993年10月3日,我乘坐从罗马飞往东京的飞机在莫斯科中转。候机时,机场免税店的电视上正放着莫斯科市议会大厦被炮击的画面,白色大厦中部有4个窗口冒着漆黑的浓烟,那个黑白画面令我至今印象深刻。

机场免税店虽然还在服务,但售货员毫不遮掩不安的心情,并表示希望和我们兑换外币。

窗外已经飘起了雪花,在莫斯科中转站,乘客的行李是用拖拉机运输的。

我们最为担心的是飞机还能不能正常起飞。

当时的情景和心情,至今难以忘怀。

顺利到达东京的第二天,当我把这些亲身经历告诉日本的同学时,得到的回答是:"你胡说!电视里没有报道啊!"

我怀着激动的心情,期待享受先睹的快乐,换来的却是众人的不信任。

远离现场的媒体可以对经历者形成否定,是我完全预想不到的。大学本科时我的专业是电视新闻,在日本我攻读的是大众传播学。亲眼所见的事,贴近真实的叙述,听者却完全不信,原因只在于"电视没有报道"。在获得信息和发布信息之间,因为少了一个与那事毫不相干的介质,一个叫媒体的中间环节,真实的信息也失去了可信性。

在失落的同时,不得不问:作为本源的信息,其真实性为什么要取决于它的流通渠道——媒体?难道信息的真实性是大众媒体赋予的吗?理论上它不成立,现实中它却硬生生地摆在面前。如同李普曼所言,"我们总是把我们自己认为是真实的情况当作现实环境本身……与环境的适应是通过虚构的媒介进行的。"①

一、虚拟世界里的我们

自大众传媒时代开启②,至今已经走过整整160年。在这段时期,媒体改变了我们什么?还是我们片面利用了媒体?否则我们怎么会离开了媒体,不认识信息;离开了媒体的指教,不会估量信息的价值。

1806年,黑格尔在日记中把阅读报纸称为市民阶级"早晨的礼拜"。1843年1月1日,马克思在《莱茵报》也写道:"(报纸)它生活在人民当中,它真诚地和人民共患难、同甘苦、齐爱憎。"对报纸的褒意,溢于言表。仅过去了半个世纪,在尼采的眼里,阅读报纸已经成了"早晨的呕吐"。在法国革命中,黑格尔和马克思看到的是人类的进步,尼采看到的则是毁灭。③ 智者对于开启大众传媒时代的报纸,如此之早就出现了迥异的看法!遗憾的是他们都没能看到真正大众化媒体时代——电波媒体时代的到来,我们也因此无法领受他们的高见。但是可以断言,尽管大众传播时代已经开启了一个半世纪,直到网络媒体诞生为止,大众对大众媒体的使用,仅局限在被动收受这一个方面。或许因为我们长期、片面地利用媒体,才会形成上述媒体对我们的改变。其中之一就是:受众总是与媒体相对而立,大众因媒体,尤其是因电视而成为"孤独的人群"④。

过去的现实是要想传播自己获得的信息,只能利用书信、言语之类的传统人际传播方式。后来有了电话,无论是家庭固定电话,还是个人模拟式移动电话,其实都与大众化传播无直接关联。人际传播与大众传播被人为地区分开来。在大众传媒领域,由于只能一味接受信息,不知不觉我们已被媒体格式化了。依据媒体而定夺信息真伪,把信息与媒体的关系本末倒置。仅此也就罢了,当我们以本末倒置的习惯透视媒体来认知世界,能看到这个世界的本来面目吗?

---

① 〔美〕沃尔特·李普曼:《舆论学》,林珊译,人民大学出版社1984年版,第2—11页。
② 1855年6月,在英国废除报纸印花税的当天,爱德华·利维·劳森接管了《每日电讯》,之后迅速将售价降为一个便士,将尊敬的读者扩大到了中产阶级以下层。1858年《每日电讯》的销量就超过了《泰晤士报》。《每日电讯》是英国取消知识税后涌现的众多廉价报纸中最成功的一份。学界因此有"大众媒体时代乃此开启"之说。对大众传媒有代表性的事件还有:1878年,普利策创办的"只服务于人民"的《圣路易斯邮讯报》,以及他于1883年到纽约收购创办了以移民体力劳动者为主要读者的大众报纸《世界报》。
③ 佐藤卓己『现代媒介史』、岩波書店1998年、ページ18。
④ 〔美〕大卫·理斯曼等:《孤独的人群》,王崑、朱虹译,南京大学出版社2002年版。

之所以搬出这些陈旧而与今天仍有相当距离的感受来,不是因为它们还能指代今天的现状,也不是要寻求、显示这些文字的理性所在,全部目的只在于使读者能理解我的思绪和走向:媒体发展本身,从来就不只是由媒体自身发展所决定的。政治家眼里的媒体、官员眼里的媒体、商人眼里的媒体、文化传播者眼里的媒体和公众眼里的媒体,从来就不是等同划一的。政治家利用媒体进行宣传、官员通过媒体进行管理、商人运用媒体诱导消费、文化传播者依靠媒体开展活动,大众则把媒体内容当饭吃,这种现实至今仍在,但也在改变。

"大众传播研究,至少可追溯到19世纪初期。首先是对大众报刊的政治影响,之后由于电影和广播对道德和社会影响的关注,从而引发了对它的研究。一般意义上,传播研究的最初动机是要检验并提高教育、宣传、远距离通讯、广告、公共关系和人际关系等领域的传播效率和传播效果。"[①]可见,所谓的传播理论首先是为传播者服务的。从D.麦克维尔在《传播模式——为了大众传播研究》一书中对19世纪初至1981年成书时为止的传播模式的统计和分类数据中我们可以发现,他区分出了5个模式类别:(1)传播的基本模式——包含8个模式;(2)大众传播对个人的影响、普及、效果模式——涉及5个模式;(3)大众传播对社会、文化的影响模式——涉及5个模式;(4)明确表明的受众中心模式——有3个模式;(5)大众传播的系统、制作、选择、流动模式——涵盖模式7个。综合起来共计5个类别28个模式。其中除了3个是从受众角度研究大众传播之外,其余25个均从传播和传者角度对传播进行定位和研究(参见:资料-1)。

资料-1

D.麦克维尔统计的大众传播学模式:

一、传播的基本模式

1. 拉斯维尔模式

2. 香农与维夫模式、奥斯古德与施拉姆模式、丹斯模式

3. 格博纳德传播一般化模式

4. 纽科姆德ABX模式,及其他平衡和共通志向模式

5. 维斯特利与马克琳的传播学研究概念模式

6. 施拉姆的大众传播模式

---

① 〔英〕D.麦克维尔、〔瑞典〕S.温德尔:《传播模式——为了大众传播研究》,京都松籁社1989年版,第9页。

7. 莱伊利夫妇：大众传播的社会学观点
8. 马莱凯的大众传播过程模式

二、大众传播对个人的影响、普及、效果模式
1. 刺激—反应模式及其修正
2. 康斯托克的电视对个人行为影响的心理学模式
3. 卡茨与拉扎斯菲尔德媒介和个人影响的两级传播模式
4. 罗杰斯与休梅克的创新普及模式
5. 新闻的普及：J曲线模式

三、大众传播对社会、文化的影响模式
1. 简介效果与长期效果模式
2. 议题设置（模式）
3. 保尔·罗杰斯与德芙勒的大众传播效果依存模式
4. 沉默的螺旋模式
5. 作为效果的信息断带

四、受众中心模式
1. 利用与满足模式
2. 利用与效果模式
3. 讯息探究模式

五、大众传播的系统、制作、选择、流动模式
1. 比较媒介系统：自由市场模式及其替代物
2. 媒介组织：大众传播者与受众的关系
3. 吉博与约翰逊的信源——记者关系模式
4. 怀特的把关人模式
5. 马克乃利的新闻流动模式
6. 巴斯的新闻机关内部的"双重行动模式"
7. 盖尔顿与鲁吉的选择性把关模式

这些年来，无论传媒业界，还是传播学界；无论是传播管理部门，还是媒体经营单

位,从自身利益和需要出发研究信息传播的占绝大多数。从这个意义上来说,与其说是大众媒体能为我们个人做点什么,还不如说它更多的是能为管理部门、广告主和媒体经营者所利用。

进入后工业社会①,随着社会生产的重心和结构的转移,知识的重要性发生了变化,它使理论的重要性超过了经验,成为制定决策、指导变革的决定力量,包括传媒业在内的任何领域的发展,日益取决于理论上的新突破。

二、什么叫理论?

理论是以科学为基础,能对各种事相具有解明、预测能量的知识体。"理论赋予我们解释过去、预测未来的能力,以及控制环境的力量;人们也希望理论能改善自己的境遇"。它是"一组表明某些现象特征的,并可能由此引出假设的陈述"②。

首先,理论的特点是它能对高度复杂的现实世界进行单纯化的把握。周知世间万象之复杂,其繁杂的各种因素之间的种种关系,要全盘呈现已远远超出人的能力。要对世间万象进行具有现实意义的把握,揭示中核要点的单纯化就是必要的前提。此外理论化也意味着结论要能成为"思考的工具"。换言之,理论对现实不是完整地呈现,而是在某种程度上对现象具有揭示力,以此为基础通过原理、法则等手段来进行易于理解的单纯化呈现,这是理论的本质。

其次,通过对自然现象的测验为制定策略进行调查,从中获得的知识经过积累后,能够形成支持有效思考的框架路径。在研究过程中理论能够提供均衡的综合的视角,进而能避免基于直觉或感受作出结论。实际进行调查数据的读解时,理论还须具有无可置疑的指导性。

再次,今天的学术研究或是应用研究,无一例外会以其个基础理论为依托来展开,对具有先进性的研究进行理解时,基础理论成为这个领域之所以存在的必要前提。

最后,对初学者来说,理论体系确立与否,决定了今后学习的难易度。由此可见,理论的存在价值对于学问者来说是不可或缺的工具及手段。

进入到后工业社会以后,随着信息化时代的到来,知识本身的特征发生了变化。这时所谓的创新,均超越了明知和已知的范畴,而直接植根于人本性及其潜在的需求中。典型的例子就体现在触屏智能手机和按键式模拟手机之间的差别上:过去购买任

---

① 后工业社会指的是:经济结构从商品生产经济转向服务型经济。首要的且最简单的特征就是:大多数劳动力不再从事农业和制造业,而是从事服务业。参见第二章内容。
② 〔美〕迈克尔·E. 罗洛夫:《人际传播——社会交换论》,译文出版社 1997 年版,第 28 页。

何一款按键手机后,第一件事就是仔细阅读使用说明书——学习,否则它一定不为你所动,等于不属于你。当触屏智能手机诞生以后,买来手机时你会发现说明书没有了,不必要了。你在担心不会使用的同时,一定会按着自己最原始的本能和理解去触摸手机屏上的标识,在不断触摸的过程中,你会自动、很快地支配你的新手机。这种情形同样发生在牙牙学语的婴儿身上,给人一种他们天生就会使用这种智能设备的感觉。孩子在成长过程中对智能设备乐此不疲,认为其不可或缺者,大有人在。难怪有专家"惊呼"新一代移动智能媒体将会威胁孩子的视力,影响到他们的心智。

尤其是在衣食无忧的家庭里,在产品层面我们还有什么想要的?我们还有什么生活需求未能满足?这样的问题我不止一次问过我的学生,始终没能得到令人满意的回答。回想起来,只在20世纪90年代,有一位今天已成为大学教师的学生,曾提出过想要"梦境记录仪",给我留下了深刻的印象。

创新已然超越了生活经验,萌生于人本能驱动的奇思妙想。接下来这种创新能否成为创造,也已转化为首先是在理论上是否可行,之后才是在技术上能否实现的问题。理论的重要性超过了经验,成为制定决策、指导变革的决定力量。因此大学、研究院、智库日益成为现代社会发展的智力能源基地。

理论也可以被认为是枯燥的,因为理论本身就是:(1)对高度复杂的事理进行一般化(单纯化)的认知和把握。世界的复杂程度,远远超过了人的认知、再现能力,因此需要把复杂事理进行一般化处理,人必须能经由现实,而后必须能脱离现实,只专注于事物的本质。(2)通过易于理解的原理、法则等形成揭示力(单纯化再现),以具有说服力的原理、模型等方式对复杂事理进行单纯化再现,使之成为人们思想行动的工具。

可见,理论就是一种工具,是赤裸裸地去接近事理本质以指导人们认知的工具。形成理论过程中的所谓抽象化、一般化、概括化等,只是对理论单纯化的不同描述而已。把复杂的事物简单化地进行把握和呈现,以应对更复杂的新事物、新现象,这就是理论的功用。

三、受众

无论研究传播的哪个方面,受众理应是核心。斗转星移,技术改变了媒体,20世纪30年代的"新兴媒体"是广播。美国作家爱德华·贝拉米在他的小说里曾这样歌颂它:广播将被用于激励每一个人进入工业大军,以创造一个富裕的大同社会。爱德华·贝拉米对广播的期待与坚信之情溢于言表。

同样,20世纪50年代在电视还是"新兴媒体"的时候,日本也出现过这样的"豪言壮语'":"所有的电视里,皮影戏同样,不,还不如皮影戏的白痴组合,每天齐刷刷排在那里。只能这么说好啦:广播、电视如此先进的大众传媒正在展开一场'一亿(国民)白痴化运动'。"①与前者相反,这些言语中饱含着对广播电视极大的悲哀。这段抨击性言论在日本对大众传媒的批评中,因至今无出其右者而名垂史册。

无论是正面歌颂,还是反面批判,他们的出发点是相同的,都认定广播、电视这些新兴媒体对大众具有巨大的,而且是毋庸置疑的影响力。在此我无意对他们的认识作出任何评价,我借用他们的言辞,只想佐证我上述的观点——依受众反应而评定媒体,所以受众是媒体研究的核心。同时也想指出,不管他们对新兴媒体时期的广播、电视的评价,是正面还是负面的;也无论他们是出于欢心,还是揪心,往往都会拿受众受影响的结果来说事。

至今我们回避不了一个现实:新技术对受众端改变最多的只是信息传输的质量、数量和速度,以及存储能力,未曾改变的是受众用大脑对信息的处理能力。也可以说成是:科技从来就只在人的身外,从来未曾进入人的身体或大脑,所以今天的人与两千年前的智者比起来,只会更逊色,否则孔子、老子、庄子等人就不会至今还是具有超前性的思想家。

实际上受众从来就不只是在单纯受大众媒体的影响,相反,大众始终在对大众媒体的信息进行"自我解释"。大众媒体的影响力也只经由大众的"自我解释"才能实现。在这种情况下,受众对媒体信息的解释,无论是赞同还是反对,只要解释,就体现出了受众对媒体的正视;只要正视,无论你否定与否,都会助力媒体信息的传播,也就会转化成媒体的影响力。除非你让信息到你为止,不再继续传输。

21世纪后,互联网技术引得万众欢腾。其中媒体研究者首先关注的也还只是传播而非受众。搜索互联网,我们可以很容易地得到这样的结论:"我国以黄升民为代表的学者把碎片化引入传播学的研究中,广泛应用于传媒研究,将其概念界定为:社会阶层的多元裂化,并导致消费者细分、媒介小众化。"原因在于:随着互联网时代的到来,数字技术、网络技术、传输技术的大量应用,大大强化了受众作为传播个体处理信息的能力,碎片化现象不但让受众群体碎片化,也引发了受众个性化的信息需求,整个网络传播呈现为碎片化语境。正如美国西北大学媒体管理中心负责人约翰·拉文所说:"'碎片化'是遍及所有媒体平台最重要的趋势。碎片化已成为社会发展的趋势,影响到社会的方方面面。"②

---

① 大宅壮一:《周刊东京》1957年2月2日。
② http://baike.baidu.com/link?url=GjFa0r4cTHPPZ0S7Qfpy4c8A6oTnF_s6m5u1zsYVkLllsgHUBPeV4g7Ylr58yG7oMX706H4m-81HY4-zrUyj9q。

对于前面提到的两个言论,我们已经可以断言,美国的公众没有因广播而"每一个人进入工业大军",但却"创造出了一个富裕的大同社会"。日本的一亿国民,也没有被低俗的电视节目影响,而使想象和思考的能力变得低下。

但对于公众变得"碎片化"这个命题,我倒无意反对。只是对于成因,我另有思考。

对于成因,有一种说法是这样的:"社会转型过程中,碎片化是不可避免的,是社会阶层的'碎片化'催化了传媒产业'碎片化'。社会阶层'碎片化'的成因:(1)经济发展是社会阶层'碎片化'的物质基础。(2)不断扩大的贫富差距是社会阶层'碎片化'的根源。(3)人们生活方式、态度、意识的多样化趋向是社会阶层'碎片化'的直接原因。"[①] 他试图深入阐释黄升民教授的"社会阶层的多元裂化,导致消费者细分、媒介小众化"的论断。在大而化之的过程中,不仅丢掉了受众,还反证出来个传媒产业碎片化。其实在这几年的众多跟进和使用中,碎片化越来越像个形容词。它后面可以形容产业、形容媒体,也被用来形容时间、形容注意力。可谓五花八门,形形色色。尽管如此,能跟进、愿接受、善应用、会发展,充分说明是在思考,在研究问题,是一件大好事。

用"碎片"来比喻,很有形象感,也很容易产生与自身经历相关的联想。这时有不同碎片经历的人,所引起的联想和认知,应该是有差异的。形成的联想性认知出现差异,会不会有损它的理论性表述? 当我把它与"分子"这个比喻词放在一起加以比较时,发现后者的比喻要更为直观、深入和清晰。

分子是物理、化学里的一个专用名词。分子是物质中能够独立存在的,相对稳定并保持该物质物理、化学特性的最小单元。鉴于分子是物理、化学世界的"基本粒子",既能"独立存在",又能"保持特性",因此早在 20 世纪 80 年代就有国外学者利用"分子"来比喻社会中的个人。同样是用来形容人,"碎片"比起"分子"来显得过于模糊,没有自身特质,容易产生不确定的认识。分子是物理、化学世界里最小,仍然保持自身特性的单元,个人则是现实人类世界中最小,还具有人的特质的单元。因此本书愿意沿用"分子"一词来修饰社会中的"个人"。还因为"人际传播"是本书继"影响力"之后的另一条主线,"个人"这个概念将与"人际传播"共同贯穿本书,故利用"分子"一词更为贴切。有关"分子化"的问题,将在第二章专门论述。

四、媒介与媒体在概念上的差异

媒介是事物发生关系时的介在物,这是一般人对媒介最基本的认识。对于我们来

[①] http://baike.baidu.com/link? url=oxfrXLbY8PEm44Asn0NN3LGgRxw6rZqTQjQRvzdQM5tpDOzV0-AB-r6ef1dGuI6j7xTe9zR2A0-uaTSkGJ6J8q.

说,媒介不是一个文科的专有名词,更不是传播学科的专用名词,它先被用于自然学科,是一个跨越文理多科、早在大众传播学出现之前就有的名词。在物理学里,媒介可以是"渠道";在化学里,媒介更接近"条件"。但是当你看到麦克卢汉说"媒介不是人与自然的桥梁,它们就是自然"时,你认为媒介是什么? 他又不一定是渠道,但也不一定是条件。

显然,只有在你认同"媒介就是自然"之后,你再来看麦克卢汉的有关论述:"媒介即是讯息,只不过是说,任何媒介(即人的任何延伸)对个人和社会的任何影响,都是由于新的尺度产生的;我们的任何一种延伸(或称任何一种新的技术),都要在我们的事务中引进一种新的尺度。"[①]此时,你就不会有太大的障碍。之后你在看他论述到的 26 种媒介口语词、书面词、道路与纸路、数字、服装、住宅、货币、时钟、印刷品、滑稽漫画、印刷词、轮子自行车和飞机、照片、报纸、汽车、广告、游戏、电报、打字机、电话、唱机、电影、广播电台、电视台、武器、自动化时,你或许就不会无从把握了。这时你已经被麦克卢汉牵着站到了一个鸟瞰世界的高处,你从他那里可以学到的不是他的媒介是什么,而是他宏大的并以此解释社会诸多现象的媒介观,是一种观念和方法论。在直接或教条的应用时,你会发现难以把握。难怪我们的学生在写论文时,更多地只是把"媒介即是讯息"往文中一放,却不见如何利用它发现、认识、分析和解决问题。在麦克卢汉那里,媒介研究已经被他扩展到了一个前所未有的宏观境地,在学习他"形而上"的研究功夫的同时,也迫使我们要研究"形而下"——现实问题的人,要寻求适合自己的一个微观田园。于是我提出了另一个名词进行观察:媒体。

有一种对媒体的解释认为,媒体是指传播信息的媒介。这种近乎文字游戏的表述,显然不是理论研究这个范畴的东西,不再赘述。

另有人认为,媒体是使双方(人或事物)发生关系的人或事物。表述本身没有问题,但是否也可用于对媒介的解释呢? 直言之,多少年来中文解释就从来没有把媒介和媒体区别对待过。有这个必要吗? 今天或许有了。也可以,且应该加以区别。

在传播研究领域,媒介可以理解为是人的延伸。它是一个从宏观层面把握认识的自然观、方法论。

媒体是媒介物,指代的是一个个具体的信息传播手段、工具和方法,属于微观层面,是把握、认知现实的落脚点。

把"媒介"归于宏观,"媒体"归于微观的做法,完全是基于常年教学需要的结果。机智的学生也曾问过:有这个必要吗? 其他语言里没见它有所区分,一个词就通吃了?

---

① 〔加拿大〕马歇尔·麦克卢汉:《理解媒介——论人的延伸》,何道宽译,商务印书馆 2000 年版,第 33 页。

我的回答是：如果你不会把麦克卢汉的观点和拉斯维尔的 5 个 W 传播模式放在同一个层面上使用，就不需要界定和区分媒介与媒体的区别。此外，我们的祖先给我们留下了这两个词，是我们的幸运和便利，还不快道声"谢谢"！

之后在实际工作中，个人尽可自便。如同学会走路之后，先迈左腿还是先迈右腿，只要你的左腿不会妨碍你的右腿，是一件因人而异的事。

五、媒介、媒体研究

媒介研究在此指的是一个宏观层面的研究问题，而媒体研究就只是一个微观层面的问题。

从宏观层面对媒介进行研究，集中关注的是媒介与社会、民族、文化、政治以及由媒体构建的社会环境，经长期作用之后，对社会的某一方面形成深层次的影响关系。他不拘泥于某一特定媒体，也不局限于因果对应关系。

从微观层面对媒体进行研究，主要关心的是媒体与信息传播、经济活动、大众消费、学习娱乐、人际关系、传播效果、传播效率等之间的问题。在对这方面问题的研究中，大多定位有特定的媒体对象。因此，结论在普遍性上亦受到局限，比如针对电视传播效果的研究结论，就难以全面解释广播效果中的问题。一般置了限定词的表述，大都会用媒体，而不用媒介，比如新兴媒体、传统媒体、互动媒体、网络媒体等。在实际运用中，已经约定俗成。只是在学生论文中，难免会混杂出现。

媒介研究常见的关联门类有传媒文化、媒介素养、舆论、传播伦理、传媒法、新闻道德、心理、认知、解读、普及等。

媒体研究常见的关联门类有通信、电视、广播、报纸、杂志、互联网、电影、出版、图书馆、新闻报道等。

与上述两者相关，既可以在宏观层面，又可以在微观层面加以研究的门类有影响力、影响关系、虚假、流言、宣传、广告、内容，以及视觉、听觉、文字、图形、音响等。

当今的媒介研究不止于传统媒体，还包含新兴媒体研究。20 世纪 90 年代开始普及的互联网、个人电脑、笔记本电脑，直至今天的移动互联网、智能手机、受众行为数据挖掘分析等，都是研究的着力点。

一系列新技术手段的利用，使得世界的任何地方、任意时间、任何人与人之间基于互联网的沟通成为可能，于是在新兴媒体研究当中，人际传播行为研究的重要性变得日益突出。

当媒体可以融入公众之中，变得社会了；当大众都可以成为传者、成为记录者了；

当信息已不再是一对多的传播,而是无数人对无数人的传达、分享之后;当媒体中的内容生产不再追寻规模经济模式;尤其是当媒体的变革使受众—传者分离开来的传统研究架构已然崩溃,全球视野下的"媒介研究 2.0"时代正在展开,这时势必有了区别对待媒体研究与媒介研究的必要和价值。

六、媒体研究的核心是人

以往媒介研究的核心是传播效果,它是通过受众的反应来体现的。总的来说,它主要还是从传播者或传媒的角度出发,考察传媒是否达到了自己的预期目的或者对受众产生了什么影响。"利用与满足"研究就是一个很好的例子,它可以说是从受众角度出发,通过分析受众的媒介接触动机以及这些接触满足了他们的什么需求,来考察大众传播给人们带来的心理和行为上的效用。这在传播学研究史上也算是一个进步,直到互联网时代来临才显现出媒体研究转向受众中心的深刻意义。

无论是传统媒体还是新兴媒体,因信息始于人,而后终结于人,说明是人在利用媒体发出信息,也是人通过媒体来利用信息,因此人既是信息的"源",也是信息的"本"。从这一点来看,曾经提出过的一个观点就极具概括力:人是人类社会中最基本的媒体[①]。

在传统媒体时代的大众传播活动中,较为人性化、精心加工后的信息仍被看作是"客观事实的反应",只不过是先被转化成文字、声音或图像后再送达各家各户。它使大众可以做到"秀才不出门,便知天下事"。此"客观说"若能成立,剩下的问题就只有"秀才"的反应需要研究。一方面作为客观事实的受者,有反应与否、是何反应等需要研究;另一方面,信息虽有客观性,但经人信息化、符号化、形象化、甚至"典型化"处理之后,制作者的感觉因素已深入其中。再经如何构成?以何手段发出?何时何地发出?这些由人构成的系统运作之后,信息中的"人味"已变得十分明显。因此,可以这样说,传播活动是始出于人,终结于人,是少数人对大多数人有目的的活动。

在新兴的互动人际媒体中,应假设以上"客观说"不完全成立。因为在新兴媒体中有感而发、由心而起、触景生情、因情动气等因素都被转化为信息了。在人际传播已成主渠道的今天,我们把这类源于心的信息,看作是主观意识的反应,这样的"主观说"能成立的话,传播活动显然就只是一个始于人、局限于人、终结于人、作用于人的活动。从中可以发现,"客观说"与"主观说"好像没有根本区别!换言之,如果传统媒体就是客观说的化身,新兴媒体就是主观说体现,二者之间就应存在显著的区别。然而有人担心新兴

[①] 钟以谦:《广告与媒体》,中国人民大学出版社 2001 年版,第 1 页。

媒体出现是对传统媒体的威胁,这种担心其实是必要的。因为传统媒体所谓的真实客观中还存在很多主观性,这也就反映出这两种媒体在受众本位上是具有替代性的。

以人为出发点研究媒体,还会发现研究对象的外延被扩大了。20年前对媒体进行研究时,我们只需要确定研究对象是哪一种媒体,然后会动员一系列的媒体分析指标,分析其中的数据,像做数学题一样,得出结果就算完事。之所以可以这样,原因在于那个时期我们不需要,也没有可以使受众更深入了解的准确的数据。与此同时,因为人际传播难以有规模、成舆论,所以人际传播事实上是被忽视的。传统媒体的信息到达受众之后,如何变异,不得而知。有效与无效都看你怎么去采集、怎么去分析,然后怎么去解释。这种开始于媒体,我把它看作是对"狭义的媒体"进行的有限研究,也可以称之为"媒体研究1.0"时代。

七、媒体研究的缺憾

今天,大众手里已经有了可互动、可自主、可移动的媒体。人际传播的速度、效率和覆盖面甚至超过了传统媒体。外加互联网技术对大数据挖掘的支持,甚至可以透过受众的信息消费行为,揭示出他行为的原因及心理需求。相比之下,人们产生了传统媒体不深入、不精准的认识。以广告、宣传为代表的目的性极强的传播活动,成为接触这类媒体最为活跃的部分。在传统媒体时期,如何影响受众的认识、需求和行动,成为传者们处心积虑研究的问题。其中一个基本的指导思想是:只要你接收,必定受影响;接收的越多,影响就越大。同理,覆盖面广的就是大媒体,利用率高的就是强媒体;大媒体影响力自然大,强媒体的影响力一定不弱。哪怕覆盖面广、利用率高、影响力大只在理论上,也照样经营广告。至于受众是否开机、开卷,是否留下记忆等值得深究的问题,大都予以忽略,即便这样,也一路顺风地经营了许多年。进入互联网时代之后,在这种思想指导下回避掉的问题,被网络媒体重新提起,并予以回答。所谓精确传播只好属于网络媒体。

另一方面,网络媒体凭借技术优势,在数据分析的协助下,在不留缝隙地跟进消费者。从暗中瞄准你上网的所到之处,"精准"送达"自以为"是你需要的信息。在一定程度上也能满足受众比较、鉴别的需要。但这始终围绕着媒体强力理论在运作。中国传统媒体研究是在这种假定上展开的,如今的新兴媒体研究大多也还是如此。让传统媒体相形见绌的同时,由于理论上不见创新,对新兴媒体的利用也就难见创新,新兴媒体处在不断模仿和试错的过程中。

其中,最大的缺失莫过于对人际传播的研究。在传统媒体时代,由点到面进行传播的技术,使媒体从一开始就不属于个人,同时使掌握媒体的极少数人,得以居高临下地对舆论场进行管理。同时出现的大众传播学和人际传播学,在中国自然而然就只剩下大众传播学了。同期存在的社会精英集团内部的人际传播,以及平民大众之间的人际传播,不知为何都被中国的学者们忽视了。当互联网把社会中一个个人变为这个巨大网络的一个个神经元,让人们之间可以自由传递信息,进而显示出不需要大众媒体的端倪时,学界却不知作何解释,一切似乎来得太突然。结果是,民众对此不知深浅地欢呼拥抱,资本家们竞相放马出来圈地,官僚们只会想到给它盖上"国"字印章予以收编。

在传媒领域,以生产(权力)驱动的市场已经存在了太长的时间,尤其是媒体主导的消费市场,至今还占据着主导地位。而以消费引领的市场,只是在互联网诞生之后才初露端倪。Facebook 和微博的出现,自 2011 年起在中国被广为利用,最大限度地释放了以受众为主的消费市场。它让受众不再只是受众,还能成为传播者,实现了传播这种权力向消费一端转移,这一步意味着什么?实现了什么?正如凯文·凯利在《失控》中所言,"计算机是权威的终结,而非权威的开始"[1]。如此变化的动因是什么呢?是消费市场本身,还是生产(权力)的需求?其实很清楚,应该是前者。

大工业生产制造了以产品为导向的生活消费习惯,同时也形成和支持了现代广告业的服务和生存方式。大生产、大消费能力在过去很长一段时期里成为经济发展的原动力。同样的,与以大生产方式为基础的经济发展一脉相承,现代大众媒介的生存、生产发展方式,也与大工业生产方式一样,习惯处于对大众的领导及管理,而不是服务的社会地位上。这集中表现在特殊的社会、资本优势造就出的媒体的所谓权威性的信息发布方式、信息不对称支持下的无从比较的可信度,以及传者目的性的效果评价指标,如今这一切都已被动摇了。大工业生产方式依然存在,新产品导向的消费也可继续,唯独依存于上述基础的大众媒介难以实现与游走于自媒体海洋中的大众进行广泛对接。相反,自称可以精准传达的网络媒体却乘虚而入,在"价廉物美"的全新演绎中,抢走了传统媒体的部分蛋糕,令其奢侈惯了的生活作风,难以承受这现实的无情。如今,在冲破传统媒介包含新兴媒体的意识困境后,终于走到了真相与之"融合"的地步,新兴媒体是否愿意与传统媒体实现融合呢?这些都是旧理论遇到的新问题。

如果真是进入了"大众创新,万众创业"的时期,极有可能迎来的是小生产,而不是大生产;是实效工业,而不是规模工业。因为未来能够发展的是与个性化需求相对应的小众化生产,是所有人对所有人的生产与服务。能够与之匹配对接的信息传播方式,也自然只能是所有人对所有人传输信息的互联网络媒体。它们在把大规模生产与

---

[1] 〔美〕凯文·凯利:《失控》,东西文库译,新星出版社 2014 年版,第 689 页。

服务变成小规模的生产与服务,在开启个性化需求得到满足的时代的同时,宣告着追求规模化、型号化和简单复制的大工业生产时代的终结。

八、传统媒体时代向新兴媒体时代的异变

传统媒体时代是"一个声音,多个层次"的社会。在这个时代里,因收受某一媒体,而成为读者、观众、听众,使他们成为这个媒体受众群的一员。在接受普遍同质化的信息时,每个受众都会认定:自己知晓就是天下知晓。在这种现实面前,受众表面上是被集群化;但由于相互间无须沟通,实质上他们是真正分子化地被孤立了。利用传统媒体,为的是避免无知。这是从无到有的基本追求,因此受众对信息不会有自主选择的自觉和自知。相反他会将与群体的一致性接触作为信息质量的评价标准,个人的追求总会受制于大众的认知水平。

新兴媒体的时代是"多个声音,多个区域"的社会。新兴媒体的消费者基于志向、价值观、身份等的接近性,促成认同而主动聚合在"群里",这是一种"自集群化"的过程。因此,新兴媒体的聚集不仅集结了人,还集结了相近、相通的人心。新兴媒体极大地拓宽了人对信息的选择面,海量的信息又迫使人进行自主选择,二者结合使个人自主性觉醒。因此,获取自己想要的信息会促使其更多地使用新兴媒体。利用新兴媒体,为的是避免无为、无能,这是一种更高层次的满足。能随时随地地被利用成为个人选择的主要指标。此外,满足个性化、情感化需求是个人选择的第二个指标。

- 影响关系

传统媒体通过主导受众的选择展现其影响。在传统媒体时代,人与人之间的联系手段较少,除去个人生活、工作中常接触的人以外,个人与社会大多处在互不联系的分子化状态(真割裂)。在这种受众之间联系不足的环境中,大众媒体所构建的社会信息环境对个人的延时、远期影响是巨大的,个人对大众媒体的依赖也属于"结构性依赖"。其中,大众媒体通过垄断信息源和媒体渠道,使大众形成对传统媒体的依赖,并希望实现对人的认知到意识的垄断。至少每个商家都是这样想的。同时受众发声又没有渠道,受众始终处于传播活动中的被动地位和最底端。

传统媒体主要通过"规模化"的传播,形成"群体"成像,构筑社会压力,构成对个人的影响力。

受众从传统媒体中得到的大多是熟食。吃惯现成的人,一定难以对付食材,因为他不会做,依赖也就成为受众被影响的原因之一。

新兴媒体经由受众的选择建构媒体的影响。在新兴媒体环境中,受众基于自己的

好恶来利用新兴媒体,有相同或相近兴趣爱好的人汇聚成群,他们与新兴媒体会形成选择条件下的"社会性依赖"关系,其影响对群体中的人来说是直接的,对群体外的人来说影响则是间接的甚至是有限的。

新兴媒体注重帮助个人完成基于主观认知基础上的自我信息网构建,形成受众自主学习的环境,从而对其认知、态度、观念产生影响。

受众从新兴媒体中得到的大多是"食材"。能从食材发端来解决吃饭问题的人,一定是因为他会处理食材,因而这样的人一定不会喜欢吃工业化流水线上生产出来的盒饭。

- 市场环境特征

传统媒体时代的市场特性是:受众关注媒体的关注。传统媒体通过细分而孤立出来的人群,基本上没有自我表现的空间,因此他们只是"有形体、无思想"的群体,自然也就不可能产出什么主义来。

传统媒体是以媒体为中心构成的线性信息传播环境,趋同中体现差别。传统媒体以自身定位,对受众进行区隔,传播相关信息,追求影响。

新兴媒体时代的市场特性是:媒体关注受众的关注。新兴媒体催生的"个人",主要体现在他们的思想、观点上,因此他们是一批"有思想、无形体"的个人。

新兴媒体是以受众为中心建构信息立体网状传播环境,求异是它们的追求。

- 传—受关系

传统媒体的"传—受关系"是强加关系。传统媒体采用单向、大规模、高效率的信息传播方式,对独立的个体来说满足了他获取信息的需求,这就使个人产生对媒体的信任与依赖。在统一了个体的信息接收来源与方式和范围后,处在相似信息环境中的个人就会形成相似的文化与观念,最终起到强化社会规范的作用,自然人在传统媒体的影响下逐步转化成为社会人。

新兴媒体的"传—受关系"是应对关系。新兴媒体对应的是比自然人更高层次的需求,不仅仅是对信息的获取。新兴媒体是个体通过主动获取信息和观念,以个性化更新、表达自我意见,使个人更多地参与信息的创造过程,实现个人与他人的信息传播,于是个人的力量在新兴媒体环境下被放大,成为个性得到突显的社会人。

- 传统媒体与新兴媒体对人的影响关系

个性得到尊重,社会才能发展;个人融入社会,个体才被承认。现实中,物理层面上人的孤立,个人生活安全快乐的追求,乐见独立见解者的言论,这些都促成了今天人们乐意集群化、重度依存新兴媒体的现象。所有原因均不在新兴媒体,而在于传统媒体的"压迫"太久、太深。

新兴媒体环境中,受众对媒体信息消费更具主动性(传统媒体时代是被动性),媒体影响力的作用机理被改变。信息与受众的关联性、相关性成为影响力的基础性指标。在新兴媒体对受众的影响中,有受众因参与而作出的贡献,这是一种结构性作用。受众的"自选媒体信息链"会因人而异。

新兴媒体从人对它接触的行为方式——传授对等,接触到的信息内容——多元化,构成的新的社会环境——新参照系等方面,影响到了人的认知和思想。同时,以形式为特征的媒体正在被归一化、屏媒化,于是以个性、便捷性、关联性、多样性、主动性为前提的内容传输取代了渠道传播,信息的质与量取代了信息的有与无。

当一群有思想的个人聚合在一起,就会形成一种社会力量。不管是来自哪个方向的网络暴力,都是一批有自我意识的人通过新兴媒体形成的一个强大的集合体,从而对他人施加作用力。

信息不足与信息过剩都近似没有信息。因此,从传统多媒体时期就开始处于信息海洋中的人,若要获得想要的信息,必须"选择性地去接触"它。在传统媒体中选择信息是在完全被动中自我欺骗;这种选择无非是改变接触点,但信息接触成本也很高,甚至到了无法企及的地步。互动媒体的出现,使信息接触成本越来越低,实质性地构建起了可选择性基础。以此形成的因选择而归属某个群体的现实,以及彼此心理的接近,必然会反过来影响信息选择的倾向,进而对彼此产生影响。

新的媒介消费特点:

1. 追寻个人兴趣最大化,以自我实现可能性作为指标;
2. 信息筛选出现难度,同时使个人的媒介素养得到提高;
3. 无时无刻不在线的媒介化生活,改变着人与人之间的离合观;
4. 定制信息也难以合身,海量信息易使人迷失初衷。

纵观上述比较,传统媒体与新兴媒体之间差异是结构性的,也是巨大的,远非一个"融合"所能解决的。从由上而下到由下而上的传播变异来看,传统媒体向新兴媒体的发展,更像是一次革命,而不是变革。使用"受众不再是受众""受众不再只是消费者"这两点就足以证明。对此,大众已欣然接受,媒体人却故作不觉,管理者则在抵抗。

九、社会现实的发展动向

15年来,中国网民上网的时长有了显著增长。如图1-1,2001年平均每周上网时长为8.7小时(522分钟),2015年增长到了25.6小时(1536分钟)。换句话说,2001年每天的上网时长是74.5分钟,2015年增长到了220分钟,增长了295%。与此同时,网民当中的年轻人,主要为15—24岁以及25—34岁人群,其电视收视时长则在明显下降。

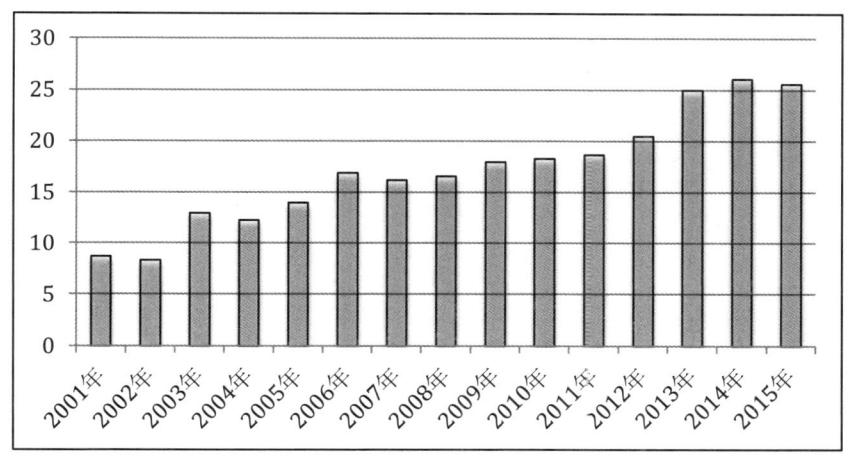

图 1-1 中国网民历年上网时长变化情况(小时/周)①

11年来中国15—24岁人群的电视收视时长,累计下降了36%,10年间平均每年下降3.6%,如图1-2。如果说这群人大多是学生,在目前应试教育一统天下的时期,中小学教育中大多把电视看作是影响学生学习的主要负面因素,与家长一同严加防范,他们这一群体收视少可以说是情有可原。遗憾的是这之后的25—34岁的社会主流年轻人,他们的电视收视时长却也在实实在在地下降,如图1-3。11年来中国25—34岁人群的电视收视时长,总共下降24.6%,平均每年下降2.5%。

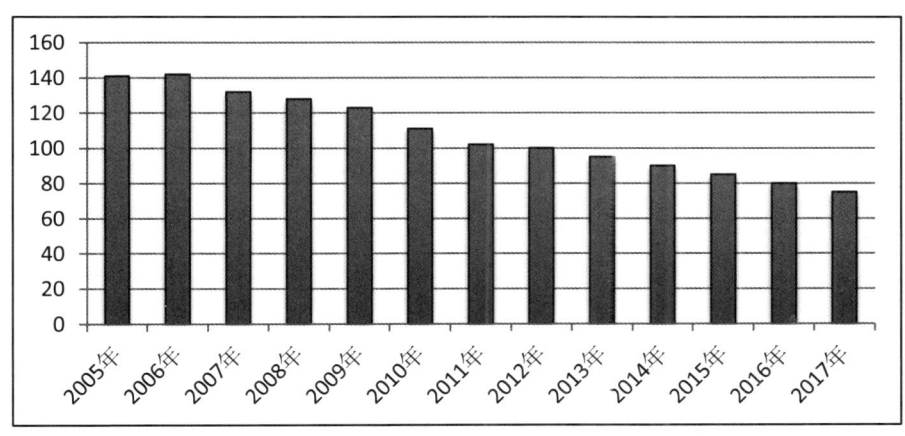

图 1-2 中国15—24岁人群电视收视时长变化②

---

① 根据各年度CNNIC《中国互联网络发展状况统计报告》整理。
② 根据CMS各年度《收视中国》整理、推测。

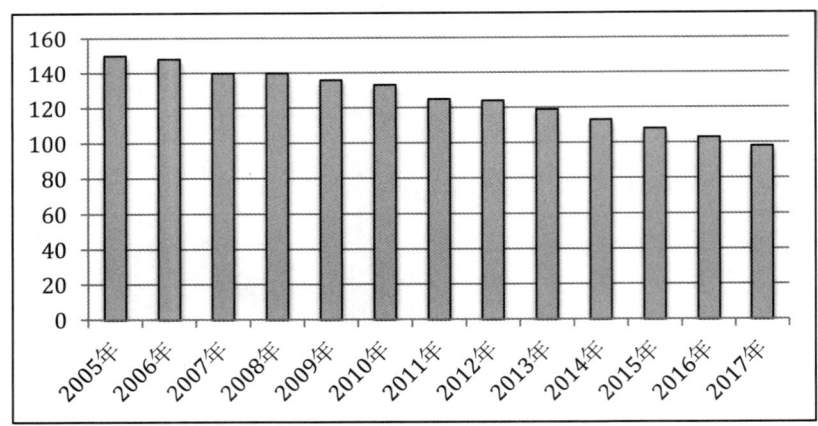

图 1-3　中国 25—34 岁人群电视收视时长变化①

他们把大量业余时间从电视转向电脑,如图 1-3。随着网络的提速,网民的数量也在急剧增长。1997 年仅 62 万人,到 2006 年增至 1.37 亿人。2007 年起,中国的网民规模更是呈急速增长之势,至 2014 年已达 6.49 亿之众,如图 1-4。

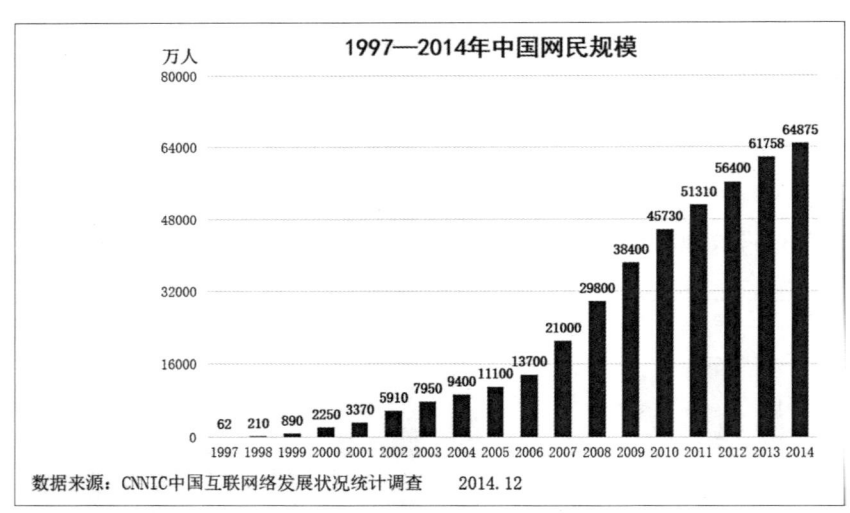

图 1-4　中国网民规模

与此同时,随着智能手机的普及,中国的网民不只存在于固定终端,还出现在移动终端。2006 年手机网民还只有 1700 万人,至 2014 年就达到了 5.57 亿人之多,如图 1-5。一种无时不在线的生活方式已成为现实,它排斥着不在线生活方式的同时,把传统媒体也逐渐排斥在外了。其中一个最主要的原因就是与己有无"关系",而有无关系

---

① 根据 CMS 各年度《收视中国》整理、推测。

本身全由公众自己来决定。换言之,当我用得着你时,你就与我有关系;当我用不着你时,你就与我无关了。大众从未有过的"任性"令传统媒体始料未及,公众要当家做主的意识,让当惯了公众的家、做惯了公众的主的传统媒体从根本上水土不服。

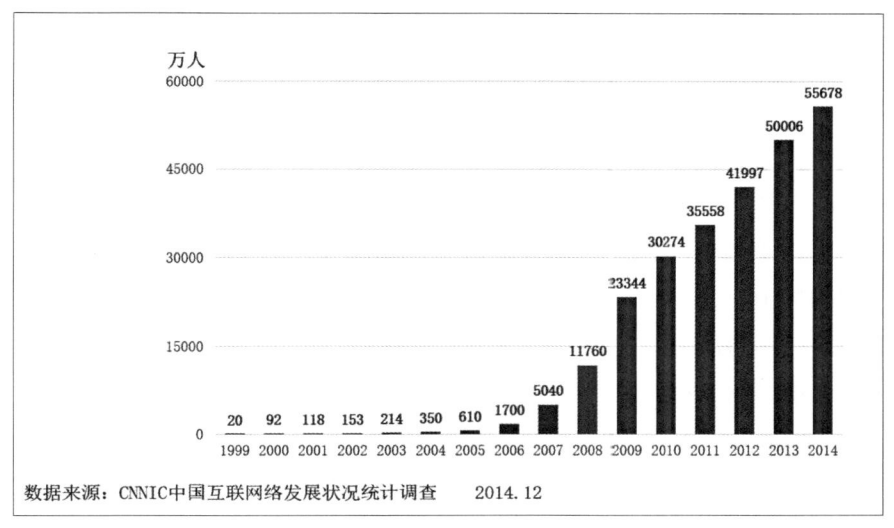

图1-5　1999—2014年中国手机网民规模

无独有偶,智能手机也越来越显现出它在个人日常闲暇生活中的地位。CCTV于2015年3月10日发布的《中国经济生活大调查》数据显示,中国人每天的休闲时间平均是2.55小时(153分钟),较3年前的2.16小时(129分钟)有所增加,但仍只有发达经济体的一半。德国、美国、英国居民每天的休闲时间都在5小时以上。中国人1/3(51分钟)的休闲时间用在了互联网上,尤其是手机上。此外,中国人1/6(25.5分钟)的休闲时间在看电视。中国人1/10(15.3分钟)的休闲时间在进行纸质本阅读。用在互联网上的时间是用在电视上的2倍,是使用在纸媒体上的3.3倍。这种情况不仅中国如此,其他国家也不尽相同。[①]

韩国KT经济经营研究所在2014年12月16日发布的数据报告书《智能手机引进5年,移动生活变化》中显示,韩国人一天平均智能手机使用时间(通话功能除外)为219分钟(3小时39分),这比2012年3月(91分钟)智能手机刚刚进入市场时的使用时间增长了2.4倍。从年龄段来看,20—29岁的年轻人一天平均使用智能手机的时间为281分钟(4.68小时),是调查人群中使用手机时间最长的。10岁以下的人群使用时间为239分钟(3.98小时),30—39岁为220分钟(3.66小时),40—49岁为189

---

① http://www.199it.com/archives/332073.html?_t=t.

分钟(3.15小时),50—59 岁为 151 分钟(2.5 小时)。调查还发现,2013 年与 2008 年相比,走在街上时,把智能手机放在上衣口袋里的人群数量从 30％增长到 39％,直接拿在手里的人群数量从 17％增长到 25％,而把手机放在双肩包、手提包里保管的人群数量反而从 26％减少到了 15％。①

2014 年 3 月 12 日《朝日新闻》报道:日本一通信公司在 2014 年 2 月对 1242 名 18 岁以下智能手机用户或其家长进行了网络调查,发现初中生平均每天使用手机 1.8 小时(108 分钟);高中男生每天 4.3 小时(258 分钟),女生 6.4 小时(384 分钟)。超过 40％的女高中生平均每天使用手机的时间在 6 小时以上。②

尼尔森印度公司的报告显示,印度人平均每天使用智能手机的时间为 2 小时 45 分钟(165 分钟)。

美国 Flurry2014 年 4 月 2 日调查数据显示,手机用户每天花在智能手机上的时间大约为 2 小时 42 分钟(162 分钟)。③

十、两种媒体对社会的影响

传统媒体强化了时间和地域、精英和大众、脑力劳动者和体力劳动者等之间的隔阂,同时也就对人形成了限制,它有意识地把某个人置于某一行政位置上,使个体的位置决定其社会阶层的归属。在任何时候与事件中,个体和意识被人为绑定在一起,再把个体固定在群体当中,认定群体的意识就是个体的意识,同时作为个体的人被舍去。

传统媒体将身处不同物理空间及相同空间的人从意识形态上加以区分,早期称之为阶层,近期称之为市场。人际交往中原有的网状模式,在由传统媒体支配的社会交往中只有线状模式。人们对信息的利用被传统媒体进行整齐划一的管理,社会各层级中的人随时都处于等待与己相关信息的焦虑中。

这一切随着新兴媒体的出现而有了改变,被极度压缩的空间变宽阔了,人与人之间的交往速度越来越快。新兴媒体对时空前所未有的压缩,使每个人所处的实际位置变得无关紧要,地域、国别和空间在逐渐淡化,人的社会地位第一次变得与网络时空中的身份(ID)无关。异地关联、时刻在线、情文并茂超越着自身体验的唯一性。新兴媒体将传统媒体制造的虚拟环境打破,重新构建了一个在时间上能无限接近现场,空间上能立体多信道确认的存在。"受众本身作为一种媒介,彼此之间可以针对大众传媒

---

① http://www.199it.com/archives/314538.html.
② http://www.199it.com/archives/201405.html.
③ http://www.199it.com/archives/206768.html.

文本的形式与内容作出反馈,或进行讨论。"①从而使初级文本上升为次级文本,最后转变为超级文本(超链接文本),完成对信息的超媒体传播。在这个过程中,内容将超越媒体,以数字屏幕的形式,把文字、图片和影像呈现于个人的各种终端——电视屏、手机屏、电脑屏和平板电脑屏。人们将前所未有地重视内容而非内容的呈现形式,以往被称为"传统媒体"的东西将退出它曾经的种属定义比如电视机不再属于电视台,而只是消费者的一个视频终端。

在传统媒体构建的"现实"里,受众因收视调查而被固定于某个社会角色位置上,否则你将被置于"其他"中,或者会"不存在"。换言之,现实生活中的你与虚拟现实中的你扮演着不一样的角色。虚拟现实中的你若与真实生活中的你出现错位,也未必会扭曲你深藏着的内心。由大众媒体构建的虚拟社会严重地脱离和取代着真实社会。同样一个人会因不同的调查而出现不同的身份,扮演不同的角色,显现不同的人格。为了取信于人,由人生产出来的大众媒体信息竟成为互信的参照甚至是佐证物。在这个大众媒介构筑的虚拟社会中,个人的社会交往基本不存在,只有在脱离大众媒体及失语的环境中才会有人际交往。人际交往还会被分为用媒体语境的交往和用私人语境的交往两种类型。社会阶层基于对媒体的依赖和控制已进行分化,以和大众媒体的亲疏关系进行分化与集结,彼此之间都深藏着一个秘不示人的内在,造成两面人及社会最基本层面上的不和谐状况。

在新兴媒体当中,虽然真实社会角色与身份可以剥离,但他暴露出来的也只是原先被隐藏的那一部分。在社会发展过程中,暴露比隐藏对社会发展的危害要小。难以捉摸的是参与者仍保持在传统媒体构建起来的虚拟社会习惯中,而不是在社会现实地位上实现身份的统一,仍然扮演着"表面"和"私下"两个不同的角色,与现实社会生活进行交换活动。在社交范围扩大的同时,以兴趣和目的为中心形成聚合了"社区",原本被分隔在不同社会板块里的个人,实现了跨地域、跨时间和跨空间的集群。在他们的作用力驱动下,现实社会的一些基本规则也在被改写。新兴媒体具有的社会动员能力,使社会群体之间出现新的划分,经济体制利益团体从中构建起了新的强效关系集团并作用于社会。

传统媒体时代是一个信息传播时代,它的信息传播的链接过程较短。它由目的、推广、循环、线性等传播模式组成。信息在传播过程中,因为没有议论的空间,不会出现质的升华和内容的变异,因此它对于社会的直接作用也是有限的。至于公众私下的

---

① 〔丹麦〕克劳斯·布鲁恩·延森:《媒介融合》,刘君译,复旦大学出版社2012年版,第95页。

"元传播"①如何展开的问题,因为眼不见,也就心不烦;所谓"管理"无异于"自欺欺人"。一方面,它空有等同光速的物理传播技能,因其对下不能有的放矢,对上也难真实再现,社会传播能力低下。另一方面,现行传播中基于管理者先行观念的管理,难免对事实形成误读,进而影响社会判断的正确性,从而造成社会性损失。凡此问题,至今不是靠制度自净,而是靠人的管束来实现,由此必然会形成新的社会问题。

人们已经迈入元信息(构成信息的基本要素)消费时代。当每一个人都可以采集信息、发布信息时,原有的大众媒体构建的信息传播格局就被打破了。由于信息总量以及重复信息量的增加,信息传播链表面上被延长了,但信息要素却是多元了。此外,原来大众媒体构建的线性、互动、循环传播模式也在被取代。随时变化的传者和受者之间加入了由公众与官方、技术供应商共同构建起来的智能化的信息传播系统。它们从垃圾信息清除到关键词检索,再到个性化推荐、筛选、互动和获知,极少数信息能在这个过程中成为共享信息,继而生产出新的热点,在话语转换过程中形成新的社会关注点。在这个循环往复的过程中,不仅能引起关注深度的增加,同时关注的层面也会放大甚至会转移,但它们都是因事件引起的关注,也都是公众想要的结果。在此后的延展传播中,与其说它们还是信息,不如说它们只是评说而已。并不是说它过去就不存在,只不过今天它被显现了出来。眼下最让有些人不安的是"怎么管"这个问题。这的确是一个问题,但绝不是公众认为的问题。

话语权集中于传统媒体使大众的自主地位被打压。因集中而变得狭窄的传播通道,因细分受众市场而小众化了的运作,事实上也没有给大众提供反馈的通道。又因各条线性传播通路之间是各自为政的,因此,大众在横向上被性别、年龄、文化程度、经济收入、社会面貌等市场要素分割;在纵向上则被地区、行业、部门、民族等社会要素区隔,处在每一种格子中的大众实实在在被分子化了,从传达的内容来看,甚至是被"白痴化"了。

相比之下,新兴媒体则使集团话语权分散,使公众自主地位得到恢复。表达渠道向着人际传播形态——元传播接近,带来话语权分散的同时,也向着鼓励人人参与传播的方向发展,使人们拥有了更加充分的表达权。民众在各种问题上发出自己的声音,消解了原有的权威话语中心。由于反馈机制已自然具备,用户的自主性和参与的热情得到提升。在网状结构中实现点对点的传播,在一定程度上近乎众声喧哗。伴随噪音高效传播信息乃至流言的同时,毕竟真实的才是有用的,在效果至上的追求中,也能使被谣言污染的信息得到净化。

---

① 〔丹麦〕克劳斯·布鲁恩·延森:《媒介融合》,刘君译,复旦大学出版社2012年版,第99页。

人们解决问题的出发点和方向发生了偏转。网络上的搜索引擎给人们的思维方式带来巨大冲击,上网搜索逐渐成为解决问题的重要方式。因而,人们的记忆对象发生变化,更多选择性记忆针对的是获取内容的路径,而不再是具体的内容。谁能记住信息获取路径,谁就能得到需要的信息。

人对信息的记忆、储存和利用方式出现了前移。以往解决问题的能力取决于掌握信息的多寡;掌握信息的多寡又取决于占有原始资料的优势和权限。网络搜索引擎的出现给人的上述能力带来了颠覆式的撞击。云里的信息属于大家,在技术的支持下,不怕你得不到,只怕你没有想到。在获取信息的过程中,什么地方有什么,以什么地方能得到什么被区分开来。靠用心就可以过目不忘的存储能力与信手就能拈来的检索能力,被电脑的储存能力和一整套算法支持的检索方式所取代,人从天生的能力局限中得到了解放,有利于把更多精力投入到对信息的利用上来。换言之,个人对知识的占有被个人对网络的利用所取代,更多的人因此得到解放和提升,它充分体现了新兴媒体技术的社会价值,也解释了传统媒体技术因何而落后。

传统媒体的传播环境之所以被李普曼称为"拟态",就因为它在元传播的基础上完全虚构了一套话语方式——语境。它包含四个方面:(1)主题。它必须是与众不同的,同时又是具有普遍意义的。(2)构成形式。包含有叙述、描述、说教等。(3)言说模式。对于受众而言,一则广告或公共服务广播可预测的重要性。(4)体裁。它是指表达和体验特定主题事件的话语习俗,通常被局限在书面语当中。所有这些被集中于"社会功能"的要求上。① 为此,连用词都被置于管理者的认可下,以此体现彼此间应有的社会关系。不言而喻,一切呆板的书面语都源于活生生的口语。因此,之后网络上出现的放荡不羁的用语,可以理解为是书面语的对冲和报复。

新兴媒体以解构式的语言和体裁形成的传播方式更多地表现出反规则、去中心的特点。这其实是真实社会中人际传播的元形态,也可称为"真实语境"。在人际媒体中不断出现,被传统媒体话语体系视为另类的东西叫"恶搞"。因为随心所欲地出于心,出自私人空间,之后进入公共空间,粗俗与大雅混成一谈自然令大雅语境中的人心生不自在。遥想五四运动时期,白话文对文言文形成冲击时,学贯中西的大家辜鸿铭也曾坚决站在文言文一边。胡适也因在《新青年》杂志上发表白话诗《两只蝴蝶》而受到文言保护者的诟病。今日网络用语与大众媒体用语之间的差异,远非昔日文言与白话之间差异大,因权威受损而被打压,古今一同,这倒也在理解范围之内。

不可否认,这将是一个前所未有的新时代,在这个时代里传统的正在过去,新兴的

---

① 〔丹麦〕克劳斯·布鲁恩·延森:《媒介融合》,刘君译,复旦大学出版社2012年版,第100—101页。

尚未完美。信息从结论返归素材（元信息）；数量大到难以检索，致使应用都显匮乏；所谓的"精准"送达以致形成干扰；传递中去专业化导致媒介素养下滑；甚至出现技术对人的创造性形成控制等，这些都是网络新兴媒体可能带来的"麻烦"。对此似乎无人能理清楚，有对策。

换一个角度来看，网络新兴媒体就如同一个更新的"环境"，它无处不存在，无物不关联。既然如此，我们不妨与空气做个比较：正常的空气成分按占比来看，对人无用的氮约占 78%，不可或缺的氧只占 21%，此外稀有气体约占 0.94%，二氧化碳约占 0.03%，还有其他对人有害的气体如臭氧、一氧化氮、二氧化氮等约占 0.03%。这个结果不是今天才这样的，这就是一个客观环境，是我们不可回避的客观现实。从掌握了空气成分以来，人类未曾因有用成分太少而做无用的抱怨，只是当有害成分日渐增长才引起了人们的警觉，呼吁防治和保护。网络新兴媒体环境也是一样，理想与现实之间的差距就被称为问题。解决问题不等于"因噎废食"。

再比如人类离不开的水资源，自然状态下的水成分十分复杂，通常被称为"非饮用水"。那么饮用水的情况又是如何呢？从自来水生产部门得到的水质检测表中可以发现，在我们的饮用水中仍有 34 种物质需要控制，其中一般化学物质 17 种、细菌 4 种、毒理学指标 11 种和放射性物质 2 种。这就是说，我们的饮用水中也含有很多种有害物质，只是它的含量被人为控制在了很低的水平。我们没有因为饮用水仍有问题，而对水产生拒绝饮用的过度恐惧，对待网络新兴媒体环境也应当如此。所谓有"问题"是人对环境的一种认识，环境本来就包含着各种"问题"等待人去深入认识。人之于环境，只能受制于它，绝无取决于人之理。换位思考，或许由于人，自然才显得不那么美好。最可怕的莫过于以人的意志试图改变环境，得来的只会是惩罚。唯一的有用之举就是不去试图掌控它，这是对环境最好的保护，也是最具建设性的行为。对自然是这样，对网络环境亦然。

■ 思考题

1. "碎片化"假说的原因是什么？
2. 受众分子化的成因有哪些？
3. 分子化受众对社会、媒体的影响是什么？
4. 由传统媒体和新兴媒体构成的虚拟环境有何差异？
5. 在互联网和传统媒体环境中，人与人的关系有何质的不同？

第二章 分子化社会的成因

■ **本章要点**

1. 大众分子化的根本原因
2. 工业化发展与个性化需求的关系
3. 在个性化要求中收入的地位
4. 分配制度的变革与社会性格的发展
5. 时代发展中的个人价值

一、大众与分子化社会

个体主义是一种文化,也是一种意识形态。它反映在人们的世界观、认识论,甚至方法论中。比如关于人的意识的调查,就把人从群体当中抽出来加以观察;比如市场调查的认识方法,就是以个人来反映公众。它首先把人视作单一的个体,这些个体对其要做的事、正在进行的思考、将来自己的发展目标等,有着完全独立的支配能力,也只听从自己内心的召唤。据此,调查就应该且能够反映普遍的社会现实,以及社会未来的发展走向。今天基于的大数据分析较之以往"以点代面"的调查,差异就在于把一个点变成了面,并不是希望以点代面,而是能以"片面"反映"全面"。从理论上说,它的准确性应该高于以前"以点代面"的调查法。

在以点代面的调查中,本来就放弃了对社会背景的考察,只把个人置于群体之上来看待。由此可见,通常意义上的社会调查,无论基于小数据还是大数据,首先是以把个体定位于全体之上,把个人置于群体之上的个体主义意识为基础。因为我们的行为方式和方法,不仅使我们对社会的认识和诠释发生偏转,同时也让我们在对社会意识中加入了个人导引。由于对这种方式和方法的认同,共享的调查成果在利用中又反复强化着个体主义世界观。迄今为止的消费意识变迁,产品导向的市场调查都是基于个体的选择来描述大众的取舍;品牌导向的市场调查则是拿个人认知来构建社会意识,个性化导向日渐显著。受众的分子化正是在对受众的个体主义把握中形成的。

在个性化导向调查的影响下,传统媒体从信息的发布,到效果的评估,再到整个媒体的经营都会被左右。具体表现在:当把信息传送给个人,必然会因在这个人身上产生的某种作用而影响他周边的一批人。它已成为使传统媒体经营走入困境,自己还浑然不知的原因之一。

如果缺乏作为背景的环境信息,大多数人会直接从个人人格因素中寻找人的行为原因。对人如此,对人所支配的机构的作为也会如此。人们常把注意力放在鱼的身上,而不是鱼所在的水里。① 所有人都倾向于以人格来解释人们的行为,通常也称作"典型性",这就容易出现"基本归因错误"的情况,即将自己或他人的行为完全归之于人格特征,因而低估了社会影响的能量。由于未能充分意识到环境的能量,我们又倾向于将复杂的环境简单化,这样就会妨碍我们了解大量行为的起因。此外,这种简单化还会导致我们责怪那些环境中的受害者。比如,大众媒体中对于假冒伪劣商品危害人的报道,最终的对策都会是一段语重心长地对消费者的劝告,包括如何识别假冒伪劣,如何自行加以防范等。以至于有人调侃:在我们消费药品之前先要把自己变成药物学家;在消费化工产品之前先要把自己变成化学家;在消费机械制品之前先要把自己变成机械制造专家;在消费食品之前先要把我们变成生物制品专家等。

我们大多数人都会认为在任何组织或群体中,组织成员的人格是真正的重要因素,至少人格是主导、是根本因素,而不是人当时所处的环境,更不是诸如在某一环境中进行的某一活动。因此,从古至今圣人崇拜绵延不绝。推而广之,成绩归功于君主,失责归咎于奸佞——也还是个人。向庞杂的外部环境寻找原因远不如在局部的点上寻求答案更有效率,也更有可行性。社会学家查尔斯·库利用镜像自我来描述个人把众人当作镜子来进行自我感知的现象。之后社会学家乔治·米德精炼了这个观点,指出与我们的自我概念有关的并不是别人实际上如何评价我们,而是我们觉得他们如何评价我们。② 鉴于此,个人也可以代表众人,众人也就应该是个人的众人。从某种意义上来说,对大众的认识,无论是分子化还是个性化都不失为一种相对性条件下的机能主义。

---

① 〔美〕埃略特·阿伦森:《社会心理学》,侯玉波等译,机械工业出版社 2014 年版,第 7 页。
② 〔美〕埃略特·阿伦森:《社会性动物》,邢占军译,人民邮电出版社 2012 年版,第 32 页。

二、个性化及自我中心的时代

35年以来高速增长的经济成就了"Made in China"这样一个时代。之所以称之为"时代",是因为这个时期长达35年,足以使这个时期两端的人在思想、观念,乃至人生目标与理想上差异巨大,存在明显代沟。

事实也正是如此,以1997年为界,之前是一个"供不应求"的时代,之后则全面进入"供大于求"的时代。消费价值观随即从"价廉物美"向"物有所值"发生转化。价廉物美表达的是既要少花钱,又要买到高价值的东西。它本身是个矛盾体,有悖于正常商品交换原则,但在计划经济时期,对于复杂的经济关系而言,人为的计划管理就显得粗放而漏洞百出,物超所值与物不及其所值随处可见。长期以来受购买力所限,逼出来的"捡漏",成为持家过日子的本事,也支持了上述悖论的存在。

进入市场经济时代,价格与价值严格对应,"一分钱一分货"在经济活动中成为基本认识,自然价格与价值错位的可能性就降低了,"物有所值"的消费观念得以成立。消费观的差异随之而来,会体现在就业观、择业观,甚至社会观、人生观上。难怪代沟的意识在普遍化,在同样的问题面前,态度和做法因人而异,差别巨大。

2001年,中国人均所占GDP超过了1000美元。它的含义是:人们摆脱了温饱型生活,追求消费之心逐渐苏醒,对物质生活有了升级换代的要求。

2006年中国人均所占GDP超过2000美元,这意味着在物质上的生活追求可以变为现实。此后:2008年人均占有GDP超过3000美元——购买力平价达到7437元;2010年人均占有GDP超过4000美元——购买力平价达到9171元;2011年人均占有GDP超过5000美元——购买力平价达到10275元;2012年人均占有GDP超过6000美元——购买力平价达到11036元;2014年人均占有GDP超过7000美元——购买力平价达到12763元。

人均GDP达到1000美元,标志着社会摆脱了温饱,走进了小康;从那时走过来的老人会告诉你,那是个购物能使人幸福的年代。如今人均GDP已过7000美元,人们却在苦苦寻找除了购物还有什么能使人幸福?日常生活文化中,从观念到行为要求能随个人心愿而动。所有这些意味着这样一个结果:Made in China不仅制造了遍布世界的商品,也给中国制造了一代全新的人,他们随着GDP的增长,从社会人变成了经济人;从劳动者变成了消费者;人的社会关系也从生产关系变成了交换关系。

社会人的主要特征表现在:首先,他们不仅有追求收入的动机和需求,他在生活工作中还需要得到友谊、安全感、尊重和归属感等。如同马斯洛理论所指出的五种人类需求:1.生理需要;2.安全需要;3.社会需要;4.尊重需要;5.自我实现需要。霍桑实验①使大家注意到:社会性需求的满足往往比经济上的报酬更能激励人们。人们在长期的社会生活中发现,只有在顾全群体利益时,个人利益才能得到保障。霍桑实验还发现,人的思想和行动更多地是由感情而不是由逻辑来引导的。

"经济人"一般情况下会将自己经济利益的最大化作为行动的唯一准则。尽管不是人本性的全部,但是在经济活动中仍然会以此作为经济活动的合理性依据,也是对人性的一种假定。② 其中,个体主义、利己和个人利益是关键词。在突然富裕起来的社会中,"无利不起早""天下熙熙皆为利来,天下攘攘皆为利往""商家唯利是图,无可厚非"等认识和行为显得越发肆无忌惮。

社会人快速向经济人转变的现象,或许在快速致富的中国人中最为突出。一般来说,在由社会人构成的社会中,相互依靠,皆因资源贫乏;有难同当,才有可能渡过危机。同理,富足才分家,富裕才可能不求人。对于不知道除了物质财富之外,还有什么值得追求的人来说,财富只会使人心背离,最终使"富人"成为形单影只的富翁,用世间俗话来说就是"穷得只剩钱"。

"生活逐渐富裕",而"环境日渐贫瘠"的状况甚至威胁到了"富裕"本身。空气、水甚至土壤被污染,与生存相关的方方面面都面临"安全"问题。大气安全、水资源安全和食品安全等都在警示人们"何以为够"。在这个需要自我反思的惊觉中,人的变化逐渐显现:"道德人"即将现身。道德人在追求物质需要的同时,知道有利益相关者存在,能够且愿意承担对于社会的义务和责任,并且能够以道德自律的方式进行自我矫正。在道德人这个假设中,"利他""理性"和"集团利益最大化"是关键词。

对于中国经济发展至今造就的人来说,经济人的假定似乎更接近实际一些。一段时期以来,为拉动消费,以"我"为中心诉求的广告表现随处可见(如图2-1)。

"文化人类学家将今天依然存在的游猎部落与农业社会和城市社会进行了对比。他们发现从最原始的社会形式到最现代的社会形态,家庭人口结构也经历了先增加后减少的过程。游猎部落倾向于核心家庭和小群体生活,定居的农业社会大多数是扩展型家庭或者乡村内群体的生活方式。而当农民移居城市以后,扩展型家庭又开始分解

---

① 霍桑实验是1924年美国国家科学院的全国科学委员会在西方电气公司所属的霍桑工厂进行的一项实验。他发现了职工是"社会人",对"经济人"进行了否定。第一次把管理学研究的重点从工作和物的因素上转移到人的因素上。对他的批评是他过分否定了"经济人"假设。
② 经济人是古典经济学对人的认知模型。在古典经济学者看来,经济表面的规则源于经济现象的合理性。而经济现象合理性的根源则是人们在经济活动中的合理解释。此观点进一步认为,经济社会所遵循的规则,虽会在调整中不断发展,但基点仍然是人利己的经济活动导致的自然和必然的结果。根据《日本大百科》小学馆出版书整理得来。

图 2-1　以"我"为中心的广告诉求实例

变小,典型的城市家庭再次演变为核心家庭结构。今天大多数国家都只有农村和城市两种亚文化。对这两种亚文化来说,现代化对应着个体主义的价值观。"①

三、后工业化社会与人

从蒸汽机时代开始,到 20 世纪 60 年代为止的资本积累过程,是一个"规模化生产与大量消费"成立的过程,以细化的劳动分工和标准化的生产流水线工艺,以及型号化产品为特征。这种生产模式需要绑定规模数量的劳动力,决定了在劳动场所中人的同体的存在,其中又表现出集体性行为方式。这个时代被称为"工业化时代"或"福特主义"时代。

学者丹尼尔·贝尔(Daniel Bell)把人类历史划分为三个阶段:前工业社会、工业社会和后工业社会。从时间上看,后工业社会大约是从 20 世纪 80 年代电子信息技术广泛应用之后开始的。此时起,经济从"生产财富"逐步向"提供服务"转移重心。理论、知识成为社会的"行为原则",政策制定与改革,均以此为出发点。②

自此,被称为"知识阶级"的专业技术职业人的社会价值得以提高。组织运营的模式也须考虑经济以外的因素,向"社会化模式"进行变革。换言之,后工业化社会是遵

---

① 〔荷兰〕吉尔特·霍夫斯泰德等:《文化与组织——心里软件的力量》,李原、孙健敏译,中国人民大学出版社 2012 年版,第 113 页。
② 〔美〕丹尼尔·贝尔:《后工业社会的到来——社会预测的一个尝试》,美国钻石出版公司 1975 年版。

循人与人之间的基本游戏原理运营的社会,它与遵循资本与资本之间的游戏规则运营的社会有着质的区别。

与此相近的说法,还包括所谓"第二产业向第三产业的转型",或者称为以服务业为中心的"服务经济""产业构造的服务化",以及"后福特主义"①等。由于信息化革命对去工业化的进程起着推进作用,因此,后工业化社会与"信息化社会"②有着密不可分的关联性。

福特主义与后福特主义

一、福特主义

福特主义成为一个体系被认为是从蒸汽机时代开始,到20世纪60年代为最盛。福特主义阶段,是一个规模化生产与规模化消费的时期,以细化的劳动分工和标准化的生产(流水线)工艺与产品为特征。③ 通过产品成就市场,以低价格作为销售的竞争手段。福特主义在移动程度上有效地解决了当时条件下的供不应求与购买力不足的矛盾。

福特主义主要包括以下几个特质:

1. 以机械化、自动化和标准化为基础,一改人围着产品转,"人动产品不动"的生产组织方式,从而使产品随着人流动,在"人不动产品动"的流水线组织形式下进行生产。通过大规模生产来提高劳动生产率,实现低成本生产、低价格上市,扩大商品的消费者覆盖面。

2. 劳资之间可以通过协商保证工资能与生产效益同步增长(计件工资制:以单位时间内的有效劳动成果数计算报酬),收入增长提升工人购买力。增加收入的同时也能刺激劳动生产率的提高,进而诱发和产出大量消费的能力,从而形成更大的市场。

3. 专业生产流水线和专项操作者相结合的生产过程,提高了资本有机构成,通过加速资本周转来降低高资本有机构成对利润率的影响,促成了从生产到市场的一体化垄断竞争格局。

4. 辅助以凯恩斯主义的国家干预政策与福利国家制度,不断弱化经济周期的负面影响,维持有效需求,调节大规模生产与大规模消费的良性循环。

---

① 后福特主义是以满足个性化需求为目的,以信息和通信技术为基础,生产过程和劳动关系都具有灵活性(弹性)的生产模式。大规模定制,水平型组织形式,消费者主权论,弹性生产和竞合型市场结构是其主要特征。
② 信息化社会指的是信息具有与其他各种资源一样的价值,以此作为社会机能中心构建起来的社会。
③ 〔英〕保罗·霍普:《个人主义时代之共同体建设》,沈毅译,浙江大学出版社2010年版,第6页。

二、后福特主义

激励技术革新和组织创新、依赖新型的微电子技术、经济形态向服务性产业和信息产业转化、白领工人的数量与日俱增,手工劳动者的比例随之减少。"灵活性"和"弹性工作"等词汇,成了劳动力市场和工作方式中的流行语。

形成后福特主义的原因有:

1. 通讯和信息等技术领域的快速发展,尤其是计算机和互联网思维成就了以知识为主导的核心生产力;

2. 西方国家的企业面临来自东亚等地日益激烈的竞争压力而被迫寻求新的效率模式;

3. 许多企业主为了应对消费需求变化,提出企业不能一味地拘泥于规模生产的方式,以便获得更多的生产利润;

4. 从学术界到工商界都有人推崇这种发展过程。他们认为这种发展过程可以为劳动者创造更佳的工作实践。鉴于以上原因,后福特主义模式在未来还将得以延续和发展。

当然,这个社会也不是不可能贯彻对社会实行计划政策的合理性。在最终决策问题上,追求效率的高级技术官僚和代表各集团利益的政治家之间的矛盾依然存续。其主要特征有以下四个方面[①]:

1. 经济结构从商品生产经济转向服务型经济。任何国家的经济,随着逐步工业化,各产业的生产率将发生变化,必然会产生大多数劳动力转向制造业的发展趋势。随着国民收入的增加,对服务业的需求越来越大;相应地,劳动力又将向服务业方面转移。因此,后工业社会首要的也是最简单的特征就是,大多数劳动力不再从事农业和制造业,而从事服务业。

传统产业的发展越来越受到来自世界范围内的日益激烈的竞争压力。全球化市场的拓展,导致了许多西方国家在某种程度上的非工业化生产,"煤炭、钢铁和造船等传统第一产业,以及一些现代产业如汽车工业等,出现了明显的萎缩"。[②] 美国汽车城"底特律"的破产就是一个典型的例子。

---

① 〔美〕保罗·霍普:《个人主义时代之共同体建设》,沈毅译,浙江大学出版社2010年版,第7—10页。
② 同上,第7页。

表 2-1　中国国内生产总值指数

年份	总值	第一产业	第二产业	第三产业
1978	100	27.9	47.6	24.5
1980	100	29.9	47.9	22.2
1982	100	33.0	44.5	22.5
1984	100	31.8	42.8	25.4
1986	100	26.8	43.4	29.8
1988	100	25.4	43.4	31.2
1990	100	26.7	40.9	32.4
1992	100	21.4	43.0	35.6
1994	100	19.5	46.1	34.4
1996	100	19.4	47.0	33.6
1998	100	17.2	45.7	37.1
2000	100	14.7	45.4	39.9
2002	100	13.4	44.4	42.3
2004	100	13.0	45.8	41.2
2006	100	10.7	47.4	41.9
2008	100	10.3	46.8	42.9
2010	100	9.6	46.2	44.2
2011	100	9.5	46.1	44.4
2012	100	9.5	45.0	45.5
2013	100	9.4	43.7	46.9
2014	100	9.2	42.7	48.1
2015	100	9.0	40.5	50.5

文献资料：根据国家统计局"国家数据"http：//data.stats.gov.cn/easyquery.htm？cn=C01。"三次产业构成"数据库资料整理构成。

从表 2-1 国家统计局的统计数据中也可以看出，中国的三个产业随"改革开放"时间的推移，也明显呈出向后工业化社会变动的趋向。第一产业所占比重从 1978 年的 27.9，降至 2014 年的 9.2，降幅显著；相反第三产业所占比重，从 1978 年的 24.5，发展到 2014 年的 48.1，增长近 100%，呈显著上升之势；与此同时，劳动密集型产业与员工在减少。

2. 职业分布以技术阶层的崛起为特征。区别后工业社会的第二个方面，是职业分布的变化。所谓职业分布，不仅指人们在何处工作，还指他们从事何类工作。随着服务型经济的发展，工作重心转向教育机构和社会咨询部门，自然引起职业重心向"白领"转移。为了更能适应现代消费模式的变化，规模化生产转变为灵活的专业化生产。新的生产技术为市场的专业化和商品的多样化创造了条件，使企业的生产更加具备满足个性化需求的能力。这也导致大众文化日益被后现代主义"小众"文化所取代,使人们更为重视个人形象和生活格调,如图2-2。

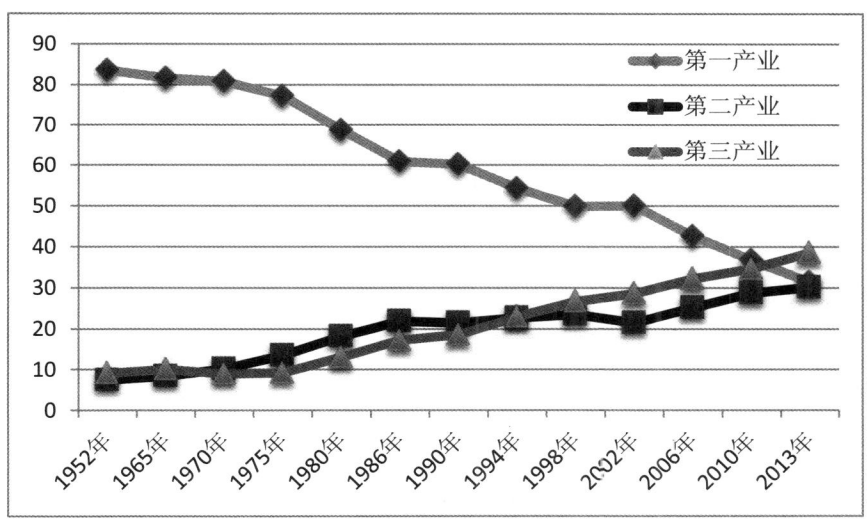

资料来源:国家统计局《中国统计年鉴2014》;2—3:流动人口数。

图2-2 中国三个产业人口在总人口中所占比重的变化情况

3. 信息和通讯技术的发展为后福特主义经济的转型提供了强大的动力,关键是它进一步推动了个体主义行为方式的发展。尤其是个人电脑等一系列个人通讯设备的发展,可以让越来越多的人居家工作,工作与生活的界限模糊。这一发展趋势,使得人们的工作经历越来越偏离集体行动。如果说工业社会是生产商品、协调人与机器关系的社会,那么后工业社会则是围绕知识,为了创新和变革,实施社会控制和指导而由个人聚合起来的社会。由于把工作引入家庭,家庭逐渐变成了社会的中心。由于经济上的便宜性和信息传递上的即时性,将来居家工作者的人数还会上升,因此个人生活的重要性也还将得到更进一步的提升。

4. 后工业社会中,知识本身的特征发生了变化。理论的重要性超过了经验,成为制定决策、指导变革的决定力量。同时,一个领域的发展,日益取决于理论上的突破。理论工作把已有知识程序化,并指导经验的验证。事实上,理论相关的知识业已成为社会的战略资源和轴心。学校、研究所和智库正日益成为新型社会的动力源。此外,知识及其传授的因素已经影响到了现代管理的本质,导致传统管理模式下的等级制度趋于消失,使个人拥有了更大的自主性和更多机会来发挥自己的创造能力。

由于我们主要关心的是后工业社会中的人受到哪些影响,及其主要表现在哪些方面。综合各种文献资料归纳为本章四至十一小节的八个部分。

四、分配制度彰显个人的社会价值

一个社会如何进行收入分配,不仅决定着社会资源配置的方向与效率,也决定着个人与社会的关系定位。当收入分配制度有利于个人发展与创新时,个人的生产付出就会增加,社会总体经济也会随之发展。例如,中国的改革开放过程中,在收入分配制度上就实现了"按劳分配",之后又向"按生产要素分配"进行了重大转变。当制度能够确保生产要素投入获得合理收益时,就会有越来越多的人开始将自己拥有的土地、资金、技术和人力资本投入到生产活动中,推动人均收入水平的同时也是在推动经济的发展和提高。

众所周知,在改革分配制度的过程中,个人始终是分配制度建立的基础单位,也是分配制度改革计算与评价的直接对象。改革开放以来,从全面落实"按劳分配",实现按劳动的数量与质量进行分配,希望它有利于调动劳动者的积极性和创造性,从而促进生产力的发展。此后,深化分配制度改革,提出了"按生产要素分配"的重大转变,指的是生产要素所有者凭借对生产要素的所有权参与收益分配。其中的劳动要素包括资本、土地、技术、管理、信息等。

重中之重始终围绕着个人如何提高"效率"及如何体现投入生产要素的"效益"上。1984年10月,党的十二届三中全会通过了《中共中央关于经济体制改革的决定》,第一次明确提出要"允许和鼓励一部分地区、一部分企业和一部分人依靠勤奋劳动先富起来"。这个认识的核心是"个人致富"。在1978年12月召开的中央工作会议闭幕会上邓小平指出"我们一定要坚持按劳分配的社会主义原则",从而恢复了按劳分配原则。邓小平认为,按劳分配就是按劳动的数量和质量进行分配,其实质是明确和主张"权利"与"获益"间机制与关系的问题。

在农村普遍实行家庭联产承包责任制。从分配方面以国家保障的"责任"对"个人的权利、责任和利益"予以明确,有效地将农民的收入同他们的劳动成果挂起钩来。在城市里则是企业广泛推广和运用承包经营责任制,以及将职工的奖金与企业的经营状况相联系,在多劳多得的基础上以多种形式的责任制来体现按劳分配的基本精神。

第一阶段(1978—1987年)的分配制度改革之后,极大地调动了劳动者的生产积极性,收入不断得到提高,再经过第二阶段(1987—1992年)和第三阶段(1993—2002年),以及第四阶段(2003—2010年)这四个阶段改革之后,居民收入随着经济的增长实实在在得到了提高(如图2-3)。纵观改革开放以来我国分配制度的改革与变迁,在对公平与效率的认识上,经历了一个逐步深化的过程。实践的轨迹大致是:1.不患寡而患不均的集体平均主义;2.效率和平均都要,同时兼顾个人与集体的改良主义;3.效率优先、兼顾公平的绩效主义,从根本上使个人和集体得以等同视之。逐渐从"注重公平基础上的效益"走向"注重效益基础上的公平"。至此为止的分配改革显而易见是让个人从以往的集体当中走出来,通过个人的付出,换取相应的报酬。分配制度改革的社会意义在于:第一次承认了个人的经济意义和社会价值,由此个人化开始有了它成长的空间和登堂入室的条件。

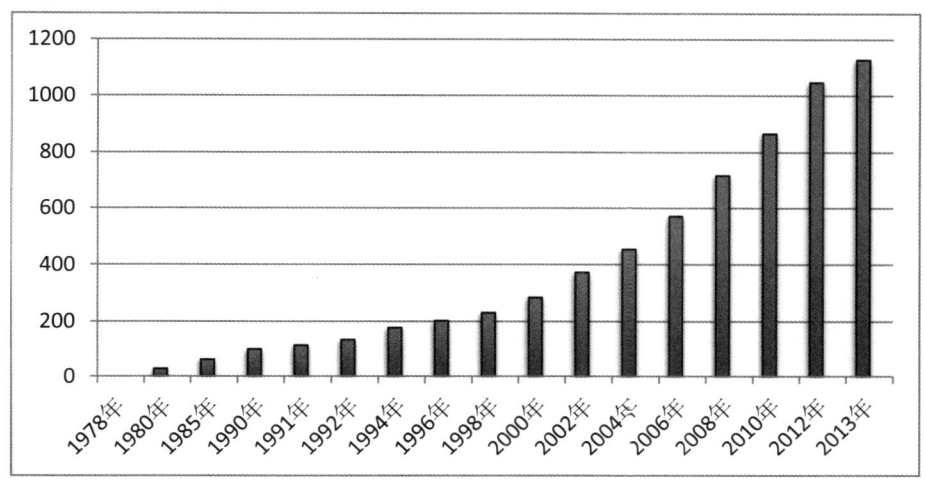

资料来源:国家统计局《中国统计年鉴 2014》;6-4:城乡居民收入。

图 2-3　城镇居民收入增长情况(以 1978 年指数为基点)

与此同时,在城乡个人劳动所得不断上涨的过程中,农村基尼系数从 1978 年的 0.21,至 1987 年时增长到了 0.3045,1992 年为 0.3134。城市居民的基尼系数也从 1978 年约 0.16,到 1987 年时增长到了 0.2,比之前略高;1992 年增长到了 0.25;城乡人民的生活水平得到了提高。到 1995 年全国基尼系数为 0.379,接近国际公认的 0.4 的警戒线。2003 年全国基尼系数达到了 0.448,超过了国际公认的警戒线。2010 年更是达到了 0.45 的高位。[①] 个人收入分配差距在扩大,见表 2-2。

表 2-2　五等分组城镇居民人均可支配收入(单位:元)

	低收入户 (20%)	中等偏下户 (20%)	中等收入户 (20%)	中等偏上户 (20%)	高收入户 (20%)
2000 年	3132.0	4623.5	5897.9	7487.4	11299.0
2001	3319.7	4946.6	6366.2	8264.2	12662.6

---

① 雷亮亮:《我国收入分配制度的历史变迁和未来发展趋势》,《知识经济》2011 年第 15 期。

续表

	低收入户 (20%)	中等偏下户 (20%)	中等收入户 (20%)	中等偏上户 (20%)	高收入户 (20%)
2002	3032.1	4932.0	6656.8	8869.5	15459.5
2003	3295.4	5377.3	7278.8	9763.4	17471.8
2004	3642.2	6024.1	8166.5	11050.9	20101.6
2005	4017.3	6710.6	9190.1	12603.4	22902.3
2006	4567.1	7554.2	10269.7	14049.2	25410.8
2007	5364.3	8900.5	12042.2	16385.8	29478.9
2008	6074.9	10195.6	13984.2	19254.1	34667.8
2009	6725.2	11243.6	15399.9	21018.0	37433.9
2010	7605.2	12702.1	17224.0	23188.9	41158.0
2011	8788.9	14498.3	19544.9	26420.0	47021.0
2012	10353.8	16761.4	22419.1	29813.7	51456.4
2013	11433.7	18482.7	24518.3	32415.1	56389.5
2014	4747.0	10887.0	17631.0	26937.0	50968.0

资料来源：中华人民共和国国家统计局编：《中国统计年鉴2015》，"人民生活"6—7、6—2。

为了控制平均收入差距，从1987年党的十三大到1992年党的十四大召开前的这一时期，国家在分配制度上主要是以按劳分配为主体，其他分配方式为补充。还第一次明确提出非劳动收入可以参加分配。1993年11月，党的十四届三中全会指出："个人收入分配要坚持以按劳分配为主体、多种分配方式并存的制度。"1997年党的十五大报告提出允许和鼓励资本、技术等生产要素参与收益分配，形成了按劳分配、按经营成果分配、按资分配、按劳动所得分配、按劳动力价值分配和按技术分配等多元分配标准的格局。2002年党的十六大报告在谈到收入分配制度改革时指出："确立劳动、资本、技术和管理等生产要素按贡献参与分配的原则，完善按劳分配为主体、多种分配方式并存的分配制度。"

城乡居民收入差距扩大。其基本特征是：农业劳动者收入低于工业劳动者的收入；工业化程度高地区人口的收入高于工业化程度低地区人口的收入；非劳动力密集型行业人口的收入高于密集型劳动行业人口的收入；脑力劳动者的收入高于体力劳动者的收入。所有这些差别中，动脑、靠智力、少人数工作的收入要高。这显然是肯定了个人的社会和经济地位的分配方式，它的影响必然会促成个人化社会的发展。其中多见的"绩效工资制"中无处不见"个人受益"与"集体受损"之间的博弈关系。

绩效工资制的利弊

优点：

1. 将个人的收入同其本人的工作绩效直接挂钩，会鼓励员工创造更多的效益，同时又不增加企业的固定成本。

2. 严格的、长期的绩效工资体系是一种有效的方法，让公司不断提高员工的工作能力、改进工作方法，提高员工绩效。

3. 这种方法使绩效好的员工得到了奖励，同时也能保留住绩效好的员工。

4. 不景气的时候，虽然没有奖金了，但是由于工资成本较低，公司也可以不炒人、少炒人，让员工有安全感，增加员工的忠诚度；当经济复苏时，公司也有充足的人才储备。

缺点：

1. 绩效工资鼓励员工之间的竞争，破坏员工之间的信任和团队精神。员工之间会封锁信息、保守经验，甚至可能会争夺客户。对那些一定需要团队合作才能有好的产出的企业，这种方法会适得其反。

2. 绩效工资鼓励员工追求高绩效。如果员工的绩效同组织（部门、公司）的利益不一致，就可能发生个人绩效提高、组织的绩效反而降低的情况，这时候这种方法就失去了价值。例如，销售员个人为了达成交易，可能会对客户作出很多免费服务承诺，公司为了兑现承诺可能会投入很高的成本。

3. 员工可能为了追求高绩效而损害客户的利益。例如，保险公司的业务员为了达成交易，过度夸大保单价值。当被客户识破后，有可能会要求退保，既损人又不利己。同时，保户也会对保险公司产生不信任。再如医生为了增加效益，可能会给病人开大处方，做不必要的昂贵检查。这种做法有违医疗宗旨，同时也会损害医生乃至医疗事业的形象。

4. 在行政事业单位中，绩效工资由单位领导评定，会使单位领导的权力更大，从而导致单位领导更为严重的腐败行为。

再明显不过，当绩效成为个人受益的权利之后，这个社会就进入了完全意义上的个体主义社会。正如保罗·霍普在他的著作《个人主义时代之共同体重建》中所示，权利主义——个体主义。[1]

---

[1] 〔英〕保罗·霍普：《个人主义时代之共同体重建》，沈毅译，浙江大学出版社 2010 年版，第 43 页。

此外，与分配密切相关的是个人的所有权，它是构成市场制度基础的主要元素。劳动者个人所有权的确立，以及随之而来的个人经济行为的独立化，是社会分工形成和深化的条件，也是商品经济发展的前提；它不仅是经济发展和运行的基础，而且是现代文明的重要前提。① 2007年《中华人民共和国物权法》出台，它规定："国家、集体、私人的物权和其他权利人的物权受法律保护，任何单位和个人不得侵犯。"这就标志着中国最基本的社会关系得到了法律的保护。因为"人与人之间的社会关系，最根本的就是财产经济关系"。② 从法律上明确物权关系，这也是中国分配制度深化改革的成果。让全体劳动者参与到社会财富的再次分配中来，力图使全体公民都走上富裕之路，让劳动者只拿工资，他们是永远实现不了富裕的。要想使劳动者真正地实现富裕，必须要让他们也参与利润的分配。那么如何才能让劳动者参与最终的利润分配呢？这就需要通过确立个人所有权，明确劳动者的劳动力也是一种资本，并使之投入生产，使之和其他生产要素一样，参与对利润的分配。《物权法》就是为通过确立劳动者个人所有权实现利润分享，从而为达到共同富裕目的提供的政治保证。③ 当法律上明确了个人的权利和义务之后，分子化个人才真正意义上诞生了。

五、大众文化消费成就个人自我中心

新的生产技术为市场的专业化和商品的多样化创造了条件，使企业更具满足个性化消费的能力。这也导致了"大众文化"日益被"后现代主义文化"取代。

"有自己的专用房间、音响、电视机、电话、适合自己的服装等，正是这些个人专用的私人物品为他们日后变成自我主义者提供了土壤。反过来讲，如果把他们的私人物品全部剥夺，当他们发现自己的存在是多么渺小时，一定会感到畏缩，甚至陷入深深的不安。如果没有了这些东西，能够证明他们自我的根据将不复存在。因他们是先选择东西，再由这些东西形成自我。"实际生活中很多调查都显示："越来越多的人会因为忘带手机而感到不安。手机已经不再是单纯的个人物品，已经成为自我的一个分身，因此忘带手机的人很容易陷入恐慌。能让人如此不安的东西除了手机以外，还有女性常用的化妆包，因为化妆包也是女性在塑造自我时不可缺少的东西。"④

追求真正自我的消费者，与能够满足消费者"多样的自我"的企业形成了一种共犯关系。消费者接收到企业提供的关于自我的信息以后，反观自我后常会产生对自我的

---

① 文洪朝：《确立个人所有权与发展中国特色社会主义》，《山东社会科学》2008年第7期。
② 杨景宇：《一部具有里程碑意义的法律》，《求是》2007年第9期，第21页。
③ 文洪朝：《确立个人所有权与发展中国特色社会主义》，《山东社会科学》2008年第7期。
④ 〔日〕三浦展：《第四消费时代》，马奈译，东方出版社2014年版，第83页。

怀疑,从而更想寻求真正的自我,于是寻求自我的循环就会不断扩大。

基于消费的自我追求,不可能因为实现某个消费而终结。也就是说,消费对个人自我主义的塑造,大多会因消费者接受了商家多个自我诉求信息,而变成多个自我。此外还有个人对国家意识、政治和文化基因的认同形成的自我存在。这些因素的叠加,使得人们实现的只是部分自我。"当人们知道了不存在完整的自我后,可以让一部分的自我和另一个部分的自我相重叠,就算这两个部分互相矛盾,也只能将两个面具当作真正的自我,'多重自我'就诞生了。"①

消费是什么?消和费。但是消费者买东西并不仅仅为了消费。买韭菜、萝卜是为了消费,可以随大流,可以从众。买时尚、买设计则是为了创造出自己的生活方式,是为了创造自我而消费,从根本上来说它是排他性的、创造性的消费。为了生存而消费与为了生活而消费,是两种完全不同的消费形态。前者是后者的基础过程,后者是前者升华的结果。

人们为了生存大多只能被动地去适应,即便逆来,也只会顺受。为了生活的消费是对现实的选择,是以自我为中心的选择。在这种选择中,主动意识会凌驾于现实之上。之所以能够如此,皆因个人对自我生存的主宰能力有了质的提高。当这种情况成为普遍存在之后,说明社会已经进入到一个新的时代——个人化时代。个体的消费者不是被动的弱小的存在,而是主动的强大的具有创造性的存在。②

处于为温饱而消费的时代,消费的结果只与自我有关,与他人的感觉无关。当消费进入自我表现的时代,进入为了所有人的感受而消费后,他人的赞赏成了自己消费的目的。为了实现有赞赏的消费目的,社会化媒体就和消费有了不解之缘。在社会化媒体与消费相连之后,时尚才接通了地气,它直接服务的是个人的社会化消费。

在大众消费时代,人们希望过上与他人一样的生活;在个人消费时代,人们开始把目光转向与众不同,人们希望过上与他人不同的、属于自己的生活。为此走过了这样四个阶段:③

1. 生存所需的必要消费;

2. 参与社会生活所需的必要消费;

3. 差别化、表现自我的消费;

4. 自我启蒙及强大内心的消费。

物质上的富有,是通过对物质的私人占有来实现的。在物质匮乏的情况下,人们

---

① 〔日〕三浦展:《第四消费时代》,马奈译,东方出版社 2014 年版,第 85 页。
② 同上,第 37 页。
③ 同上,第 38 页。

可以通过独占物质而获得满足感的提升；持有比他人更大、更贵重、更稀有的物品，能给人带来更强烈的幸福感。这种幸福感与炫耀有密切关系。这时的幸福感中不仅有来自物质的，还有来自炫耀物质的信息。可见物质与信息可以紧密地联系。

但是，信息不同于物质，如果只是独占它、贮存它是没有任何意义的。如果不能向他人传递信息，和他人共享信息，那么也就无法体会到拥有信息的乐趣。只是像堆积金条一样收集信息，那样的信息是无法产生价值的。这就是物质和信息之间一个有趣的差异。这也就解释了为何今天购物也能与社交密不可分地联系起来了。过去是在小范围的人际圈中进行社交联系，今天是在社会关系网络中来实现若干关系的社会交往。

仅为自己拥有物质是利己主义消费，而拥有可与人分享物质的信息，就是有利他主义成分的消费。一切以私有物品为重心构成的私生活中心消费，是个人化消费社会的特征，如图2-4。

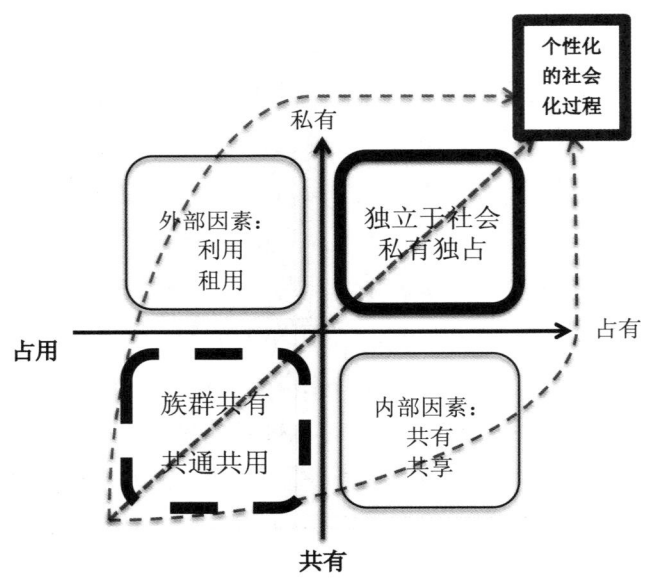

图 2-4　消费过程中的个人化

当占有成为目的、成为动因之后，势必带来空虚。为逃避这种空虚，就会出现"不需要也要买"的心理，以此来填补个人心里的空洞，之后还要在人际网络中"冒个泡"的行为成为个人化时代的显著消费特征。

六、个人比以往任何时候都具有更大的行动范围

随着农业化社会向工业化社会的自然进步，农民最先开始流动起来。历来上海人

称呼苏北及乡下来的人为"乡巴佬"。他们带着梦想、带着精力与体力、带着一点短期度日的本钱,到城里来谋取一片新的天地。今天被称为"农民工"进城,以他们的劳动力作为资本,放进劳动力市场进行投资。他们以自己的劳动力,换取相应的报酬,这时人就已经从群体中被抽取出来,被以个人为单位,进行估值、议价和兑现。个人被从集体中抽取出来的过程,已从根基上把"集体人"变为"个体人",从自我感觉和自我认知上开始被"格式化"了。

1966—1977年间,退出"文化大革命"的"红卫兵"们,被以接近"解甲归田"的方式作为"知识青年"进行"上山下乡"式安置,机关干部下放到"干部学校"进行思想改造,出现了约3000万人离开家庭走向农村的大迁徙运动。今天出现的则是与之相反的农村人口向城市的大流动。历史上的这次"下乡运动"虽然基于政治及社会原因,但它实际上对此后中国农村人口向城镇大流动埋下了伏笔。

表2-3 中国流动人口统计(单位:亿人)

	2000年	2005年	2010年	2011年	2012年	2013年	2014年
流动人口	1.21	1.47	2.21	2.30	2.36	2.45	2.53
人与户口分离者数	1.44	——	2.61	2.71	2.79	2.89	2.98

资料来源:国家统计局《中国统计年鉴2015》;2-3:流动人口。
人户分离:是指居住地与户口登记所在地不一致,且离开户口登记地半年以上的人口。

从中国6次人口普查的数据来看,"流动人口"数量从2000年的1.21亿已经上升到了2014年的2.53亿,增幅达1倍多。如果以"人户分离"者的数量来看,离开居住地的人数从2000年的1.44亿增加到了2014年的2.98亿,也超过了2倍,这还仅仅是对"外出务工"者的统计,实际离开出生地生活在其他地区的人口还有赴外地、外国上学的学生,见表2-3。

表2-4 中国高等学历教育在校学生情况(单位:万人)

	大专在校生	本科在校生	研究生在校生	出国留学生
2010年	966.18	1265.61	153.84	28.47
2011年	958.85	1349.66	164.58	33.97
2012年	964.22	1427.09	171.98	39.96
2013年	973.64	1494.44	179.39	41.39
2014年	1006.6	1541.06	184.77	45.98

资料来源:中国国家统计局:《中国统计年鉴2015》教育,21-2资料整理。

在表 2-4 的 2014 年中,出国留学生总数即达 45.98 万人;国内新招大学生总数已达 3 814 331 人;这里还没有计算进入住宿制中等专业学校学习的学生人数,这个人数应该接近每年的普通高中入学人数。

基于住宿制大学教育的特点,仅 2014 年一年,中国因接受各级本专科教育而离开家的学生人数就达 2547.6999 万人。显然,他们比起外出务工者数来说,还只能算是个小数字。

需要明确的是,这里所谓的"流动人口"指的是,流动已成为生存发展的前提和条件的人口。人们需要通过流动,才能获得更多的机会、更好的环境和条件。在自然环境中,当这些机会、条件数量有限时,只要生存不受威胁,流动者总是以收益最大化为导向,受个人利益驱使,而趋向尽可能小规模的人数行动。换句话说,生存环境安全和资源富足时的流动,会以遵循个人内心的理想而行走他乡;反之,由于生存环境或条件遭到破坏而被迫的流浪,出走时受制于现实,人们多会集体行动,以求相互接力,抵抗威胁。这时的出行,不是随心所愿,只能听命自然。

七、独生子女与经验弱化的社会

无论在自我认同的结构,还是在婚姻制度的领域,传统的、因袭的、权威的和经验式的东西都在弱化和削减。人的行为方式朝着更加以自我为中心的方向发展,人们注重与众不同、个性化的消费,从而使规模消费转变为分散消费,进而引出了"自我中心"的生活方式。

众所周知,始于 1980 年的独生子女政策,客观上使八〇后生人在成长期里缺失了兄弟姐妹的伴随。在人生初始阶段表现出了一些不合群、孤僻等现象。在大众媒体的放大下,甚至成了"问题的一代",其中的核心点就是孤单以致孤独和孤"毒"。

■ 13 岁女孩以自杀逼父母弃二胎

2015 年 1 月 18 日,据《武汉晚报》报道,44 岁的肖女士和丈夫努力一年之后如愿怀上二胎,但是 13 岁的女儿雯雯(化名)百般不愿意。在女儿尝试用刀片割手腕后,怀孕 13 周零 5 天的肖女士近日不得不含泪到医院终止了妊娠。

肖女士家住徐州新村,"单独二孩"政策放开后,肖女士与丈夫备孕一年终于成功怀孕。然而,面对家里将新增一个成员的事实,13 岁的女儿雯雯非常生气。

"她是我们家的小公主,被宠坏了,从小就非常任性,说一不二。自从得知我怀孕,就常说如果生弟弟妹妹,她就跳楼。"肖女士说,"一开始我们以为她就说说而已,但是随着我怀孕时间越来越久,她脾气越来越大,经常在家里乱扔东西。"

除了扔东西发泄不满,就读于武汉市某重点初中初三的雯雯还威胁父母,要逃学、要拒绝参加中考、要离家出走。最近一个月,雯雯常常吵着要自杀,折腾到半夜也不肯睡。1周前,肖女士清理雯雯房间时发现刀片,她观察雯雯手臂,有几条清晰的刀痕。意识到情况严重,夫妻俩与雯雯谈心,但女儿态度强硬,一直坚持,只要生二胎,她就自杀。

经过反复考虑,肖女士已在丈夫的陪同下,来到武汉市汉口医院妇产科做了终止妊娠的手术。

(资料来源:《京华时报》2015年1月19日。)

个案不具普遍性,结论无益。因此我们还是把眼光放开来分析独生子女的问题。20世纪90年代以后,独生子女的问题引起了学术界的关注。风笑天领导的研究团队曾于2007年3月和2008年5月在新浪爱问搜索系统中,以"独生子女"为关键词对1998年7月到2008年5月12日期间的报道进行了搜索。实际搜索到的对独生子女进行的报道和评论共计586条,随后该团队对这些信息进行了内容分析研究,同时还对其中转载率最高的15篇负面评价报道进行深度分析。发现,大众媒体所表述的独生子女的问题主要集中在五个方面:1.婚姻不稳定,离婚比例高;2.不能吃苦,就业不受欢迎;3.不做家务不做饭,总是到父母家蹭饭;4.不会养育子女,对孩子只生不养;5.性格上缺陷多。

以此为样本进行的内容分析研究发现:国内大众媒体对独生子女的总体评价是负面的。归纳起来就是"问题的一代""缺乏独立自主能力的一代"。照此推测之后由他们这一代构成的社会必定是有问题的个人社会。

好在实际情况远不像大众媒体所言。风笑天教授对中国的独生子女问题进行长期研究得出的结论却是[1]:

在生活自理能力上,10岁左右是两类儿童差别最大的时期。低年龄时两类儿童在这方面所存在的差别随着年龄的增长逐渐消失,到高年龄时仍有差别的方面则往往是独生子女强于非独生子女。

在社会交往上,与20年前人们的担心和偏见相反,独生子女青少年在社会交往方面不是比同龄的非独生子女青少年要差,而是比他们更好。特别是统计检验的结果表明:中学阶段的独生子女在新的环境中很快结识新朋友的比例明显高于非独生子女,

---

[1] 风笑天:《独生子女青少年的社会化过程及其结果》,《中国社会科学》2000年第6期。

与人交往的能力明显比非独生子女强,好朋友数目明显多于非独生子女,孤独感明显低于非独生子女。

在教育期望上,初中两类青少年之间存在差异,主要体现在独生子女希望读到研究生程度的比例大于非独生子女。

在未来的职业期望上,两类青少年之间的差异十分明显。独生子女希望从事知识类职业的比例明显高于非独生子女。

在成人角色上,调查结果表明,到了青年初期(高中阶段),独生子女的成人意识迅速增强。有显著差异的方面是,高中阶段的独生子女喜欢与成人交往的比例明显高于非独生子女。这说明独生子女由于受到特定家庭环境的影响,在行为上更乐于、也更习惯于与成人交往。这一结果也从另一个侧面解释了独生子女青少年社会交往能力强于非独生子女青少年。

在社会交往能力上,与同龄的非独生子女相比,独生子女青少年的社会交往能力更强、好朋友更多、合群性更好、孤独感更少。对此,风笑天教授用"社会交往补偿"的理论来对这一研究发现进行解释和概括。这一理论解释的含义是:客观条件的不足和欠缺使得独生子女青少年在社会交往方面反而学到了更多,亦得到了更大的锻炼,能力也更强。2008年,在对全国五大城市1005名准老年人的抽样调查中发现,与同龄非独生子女父母家庭结构相比,中国城市第一代独生子女的家庭结构明显不同,其以核心家庭为主。婚后大约有50%的人离开父母家庭,导致父母家庭结构成为空巢家庭的比例接近60%。

第一代独生子女父母们已经开始了从"依赖养老"向"独立养老"观念的转变过程,尽管这种转变过程中可能包含着由客观条件的限制所造成的某种无奈或者无意识,但这种转变的结果无疑会对他们的老年生活预期和老年生活质量的自我评价产生积极的影响。[1]

依照风笑天教授的解释,人生而具有的"补偿"机制会驱使他们转向社会与他人寻求陪伴。其中社交需求也就会变得比之前的人要强烈,交往面也会变得更广。"社会交往补偿"的理论认为:"客观条件的不足和欠缺使得独生子女青少年在社会交往方面反而学到了更多,亦得到了更大的锻炼,能力也更强。"在此需要指出,独生子女与非独生子女之间并不存在显著差异。与之相反,独生子女在自理能力、社会交往、教育期望、职业期望、成人角色、社交能力及对家庭养老观念的影响这些指标上,都比非独生子女更为主动、独立、有见解。

---

[1] 王小璐、风笑天:《中国独生子女研究:记录社会变迁中的一代人》,《广西民族大学学报》2011年第5期。

也就是说,今天的独生子女身上体现出来的个性化,是被动养成自我独立性的结果,但它却是正向的个性化。不是像大众媒体中带有偏见和刻板印象的、有问题的个人化。因为他们更主动、更独立、更有己见地示人,必将在一定程度范围内提高社会的个性化程度。

八、技术创新解散了集体而非社区

科技发展的主要成就,就是大幅实现了对人的能力的提高和延伸。从量的层面来看,它使个人的能力超越了众人的能力,使劳动密集型生产向非劳动密集型生产转变,使体力劳动型生产向脑力劳动型方面转化。在这个变化过程中,对人来说则是实现了从集体劳动向个体劳动的转变。少数人被从人群中甄选出来,去独当一面地工作。从质的层面来看,它让掌握高端知识者脱颖而出,高居众人之上,从事无人能及的工作,因曲高和寡而孤独。凡此几种,皆为自愿。

孤独或许是期许与现实的差距;基于此,世界上就没有人不孤独。剩下来的就只是谁更孤独?为什么导致了更孤独?澳大利亚超现实主义画家罗宾·艾利曾说过:"当代的孤独和以往不同,它是由科技发展造成的。"这只是一种说法而已,不是定论。

大多数孤独是人心理的问题,诸如不够自信、缺乏人际交往、对人对己过于苛刻、显著的利己主义行为方式、与人交往技巧有问题等。

由此看来,孤独可以分为"自我孤独"和"他我孤独"两种。自我孤独属于自造的,他我孤独则属于反观到或感觉到的。说到底它们都与自我认知密切相关。作为群体动物的人类,害怕孤独是人之常情。因此想方设法去避免它、远离它,殊不知在付诸行动避开孤独的同时,有时却会加重了剩余的孤独。除了个人和社会的原因之外,有一部分孤独被认为是科技导致的。

较为可悲的同样是因为科技,不是因掌握了它而孤独,而是被科技抛弃而孤独。这样的人不会太多,但从来不缺。有先天缺陷的原因,也有后天反感拒绝学习的原因,更多的是客观上失去了掌握新科技的条件,跟不上时代步伐的原因。老年人自觉被社会抛弃的孤独感多源于此。

今天信息和通讯技术的大发展,为后工业主义经济的转型提供了强大动力,同时也进一步推动了个性化社会的发展。主动到被动行为也都越来越依赖新兴的信息技术来发展;从生活与社交相结合开始,逐步发展到了购物也社交、旅游也社交、餐饮也社交,甚至连买水果、利用送餐服务都和社交挂上关系。当然其中主要动因在商家力图借服务、促营销。然而社交无处不在的程度,不得不让人三思。

国内部分社交类 App

- 匿名社交：羞小白、友秘、抱抱、秘密、悄悄话、蜂蜜、耳语
- 校园社交：超级课程表、黑白校园、11点11分
- Tinder 类：Tinder、探探、向右、Aloha、约你
- 视频社交：秀色、yy 视听、微拍、女生派、9158、网易 CC
- 电话/语音社交：比邻、语玩、聊聊
- 约会类社交：美丽约、今日有约、简简单单、单身在线、酷聊
- 情侣社交：小恩爱、微爱、QQ 情侣、恋爱笔记
- 游戏/娱乐社交：碰碰、陌游、对面、友加、炼爱、贝贝
- 身份社交：脉脉、会会、朋朋、优士网、海丁
- 随机聊天：叽叽、随喵
- 短视频社交：美拍、微视、VINE、8PM、秒拍
- 弹幕社交：TUTU、槽厂
- 群聊社交：派派、微米、群群、友群
- 婚恋社交：世纪佳缘、珍爱、百合、花田、有缘、心动婚恋
- 夜场社交：夜都市、爱夜蒲
- 运动社交：咕咚、酷动
- 文艺社交：片刻、火柴盒、豆瓣（各种）
- 特定活动社交：请吃饭、约饭、请你看电影
- 邻里社交：NEXTDOOR、叮咚社区
- 女性社交：薇蜜、辣妈圈、大姨妈、元子、各类育婴怀孕……
- 造星/明星社交：捧丝儿、蜜乐、星
- 宠物社交：宠物说、溜溜、闻闻窝

这种现象在一定程度上显示出大众对社交的需求，因为是"个人"，所以要"关系"。以关系的重要，反证出现实中个人的孤立，同时也反映出个性化社会发展的程度和心理现状。当人与人、人与社会的交往越来越依赖网络、依赖虚拟，也就可能越发摒弃当面对话、逃避妥协、愈发自我，越来越难以很好地运用人际直接交往的方式。传统意义上的孤独将更加明显，同时还可能产生出新的"网络孤独症"来。

例如，人们没有坚定的内在目标而是依赖伙伴对自己的肯定。如今，随身携带的手机增长了受人支配的态势。在开始有一个想法或一个感觉时，我们向别人证实，几

乎是提前证实。人际交流也许是简短的,但是更多的交流大可不必,人们的需求或许只是希望随时可以联系上。① 手机在低龄孩子中的普及,就是父母希望随时和孩子保持联系的结果。殊不知,当孩子不回复时,父母就产生一种担忧甚至是恐惧。试想退后四十年,自己是孩子的时候,外出之后自然就失去了与父母联系的可能,那时的父母也担心,但绝不至于到恐惧和抓狂的地步。换作我们自己亦然,无论以哪一种方式给朋友发出一个信息,就希望立刻得到朋友的回复,如果迟迟不见回复,就会感到不安。这种不安多半不是替朋友感到不安,而是为自己感到不安。他为什么不回我信息?他怎么不理我?等等。只有当与家人联系得不到回复时,才会替他人感到不安。所有这些不安都包含着一个无助或无奈,因此,会倍感孤独。在这个时代,科技几乎造成这样一种情感:"确认一种感觉成为构建感觉的一部分,甚至是感觉自身的一部分。"②

所有"在线生活"本身,甚至把"在线"看得比"当面"更重要的人,都在无视坐在对面的人。所以有了"人与人最大的距离莫过于我在你面前,你却只关注你的手机"的感叹。

此外,在网络世界,比如在微博或者微信的世界里,每个你上传的新内容都是有关"你是谁"的标签。因为,你上传的东西会被你认识和不认识的人看到,因此你会认真思考上传什么、如何表达自我感受等,借以引导人们对自己的认识与评价。换言之,转发或评论内容本身并不是重心,而是选择了什么内容;为自己而上传,为自己求点赞,这才是重点。当满脑子都是自己会给人什么印象时,对他人不现实的要求和幻想,只会使自己越来越自我,也就可能变得越来越孤独。

九、工作场所的集体型结构受到了削弱

英国的教育学者弗莱德·英格利斯认为:"随着资本主义的重心从重工业、矿业向消费和服务业的转移,保持着密切的人与人之间汗流在一起的关系,以及遇上危险时兄弟意识下的举动和身影,自然地变得模糊了。工厂的自动化使大批失业、转勤的女性进入服务行业等现象变得司空见惯。工作关系、人际交往、家庭重要性丧失于见异思迁的私生活中心主义。"③尤其是个人电脑、网络和网络热点等技术设备,可以使越来越多的人居家工作和生存。这种发展趋势,使得我们的工作越来越偏离集体行动。在超级城市中,这种"工作即生活"的方式已变成一种时尚,吸引着更多的人力和资源,

---

① 〔美〕雪莉·特克尔:《群体性孤独》,周逵、刘菁荆译,浙江人民出版社 2014 年版,第 189 页。
② 同上,第 190 页。
③ 〔英〕弗莱德·英格利斯:《媒体的理论》,〔日〕伊腾誓译,日本法政大学出版局 1992 年版,第 223 页。

它可能使大城市病(交通拥堵、办事效率低、生活的时间成本高等)得以缓减。

"灵活性""弹性工作"等词汇成为劳动市场和工作方式中的流行语。基于"新水桶原理",只扬长、不避短;企业总是用自己的优势部分与别人的优势部分进行互补性结合,以这种灵活的方式来组成新的能力实体参与新的竞争。正所谓"强强联合",在联合的同时实现快速领跑市场。它与"扬长避短""拾遗补缺""自成一体""大而全"的企业组织理念形成显著差异。

另一个与传统的生产组织方式的不同点在于,新生产组织是通过国际化、社会化,实现专业化、体系化分工,把企业内部可社会化的职能外包出去,使每个企业只专注于某一个部件或产品的一部分,因而企业的生产过程在很大程度上是通过协作网络与其他企业互补协调完成的。

由于这种组织生产方式极具灵活机动性,在无技术壁垒、可依赖性极强的快速竞争市场中随机应变、灵活调整,这种"弹性生产"机制会显示出优势。随后从这种生产组织方式中产生出来了"灵活就业""弹性工作"等制度,形成人事利用方式的变革。

据国家统计局统计,在中国灵活就业的最大人群为进城务工的农民,这个群体的人数变化情况如下:2008年为2.25亿人;2009年为2.30亿人;2010年为2.42亿人;2011年是2.53亿人;2012年增至2.63亿人;2013年为2.69亿人;2014年达到2.74亿人。平均每年增加525万人,占全国城镇人口总数的近三分之一,如图2-5。

上述特点和迹象,在中国的现实社会中,首先是在以北京、上海和广州为代表的一线城市中显现出来,之后逐步向二三线城市下沉生根。白领人群在工作上的"灵活"和"弹性"主要表现在"自由职业"或"家庭办公"上。

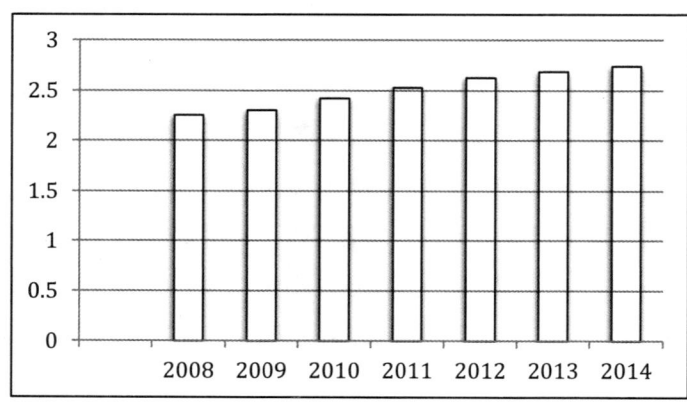

资料来源:根据国家统计局《农民工专项调查报告》数据整理得出。

图2-5 中国农民工人数的增长情况

SOHO

SOHO——Small Office (and) Home Office，就是小型办公室、家庭办公室的意思，实际上指的是自由职业者或自由职业方式的意思。当然，SOHO 也代表了一种更为自由、开放、弹性的工作方式。几年前，人们所说的 SOHO 一族还大多指那些专门的自由职业者：自由撰稿人、平面设计师、工艺品设计人员、艺术家等。近两年，随着互联网在各个领域的广泛运用及电脑、传真机、打印机等办公设备在家庭中的普及，SOHO 成为越来越多的人可以尝试的一种工作方式，而它的内涵与形式也在发生着变化。

在互联网上就活跃着这么一群人，他们不隶属于任何公司，却在为各个公司打工；他们游离于各大媒体之外，但又和媒体有着千丝万缕的关系；他们没有固定的老板，自己就是自己的老板；他们没有固定的工作时间，想何时工作就何时工作；他们就像是倒挂在互联网上的蝙蝠，独来独往，他们就是互联网上的 SOHO 一族。也许是制作网页的高手，也许是网络写手出身的自由作者，也许是时尚新鲜的网络主持人，也许是广告公司的创意天才……总之，是互联网络为他们提供了一个赖以工作和生活的大平台。比如，随着互联网络的逐渐普及，"网购"已成为年轻人购物的重要选择，因此又造就了一大批网上 SOHO 商人。

SOHO 作为一种时尚、轻松、自由的生活方式和生活态度，无论可以专注一职，还是兼职工作，都可以自豪地称自己是 SOHO 一族。于是，人们更愿意把 SOHO 叫成 Super Office (and) Human Office，即超级办公室、人性化办公室。

SOHO 对于人的素质要求会更高。最重要的是自制力，也就是说，你自己能否在时间上管理把握好你自己。其次，由于 SOHO 后每个月没有一笔固定的薪水，你的收入结构会改变，所以如何管理好你的钱袋是必须认真对待的问题。

事实上，一方面，国际上这一群落的人数呈现出增加的趋势，办公自动化、互联网的普及以及分工的细化将会导致为数众多的 SOHO 人的出现；另一方面，SOHO 群的存在，也在客观上缓解了就业压力，而如何将这一群落有意识地纳入社会保障体系，是摆在政府机构眼前的现实问题。

（参见：http://zhidao.baidu.com/question/684385.html）

由于把工作引入了家庭，家庭逐渐进入了社会。这种现象有点像"小农经济社会"，以家庭为单位的生产，自然会使家庭成为社会生产的基本单元。之后的工业化社会，则是打破了家庭这个社会单位，让人人都成了企业的一员，成为"单位的人、集体的人"。如今的人回归家庭,走的不是回头路,而是到达了一个新的、更高的起点。

国外有人从另一个角度对新世纪里的这一代人这样表述:"对士气高昂的新一代专业人士来说,二十几岁到三十出头绝非结婚和建立家庭的时候。相反,那是我们可以全心投入学业或工作,为自己留下成功印记的人生阶段。我们放弃对时间的掌控权,把权力交给教育和雇佣我们的人,剩下来的时间,我们则投入自我提升的事务。我们学习新的技能、展现我们的多才多艺、旅行、搬迁、扩充人脉、培养声望、攀爬事业的阶梯,在市场上找寻更好的东西。然后,从头再来一次。以上种种,在你不必对谁负责时会容易得多,独居尤佳。"[1]这种现象在今天的大都市中比比皆是。在顾此失彼的现实面前,不是为了"立业"而透支健康,就是为了"成名"而牺牲亲情,甚至不惜牺牲后代坚守"丁克",乃至孑然一身,一辈子不婚。一切都只为了实现自我。这种现象似有不断扩大之势,一个更加个体主义的社会在加快着发展步伐。

十、现代企业制度的建立与个体的要求在提高

从规模化生产转型为灵活的专业化生产,需要各种不同类型的劳动力。现代企业制度的建立是我国政府改革的一个重要方针,是一个对新中国成立后国有企业长期实行的"单位—社会制"的变革和瓦解的过程。撇开经济生产不谈,过去几十年时间里"单位—社会制"创造出了一个独具中国特色的半封闭的社会交往模式。业缘关系、部门关系、同学关系等将同单位的人密切联系起来,组成颇具特色的"内部人社交圈"。在这里生活和成长起来的人们,从上学甚至到工作,从成家以至养老,生活的方方面面都可以依靠"单位"在内部予以解决。一定程度上形成一个自给自足的熟人小社会,一个无须特别主动寻找和构建,从出生后就能自然获得的交往和物质资源。

随着现代企业制度的建立,原本像福利一样提供的内部社交资源,原本归属单位的固定人群关系将会随着企业体制改革、用人制度改革、户籍管理改革、社会保障改革而逝去。八〇后的年轻一代人很难再找到提供这样的内部群体社交空间的现代企业,取而代之的是用人机制更灵活、居住选择更自由、医保福利教育等事业资源更加社会化的现实。年轻一代一面享受空前自由的环境,自然也会感受到比先前更多的孤立无援感。原本来自"大家庭式"企业的人际关怀消失后留下的空间,必须通过自己从社会中去主动建立和发展关系,在和"陌生人群"的交往中去填补。

新的生产技术,以及更为繁杂的消费需求,意味着生产线上需要的人数将进一步减少;受过良好的教育,熟练掌握计算机及相关技术者成为新宠。这就意味着高等教

---

[1] 〔美〕艾瑞克·克林南柏格:《独居时代》,洪世民译,漫游者文化事业股份有限公司2013年版,第86页。

育对产业发展尤为重要。这一时期的显著特征还有"机械设备变成了生产成本,而劳动力却变成了固定资产"。[1]

非技术性岗位正在消失,没有技术的人只能找到一些临时性的工作,他们失业的危险性较大。高技能劳动者与低技能劳动者之间,收入的差距有日渐加大、日渐显现的迹象也进一步说明了一点,就是"知识经济"时代到来了。

知识经济

知识经济是指建立在知识和信息的生产、分配和使用基础上的经济。它是和农业经济、工业经济相对应的一个概念。这里的以知识为基础,是相对于现行的"以物质为基础的经济"而言的。现行的工业经济和农业经济,虽然也离不开知识,但总的说来,经济的增长取决于能源、原材料和劳动力,是以物质为基础的。知识经济是人类知识,特别是科学技术方面的知识,积累到一定程度,以及知识在经济发展中的作用增加到一定阶段的历史产物。同时又是新的信息革命导致知识共享以高效率产生新知识时代的产物。

知识经济理论形成于20世纪80年代初期。1983年,美国加州大学教授保罗·罗默提出了"新经济增长理论",认为知识是一个重要的生产要素,它可以提高投资的收益。"新经济增长理论"的提出,标志着知识经济在理论上的初步形成。但是,知识经济作为一种经济产业形态的确立,其主要标志是以美国微软公司为代表的软件知识产业的兴起。微软的主要产品是软盘及软盘中包含的知识,正是这些知识的广泛应用打开了计算机应用的大门,微软公司的产值已超过美国三大汽车公司产值的总和。美国经济增长的主要源泉就是5000家软件公司,它们对世界经济的贡献不亚于名列前茅的500家世界大公司。所有这些表明,在现代社会生产中,知识已成为生产要素中一个最重要的组成部分,以此为标志的知识经济将成为21世纪的主导型经济形态。

知识经济的特点表现在:知识经济是促进人与自然协调、持续发展的经济,其指导思想是科学、合理、综合、高效地利用现有资源,同时开发尚未利用的资源来取代已经耗尽的稀缺自然资源;知识经济是以无形资产投入为主的经济,知识、智力、无形资产的投入起决定作用;知识经济是世界经济一体化条件下的经济,世界大市场是知识经济持续增长的主要因素之一;知识经济是以知识决策为导向的经济,科学决策的宏观调控作用在知识经济中有日渐增强的趋势。

---

[1] 〔美〕保罗·霍普:《个人主义时代之共同体建设》,沈毅译,浙江大学出版社2010年版,第10页。

与依靠物资和资本等这样一些生产要素投入的经济增长相区别,现代经济的增长则越来越依赖于其中的知识含量的增长。知识在现代社会价值创造中的功效已远远高于人、财、物这些传统的生产要素,成为所有创造价值要素中最基本的要素。知识经济的提法可以说正是针对知识在现代社会价值创造中的基础性作用而言的。

经济时代的划分重要的不是生产什么而是用什么生产,知识对现代经济增长具有基础性作用,并准确地反映了知识经济的现实。知识经济是继自然经济、工业经济之后在人类财富创造形式上的崭新时代。我们称之为知识经济,就必须使这种称谓有相应的经济学理论基础。这需要一个切入点,而这个切入点则需要得到论证。

知识经济作为一种崭新的经济形态正在悄然兴起。在知识经济的模式中,知识、科技先导型企业成为经济活动中最具活力的经济组织形式,代表了未来经济发展的方向。

(参见:http://baike.baidu.com/link?url=QRUseKCWeEiRjYy7LV38EnzdqknhVMWSH－T0Rm5U－n1Km－7e6lcnLGsDdmu2MU7P5koAJ－TYN8amIr0N2bjVFq)

十一、大城市和超级城市出现

"根据发达国家的经验,劳动力持续或长期地从农业转入其他生产部门,是工业化过程的主要特征,而工业化过程必须推动城镇化过程。"[①]

随着生产力的发展,出现了第二次社会大分工,即手工业与农业的分工,城市就成为手工业集中生产的场所。工业革命以后,城市又成为现代大工业生产和产品交换的场所。因"市"而"城"的城镇化,是经济发展到一定阶段的产物。工业革命促进了机器大工业生产,形成了大规模集中生产的工厂制度。现代意义上的城镇化正是由工业化导致的大规模的人口从农村向城镇迁徙的产物。

大工业的本质决定了劳动的变换、职能的更替和工人的全面流动性。大工业在瓦解旧家庭制度的经济基础以及与之相适应的家庭劳动的同时,也瓦解了旧的家庭关系本身。

城市的个人(家庭)是以消费带动生产的单位,农村的个人(家庭)是以生产带动消费的单位(见表2-5)。

---

① 参见 http://www.cusdn.org.cn/news_detail.php?id=264469,中国低碳经济网 2013 年 7 月 31 日。

表 2-5　城乡收入—支出比较

	1990年	1995年	2000年	2010年	2011年	2012年	2013年	2014年
城镇个人总收入	1516.2	4288.1	6295.9	21033.4	23979.2	26959.0	26467.02	28843.9
城镇人均消费支出	1278.9	3537.6	4998.0	13471.5	15160.9	16674.3	18487.5	19968.1
农村个人纯收入	686.3	1577.7	2253.4	5919.0	6977.3	7916.6	9429.6	10488.9
农村人均消费支出	584.6	1310.4	1670.1	4381.8	5221.1	5908.0	7485.2	8382.6
城乡收入比	2.2	2.7	2.8	3.6	3.4	3.4	2.8	2.7
城乡支出比	2.2	2.7	3.0	3.1	2.9	2.8	2.5	2.4
城镇居民恩格尔系数%	54.2	50.1	39.4	35.7	36.3	36.2	35	30
农村居民恩格尔系数%	58.8	58.6	49.1	41.1	40.4	39.3	37.7	33.5

资料来源：根据《中国统计年鉴 2015》之"人民生活"数据整理。

从表 2-5 中的城镇与乡村收入比较中可以看出，城镇收入增量大于乡村，二者之间的差距一直在增大，说明城镇个人有更多消费结余。另一方面，个人收支比的下降幅度，城镇大于乡村，二者收入与各自在食物消费上的支出之比总体上在减少，但农村这方面支出的比重一直比城镇要高，自 2000 年以后，这种情况一直保持不变。

中国靠投资建设、靠密集劳动型制造业拉动的经济发展，以及随之而来的工业结构调整和改革，使城市的建设和发展被推到了一个快车道上，它使全国数亿人口被"城市化"而成了城市人口，进而与他们原有的生活方式分离。无数人自愿或半自愿地离开自成一体的乡村和土地，来到生活节奏更快、社会关系更复杂、交流沟通的需求和机会更多的城市来开始新生活。截至 2014 年就有 2.7 亿被称为"农民工"的人来到城市求职，此外还有大批的年轻人希望融入城市生活。他们告别了相对封闭稳定的亲友圈，以及社交压力和需求都比较有限的乡村社会，必须适立以社会关系和规则为基础的城市社会劳动和生活。过去那种"在家靠父母，出门靠朋友"的保障关系已不存在，保存着对亲朋好友的希冀和依赖的心理，一时难以进入靠社会制度予以保障的体系。在无法指望留在老家的亲朋时，便把过渡期中的保障放到了"熟人"身上。同时在陌生的城市,白手起家,建立新的人际交往关系。一方面是为了挣钱谋生获得物质基础,另一方面也是为了融入城市的人群,完成自己的城市化过程——个人化。

　　伴随着中国的经济建设和发展,越来越多的人在富裕起来的同时,也渐渐有了离开原来的集体环境的能力和要求。离开集体就只有个体,这个过程激活了个人的自觉、自主和自我的意识。从表面上看这是意识活动,但它完全出于客观现实条件是否走到了这一步,因此它实际上是由外部环境激发的内部适应性反应。试想,如果在衣不遮体、食不果腹的情况下,个人敢离开群体吗?如果靠有效狩猎离不开群体,增加农作物种植产量少不了合作,个人能够离开群体吗?此时,无论媒体把个人能力描绘得如何巨大,把外部世界形容得如何绚烂,它也不可能把个人从群体中分离出去。世界是物质的,包括其中的人,世界也可以是精神的,也包含其中的人,但首先是物质的,其次才是精神的。一切仅从精神层面施加给人群的肢解力,远不及物质层面一个微小的变化来得有分量。只有当物质充裕之后,精神层面的东西才会凸显其重要性。也只有当个人的力量达到能干预物质世界的秩序时,精神的重要性才会超越物质的重要性。至少目前个人的分子化进程,是由生产、物质分配和劳动生活关系所决定的。其中媒体的作用只会局限在对某些现实点予以放大或缩小,现对于分子化人形成这个结果,它很难在原因位置中占有一席。

思考题

1. 个人与群体的关系发生了哪些变化?
2. 个人与个人的关系的本质发生了哪些变化?
3. 简述交换关系在人际关系中的重要性。
4. 简述学习对象中的人的价值和意义。
5. 简述基于互联网的人际互动形成影响的变化趋势。

第三章　人对人的影响力

■ **本章要点**

1. 人受人的影响的社会意义
2. 人与人的影响关系及其方式
3. 从人身上反映出来的社会
4. 社会学系理论的意义
5. 作为社会交换的人际关系

说到人对人的影响力,就不能不说人对人为何具有影响力的问题。

姑且不说当人类社会成形之初,远没有诞生大众传播的初始条件,更没有形成大众传播的环境。即便如此,从那时起人际传播就已然存在,人对人的影响也自然存在。可以想见人际传播及人际影响是与人类同生的存在,它也是人类赖以生存和发展的重要功能之一。

一、人为何要影响人?

大众传播出现之后,尽管随着传播技术的发展,人类传播信息的能力已大大超过了人际固有的传播能力。但是不管借由技术手段的传播,使人与人的信息传输能力提高了多少倍,由今往前追溯至人杰辈出的战国时期,孔、孟之后不再有大智之人出现,这就足以说明今人并没有比古人高明。换言之,日常为人所利用的信息技术提高的大多是人对信息的传输、获取和储存的能力,而对信息的转化和运用能力,却始终受制于大脑信息处理能力的局限。今天的信息技术不能代替人去转化、处理和利用信息,因此可以说它仍然只是一种客观存在——外传播。与此相比,人际传播就是一种仅基于人心的内传播，技术不能替代。

不仅如此，人际传播还构建着社会的初级形态，形成了社会的初级群体。它们是今天无论是农耕社会、工业社会，还是信息社会的基础。美国社会学家 C. H. 库利在 1909 年出版的著作《社会组织》中提出了初级群体（primary group）的概念。根据库利的解释，所谓初级群体，就是由面对面的互动所形成的、具有亲密的人际关系的社会群体，它是成员间面对面的交往与合作的群体，是一个直接的、自然的关系世界。初级群体是人性形成与发展的土壤。在初级群体中，个人情感"将获得共鸣而被社会化，并且受共同精神的约束"。

初级群体主要是指家庭、邻里和伙伴。它在形成个体的社会性和思想观念等方面起着重要的初始作用。

家庭——是以婚姻和血缘关系为基础，以夫妻子女为基本成员的初级群体，是人们社会生活的最基本单位。一般说来，家庭具有三种主要功能：一是生育和赡养功能；二是生产和消费功能；三是满足精神生活的功能。

邻里——是在地缘关系基础上，结成的友好往来、生产合作互助，在生活中互帮互助的共同体，也是交流思想、联络感情、满足精神的需要。

伙伴——是指兴趣、爱好一致，自愿结合而形成的群体。伙伴的功能主要表现在人的社会化作用方面。童年伙伴通过游戏学习扮演社会角色，初步认识角色要求和行为规范，理解角色之间的相互关系，从而为将来正式承担社会角色做好准备。

青少年间的伙伴可以是以性格、志向、兴趣、感情等因素为基础结合而成的初级群体，它对于青少年世界观、价值观的形成有很大影响。之后又有把初级群体划分为血缘型、地缘型、志缘型等的说法：

1. 血缘型是指建立在血缘、亲情关系上的群体，如家庭。
2. 地缘型是指建立在地域空间的接近性基础上的群体，如邻里。
3. 志缘型是指建立在好感、信赖基础上的群体，如儿时的游戏伙伴、青年时期志同道合的朋友，如今天的爱好、志趣群等。

在初级群体中，基于血缘、地缘和志缘关系中的人际传播，其中的信息也必然烙上了非同一般的渊源关系烙印。渊源关系自然会为人际传输的信息注入亲切、亲近、倾心的基础感觉。愿意相信、可以相信、值得相信都包含在交往的信息中，由此形成了人对人的信息影响力。相比之下，大众媒体可谓先天不足；大众传播是从属于人际传播，实现广域传达行为的手段，真正的影响力之源还在支配信息和媒体的人身上。论及影响力自然不及人际传播更有深度，原因何在，稍后分析。

人对人的传播活动是有目的的，每个传播行为都具有劝说性质。这种认识被大多数传播学者认同。之所以有此一说,不是因为要它服务初衷,是因为它事实上是有效的。君不见多少风流及领军人物,愿意付出大把时间和精力来劝说他人听从自己,进而引领事业发展。大众媒介只不过是帮助这些精英传播思想以说服大众的工具之一。

归纳起来,人际的传播活动主要有以下几个目的:[①]

学习

社会学习大多是在日常情境中对别人所操作的行为,在偶然的或直接的观察基础上发生的。随着言语技能的发展,言语示范逐渐代替行为示范,被作为反应指导的优先方式。人们遵循如何行动的文字描述,就能得到帮助,获得社交、职业及娱乐的各种技能。

人际传播可以让人与人之间相互学习,让人在更好地了解自己的同时,也了解周围的事件和人。虽然大量信息来自大众媒体,但他完全不可能取代个人通过模仿、参照来进行的学习。这种学习方式是一种过程,是人类生来就有、不可能被后来技术革除的本能。反之,后来的技术无一不是以人的本能为基础进行的延伸。事实上,信念、态度、价值观之类的东西,更多地是来自于各种人际传播活动的影响。所谓"言传不如身教""近朱者赤,近墨者黑"的说法,揭示了其影响渠道、方式和程度远非大众媒体所能及。

关系

人与人之间的沟通交流,能帮助建立人际社会关系。与大众媒体交流可以获得的只是信息相比,人与人的交流可以获得的就不只是信息,更重要的是能够获取诸如喜爱、支持和友谊这些感情方面的,人生中不可或缺的东西。建立和维持这种情感关系,是在获得爱,同时也付出了爱;被喜欢,同时也达成了对他人的喜欢,是人精神层面最重要的需求之一。它能使人不仅仅是人,而是超越所有动物的"动物"。

影响

沟通的目的之一就是接受影响和施加影响。基于人际关系的传播,最有价值之处就在于它高于信息,能直接联通和服务于人心。因此与大众媒体相比,人际传播更易于影响人的态度,进而影响行为。

娱乐

在以媒体为手段的信息交换活动中,很重要的一个方面就是实现情景转换,使身心放松,使感情得以抒发,这些就属于娱乐。其间,不管是接受好友的调侃与祝福,还是表达自己的经历与感受,都是愉悦身心,是在精神上不可缺少的需求。

[①] 〔美〕约瑟夫·A.德维托:《人际传播教程》,余瑞祥等译,中国人民大学出版社2011年版,第20—22页。

帮助

人际关系间的交流可以理解为：自目的性为动机的传播活动，即向他人传播信息是为了满足自己的需要，比如寻求分享、维护关系、联系感情、实施支配以及行使权力等。它目的性动机的传播活动指的是人与人交流是以获取某些资源为目的，诸如寻求支持、同情、认可、帮助及承诺等。

在以上罗列出来的目的中，大众媒体只在一定程度上对娱乐和帮助能起部分作用，其余的是大众媒体欲为而不可能及的作用。足见大众传播不可能完全取代人际传播。反之，被技术武装到牙齿的人际传播，能否取代大众媒体的传播功能，就很难预言了。反证不成立也足以令大众传媒不寒而栗，尤其是在传播影响人的深度上。言及深度，我们就不能不追问上述"学习、关系、影响、娱乐、帮助"这几个人际传播的目的之目的究竟是什么，眼见这六个词可以理解为对过程的表述，对每一个环节，其实我们都可以追问一个"为什么"。

二、人因何能影响人？

罗伯特·B. 西奥迪尼把要实现目的与之相应的结果也总结为六个关键词，贯穿于他的《影响力》①全书。同样是六个词，却在一个更深层面回答了人际交往的本质——交换。它们分别是互惠、承诺、社会认同、喜好、权威和短缺。

- **互惠**

"如果你能告诉他曾经在类似的事情上帮助过他，那么他现在会比较容易答应你的请求。"这其中的关键就是建立起了一种"必须互惠"的关系，即所谓"有来无往非礼也"，在此基础上的人与人之间的影响可以发展。

互惠是利益或资源的相互与相应让度，它是一定文化范围中人与人之间确立交往关系的基础之一。在人际传播中，互惠指的是，人与人的良好关系在信息交换方面的互利行为。它有着两方面的意义：一方面，它显示出一定人际传播关系的出发点和立场；另一方面，从人际交往的效益来看，"互惠原则"是沟通的基础，良好的沟通影响力只有在互惠互利的基础上才能实现。

"互惠原则"认为，人际交往中对一种行为应该用一种类似的行为来回报。也就是说，受人恩惠就要回报，这在所有文化的社会组织中都是不可缺少的，否则个人在社会中将难以发展，因为互惠与互利在文化层面上经常是被并列认识的。在实际生活中，认同此理的人会在受惠之后形成一种负债心理，就如同芒刺在身，浑身都不自在。这

---

① 〔美〕罗伯特·B. 西奥迪尼：《影响力》，闾佳译，中国社会科学出版社2001年版。

就给受惠的人造成一种源于社会的心理压力,迫使他也采取类似的行动。这就是掌握互惠原则的人对他人更具有影响力的原因。

为了解互惠原理怎样被人利用,康奈尔大学的丹尼斯·雷根做过一个试验。

在这个试验中,一个试验对象被邀请参加一次所谓的艺术欣赏活动,与另一个名叫乔丹的人一起给一些绘画作品评分。乔丹其实是丹尼斯·雷根的助手。试验在两种情况下进行。

第一种情况,乔丹在评分的间歇出去了几分钟,回来时他带回了两瓶可乐饮料,一瓶给试验对象,一瓶给自己。他说道:"我问过项目主持是否可以买可乐饮料喝,他回答说可以,所以我也给你带回一瓶。"第二种情况,乔丹出去后什么也没买,空手而归。其他方面的表现与前面一模一样。

评分结束后,乔丹私下请这个试验对象帮他个忙,说他在为体彩公司卖彩票,如果他多卖掉一些,他就能多得 50 美金的奖金。乔丹希望试验对象也能以五折——25 美金一张的价钱买几张,买一张也行,多买当然就更好。其实这才是这次试验的真正目的:比较在两种情况下试验对象从乔丹那里购买彩票的数目。

在这个实验中,乔丹给了试验对象一个小小的恩惠,结果试验对象向乔丹买的彩票数量增加了一倍。试验在更换对象情况下重复过多次,没有一个试验对象拒绝乔丹的可乐,因为在当时的情况下拒绝乔丹的可乐是一件很难堪的事情:乔丹已经花了这个钱,况且一罐饮料的付出在当时也不过分,尤其是乔丹给自己也买了一罐。拒绝这一体贴举动实在是不太礼貌。不过尽管如此,接受这罐饮料还是让试验对象陷入了一种被动境地,这在乔丹希望他买彩票时一下子就变清楚了。[①]

给人一个小小的好处,为何可以激发出一个大出很多的回报呢?这里的关键在于那种令人难以忍受的负债感。因为我们很小就养成一种习惯,一旦受惠于人,就浑身不自在。当然也有一种人,受人恩惠却不打算回报,这样他将会付出的代价是:在社会群体当中不受欢迎。人际交往中"有来无往非礼也"的说法,显示了互惠在交往中的重要性,这往往是实现人对人的影响的第一步。

- **承诺**

正如列奥纳多·达·芬奇所言:如果一开始没拒绝,后来就难了。人就是这样根据源于外部的感受来对他人形成影响的:如果能让某人作出承诺,那么他就有可能履行其承诺。人类文明一直就有一种说到做到的要求,这被叫做"一致原理"。它指出:一旦我们作出了决定,或者选择了立场,就会发自内心地来迫使我们与之保持一致,借

[①] 〔美〕罗伯特·B. 西奥迪尼:《影响力》,闾佳译,中国社会科学出版社 2001 年版,第 28—43 页。

以对抗内心感到的外部压力。我们也希望以实际行动来证明自己以前的决定是正确的。我们要让自己相信,自己做出了明智的选择,且自我感觉良好。

为此汤姆斯·莫拉蒂在海滩导演了一场"偷窃实验"。这个试验研究者在海滩上暗中随便选择了一人作为试验对象,并把自己的浴巾铺在离试验者大约 1.5 米的地方。随后只顾自己躺下,用随身听听了几分钟音乐。第一种情况是:他放下随身听,径自沿海滩散步去了。几分钟后,一个假扮的小偷走过来试图行窃。不言而喻,大部分试验者都不愿铤而走险去阻拦那个小偷——20 次实验中,只有 4 人站了出来。第二种情况是:动身去散步之前,简单地对试验对象说了句"注意一下我的东西",每一个试验对象都答应了。这次小偷来偷时,20 个试验对象中有 19 个都挺身而出,阻止了偷窃行为。这就是因为受到了"一致原理"的影响。[①]

通常保持一致被认为是一种有益行为,说一套做一套被认为是一种不良品行。在任何文化中,始终如一的个性会受到好评。因为始终如一往往可以把事情做得更好,正如"只要功夫深,铁杵磨成针"所言的那样;否则我们的生活只会更加无序,更加没有规律,甚至会彻底混乱。从心理上讲,人一旦作出了承诺,也就是选择了一个立场,这就为下一步机械地、不假思索地保持一致的行为制定了一个路径。正所谓"立场一经选定,以后坚持这个立场就是很自然的事了"。在人与人的交流中,成功者往往会诱导对方作出承诺,进而实现对他人的影响。

- **社会认同**

在以周围的社会反应作为判断依据时,我们发现不管是在电视还是广播的一些所谓的娱乐节目里,总能听到现场的笑声。任何人都能辨认出来这些笑声是事先录制的,因为那种笑声与刚刚出现的玩笑或幽默内容在某种程度上毫不相干,这些笑声只不过是在与节目内容对应插播而已。显然他们试图制造一种更加可笑的气氛。于是问题来了:它明明是假的,为何仍然可以左右我们?要究明其原委,让我们先复习一下"社会认同理论"。

社会认同理论是在社会相互作用中定义和看待人的方式,由美国社会心理学家施伦科提出。他认为:社会认同是对自己或他人认同的知觉,即除了对其他人像什么样的人这类知觉外,人们有着他人如何知觉自己的概念。[②]

社会认同原理指出,人们进行是非判断的标准之一就是看别人是怎么想的,尤其是当人们要决定什么是正确行为的时候。如果我们看别人在某种场合做某件事,我们

[①] 〔美〕罗伯特·B. 西奥迪尼:《影响力》,闾佳译,中国社会科学出版社 2001 年版,第 74—75 页。
[②] 林崇德、杨志良、黄希庭编:《心理学大辞典》,上海教育出版社 2003 年版,第 1067 页。

就会断定这样做是有道理的,所谓"入乡随俗"说的就是这个道理。到一个对我们来说较生僻的地方时,为了少犯错误,我们周围人的做法对我们作出决定具有很重要的指导意义。因为心理原因会让我们认为多数人的做法往往是正确的。

拿笑声配音来说,当我们漫不经心地利用媒体时,会条件反射地对外界向我们提供的"证据"作出下意识的反应。一些不充分的甚至虚假的"证据"都可以蒙骗我们。此时,我们的错误不在于用别人的笑声来帮助我们判断节目幽默与否、笑点在哪里,而在于我们根据虚假的笑声作出了判断。这完全符合以事实为依据的社会认同原理。作为普通人,我们已经习惯把别人的反应作为自己行为的依据。在电视或广播的娱乐节目面前,我们下意识地走捷径而诱发出来的笑,只不过是被人挠了胳肢窝一样的结果。尽管如此,我们还是做出了别人想要的反应,也可以算是被影响了。

社会认同原理的这一特征既是它的长处,也是它的短处。一方面它为我们提供了一条思考和行动的捷径,同时,也使我们给了他人对自己施加影响的突破口。甚至,如能让人相信许多人正在按自己的意愿做事,我们就有可能追随自己的意愿做事,这也是社会认同心理对人形成的影响。社交媒体中"意见领袖"的地位就是在"粉丝"数量上建立起来的。他们之间的影响关系,与其说是建立在"领袖"的思想和态度上,不如说是建立在形成社会的人的粉丝量上。

- **喜好**

从被影响者的角度考察人对人的影响力时,如果能让自己(施加影响者)变得更可爱,会容易对他人形成影响,因为生活中人们总愿意答应自己喜爱的人提出的要求。毕竟每个人都难以拒绝好友的请求,而不是敌人的请求。喜好可谓是作为能量最大的一个武器在人对人的影响中被人利用。人如果处在与好友的友谊紧密相连的温情、吸引力、安全感以及责任心被调动起来的情境中,沟通就会变得顺畅而有效。究竟是哪些因素能让人与人彼此喜好起来?

首先,外表的吸引力。从寻找人生的伴侣,到找工作,以及寻求合作者,客观现实告诉我们,外表漂亮和英俊的人在社会上有很多优势。形成这种"偏见"的原因其实是"光环效应"在作怪。所谓"光环效应"指的是尽管我们都清楚人有正反两面,但一个人的正面特征仍会主导人们对这个人的整体看法。"研究结果表明,我们经常会下意识地把一些正面的品质加到外表漂亮的人头上,像聪明、善良、诚实、机智等,更有甚者,当我们作出这些判断时,我们一点也没有察觉到外表在这个过程中所起到的作用。"[①]尤其是在对人进行面试的时候,所谓"印象分"指的就是这种现象的结果。

---

① 〔美〕罗伯特·B.西奥迪尼:《影响力》,闾佳译,中国社会科学出版社2001年版,第202页。

其次，相似性。我们通常会对与自己相似的人更有好感，尤其是在性格、爱好、审美等生活细节方面，遇到相似的人大多会在彼此间形成好感。穿着是一个很好的例子。20世纪70年代美国有过一项研究，那时年轻人的穿着主要有两种类型：嬉皮士和非嬉皮士。试验者分别穿着这两种服装到校园里向大学生要一角钱打电话。当试验者的穿着与学生们风格相同时，超过三分之二的学生给了钱。但是当试验者穿着风格与学生们不同时，给钱的人不到二分之一。① 此内容还可参见本章后面部分提及的"吸引力理论"。

此外，还包括称赞、接触、合作面对困难、关联几个方面，它们共同构成着影响的基础环境。

关于称赞，近年来随着社会化媒体的普及，点赞已经成为人人皆知、天天可能涉及的行为。然而在中国的文化中，若非家人、挚友之间，当面且直言赞美他人会有阿谀奉承之嫌，所以一般都会说得婉转或暧昧。事实上，真诚的赞美也是人性中的刚性需求。也有人把爱听好话说成是人天性中的一个弱点，容易成为自己心理防线的突破口。

关于接触，历来有一种误解认为，人与人之间的友谊只要坚持不断接触，就会日久生情，进而建立起真正的友谊来。然而这个命题是不完整的，它只在特定的前提下才有可能形成上述结果。这个前提是：相互都愿意尊重，也能够理解对方，并且真诚地要求合作。在实际生活中，通过重复的接触有可能会变得熟悉起来，但并不一定会导致好感。长期在不愉快的环境之下（像失意、冲突、竞争）接触一个人，只会让人对这个人的印象更坏。② 当每个人都自视清高时（事实往往如此），接触的结果只会导致偏见被更加强化，隔阂加深，最终可能导致直接冲突。这种情况在异文化交流中较为多见。接触与合作是交流的两个方面，没有接触，无从合作，没有合作，接触无益。只有在以合作为目的的前提下进行真诚的接触，才有可能带来期待中的相互影响，开出互利共赢的美丽花朵。基于这样的接触，其影响力必然不小。

关于关联，下文中还会提及，这是支撑个人影响力的一个重要指标。关联原理认为，坏消息的晦气会传染给报告坏消息的人。不喜欢坏消息是人类的天性。即使这个人对这个坏消息毫无责任，仅仅因为他与坏消息联系在了一起，我们就有不喜欢他的充分理由。③ 关联既可以是正面的，也可以是负面的。正如孟母眼中认为的"近朱者赤，近墨者黑"那样。所以孟母有了充分与必要的理由一而再、再而三地迁移住所，竭力避免孩子因接触不良伙伴而学坏。这是避免负面关联、寻求正面关联的例子。有研

---

① 〔美〕罗伯特·B.西奥迪尼：《影响力》，闾佳译，中国社会科学出版社2001年版，第206页。
② 同上，第212页。
③ 同上，第223页。

究发现,男人们觉得有妖艳女模特伴随的新车,比没有妖艳女模特伴随的跑得更快,也更讨人喜欢,看上去也更名贵、设计感更好。但他们拒绝承认广告女车模影响了他们的判断。① 这就是正面关联在实际使用中的例子。

在广告商看来,重要的是建立联系,这种联系只要是正面的就行,是否合乎逻辑倒不怎么重要。这一结论源于巴甫洛夫的贡献:巴甫洛夫在给狗吃食物前给予灯光,这样反复几次之后,狗一看见灯光就会流口水。即使没有食物,光有灯光时,狗也会分泌口水。

为此 Rosen 和 Tesser 在 1970 年做过一个实验:要一些学生去告诉另一个同学他有一个重要电话,电话中的消息一半是好消息,另一半是坏消息。传递不同消息的学生的做法会大不相同。当传递的是好消息时,他会这样做:"你有一个电话,是好消息,快去老师办公室,去了你就知道了。"当这个消息是坏消息时,传递者就会这样说:"你有一个电话,去老师办公室,去了你就知道了。"显然这个学生知道要得到人的喜爱,就不应该让坏消息与自己有关联,而要让好消息与自己有关。人对人的影响也同样建立在他人对自己的喜好之上,所以人对人影响的前提,就是真正地去做"赠人玫瑰,手留余香"的事情。

- **权威**

从人对他人施加作用的层面来考察人的影响力时,我们发现如果能让别人觉得你有权威,你就容易实现自己的影响力而达到目的。"我们能够否认这个事实吗?生机勃勃的权威人士对柔弱的人具有不可抗拒的影响力","人们服从的原因和相信的原因是同样的"。②

对于权威有这样一种表述:它是个人或组织在人们心目中使人信服的力量和威望。通过人对人的信念和行为的影响,形成对人的行为的指导,它体现出了人与人之间的一种关系。权威可分为"正式权威"和"非正式权威"两种形式。"正式权威"指的是通过法律、章程、条例、仪式等正式手段获得的权力,也称作"官方权威"。"非正式权威"指的是由于某些突出的人格特质、特殊的生活经历、某种学识以及人际关系中的吸引力和所处的地位而形成的影响,并得到他人自发的承认。在人对人的影响关系当中,支持个人影响力的主要因素就是"非正式权威"。从上述表述中可以发现,非正式权威是"被人授予",而非自主造就。相比而言,如果权威性均源于接受者的认可,他们在他人心目中所产生的效果应该没有质的区别。问题在于,相对于被影响者心悦诚服

---

① 〔美〕罗伯特·B. 西奥迪尼:《影响力》,闾佳译,中国社会科学出版社 2001 年版,第 226 页。
② 〔法〕加布里埃尔·塔尔德:《模仿律》,何道宽译,中国人民大学出版社 2008 年版,第 143 页。

所形成的"非官方权威",对"官方权威"表现出来的信赖中有多少不是外力所致?

Higham 和 Carment 于 1992 年做过一项实验:澳大利亚一所大学里来了一位英国剑桥大学的访问学者,对他的身份在不同的班级采取了不同的交代方式。在第一个班上,他被介绍为学生;在第二个班,他被介绍为实验员;在第三个班他是讲师;在第四个班他是高级讲师;而在第五个班他是教授。当他离开后,研究者们要学生们估量他的身高。结果发现,随着被介绍者地位的逐级上升,他的身高就平均增加 1.27 厘米。所以当来访者是"教授"时比他是学生时身材高了 5.08 厘米。[①]

在林崇德等编写的《心理学大辞典》中,"权威"条目中有这样的表述:"权威可由权力、威信和效能三要素构成。"同时指出:"威信是一种内在魅力,能引起他人的敬佩、信赖和服从。构成威信的因素是个人品德、知识和才能。效能高可以提高威信。"[②]"威信"可以认为是对"非正式权威"的另一种表述。当影响力是靠"权威性"来支持时,"权威性"也可能来自草根。换言之,有一种"权威性"是自上而下的,与行政机构的权力赋予力相通,还有一种"权威性"来自社会大众自下而上的认可过程,这个过程考察的是它的"有用性"。

在权力型组织文化中,一个人被他人赋予权力之后,这个人就具有了权威,也就有一定的影响力。对个人如此,社会机构、团体、组织也可以由此形成威信。比如大众媒体在社会公众心目中的威信,这种说法反映了我们历来对可信赖的大众媒体的认识。显然,当大众媒体做得不好,尤其是违背了社会伦理、道德,失信于民时,他原先在大众中树立起来的威信就会受损。对大众媒体是如此,对社会化媒体、意见领袖也会如此。

- **短缺**

如果能使人相信自己给予他人的信息是他认为稀缺有限的,人们就有可能接受你的信息,你也就实现了对他人的影响。这是基于对信息资源的需求来形成人对人的影响力的。

众所周知,在人际传递信息时,首先说明:"我只和你说,别人我不告诉他。"之后再道出要说的信息,这个信息对他人的影响就会因为"信息难得"而变得具有征服力,进而使传递信息者对他人具有影响力。这种因为"短缺"产生信息传递者影响力上升的现象,是借助"短缺原理"作用的结果。

我国曾经有过一个药品广告里用过这样的广告语:"有病请服此药,一般人我不告诉他。"它的用力点就在制造短缺上,只是当它用于广告之后,真正的短缺原理就已不

---

① 〔美〕罗伯特·B. 西奥迪尼:《影响力》,闾佳译,中国社会科学出版社 2001 年版,第 260 页。
② 林崇德、杨志良、黄希庭主编:《心理学大辞典》,上海教育出版社 2003 年版,第 962 页。

再产生效用。市场公认"物以稀为贵",信息也是如此。人在对人施加影响时,就是使用了"短缺原理"来构成自己对他人的影响力。

短缺原理的力量有二:其一,它利用了我们走捷径的愿望。我们会认为难得的东西通常比容易获得的东西好。因此,我们会用获取某种资源的难易度来判断其价值的高低,进而提高了提供者的影响力。其二,从某种意义上来说,当一种机会变得比较难得时,我们也就失去了一部分自己选择的自由。失去自由必然引起反抗,这就是"心理抗拒理论"所描述的情况。根据这一理论,每当人们选择的自由受到限制或威胁时,维护这种自由的愿望就会使我们对这种自由产生更强烈的要求。因此,当信息短缺越来越严重,使我们不能像以往一样自由地获取信息资源时,我们就会通过更卓绝的努力来抵抗干扰,达到维护自己自由的目的。① 利用这种心理,影响者可以有效地提高自己对他人的影响力。

这其实也是一种互通有无、相互依存的关系建立方式。回想我们在接触他人的微博、微信等社会关系媒体时,在确定是否添加某人为"好友"时,无形中遵循的原则不外乎上述这些。"互惠"落实于强关系人际之间,比如同学、同事和朋友之间。"承诺"多见于具有服务功能的微博或微信号的利用方面。"权威"则多见于弱关系间的关注,如对微博中"意见领袖"的选择性关注指标之一就是其权威性的高低。"社会认可"在网络中是作为一个参照系在起作用,无论是在对社会化媒体众人的关注,还是在网络购物中对购买者评价的掂量上,关注和利用者人数、好评与差评的数量对比上。从数量的层面反映出来的是社会的基本认可度;从评价者给出的文字中则可以明确社会认可在质的层面上的反应。而"稀缺"永远是人们追求的对象,其标准往往取决于相关利用者自身的需求。如在百度"贴吧"里,总有一类与你"对路"或"对胃口"的群存在,以此为基础建立的关系粉丝群,他们之间的影响力几乎令圈外人难以置信,因此很值得深入研究。比如对"可爱"这个词来说,可能说它不仅存在于大众之间,也存在与人际中,因为这是一个与人的本性相连通的关系项。但是基于人际媒体的信息会比经由大众媒体的信息更贴近人心。因为后者是他们主动选择的结果,也是更接近他们自己标准的可爱,因此可能更可爱,也就更有影响力。粉丝群对其所热爱的偶像的爱,就是建立在这种基础之上的,出于爱他即是对自己最大的宽慰效果,绝非一般观念所能解释。以下将分别介绍几个影响人的相关理论。

大多数人一生中要花费许多时间和别人交往、受别人影响以及影响别人,而学习就是实现这种影响力的基础。受别人影响是学习,影响别人则是检验学习成果,我们

---

① 〔美〕罗伯特·B. 西奥迪尼:《影响力》,闾佳译,中国社会科学出版社2001年版,第287页。

通常会把这种学习过程叫模仿。模仿是动物界最基本的一种学习手段,也是人类的基本且重要的学习方式。人从一出生就开始进行模仿性学习,从模仿自己的父母开始,一点一点认识、适应直至走入社会。可见,模仿性学习是人最基本的影响关系,早于任何其他媒体形式在人身上产生的作用。可以说,它是与人的天性相连接的关系。只不过婴儿降生之初只是通过视觉、听觉、嗅觉和触觉来实现。由于对父母的模仿,婴儿获得了更多的自由,在对人产生依赖的同时,也形成了对人的信赖,并赋予示范者以威信,这是模仿的基本规律。它促成模仿行为从上而下地进行传播,威信是使个人能对他人产生影响的主要条件。

从社会性模仿的意义来看,模仿实现的是:1.通过模仿,优秀的成员所产生的观念和行为方式得以发扬光大;2.通过模仿,社会化的观念和行为方式得以向其他群体和文化圈进行传播。[①] 可见值得模仿的东西,一定是经得起时间检验和沉淀,之后又能够归于形而上的东西。这是一个精致化的过程,其间能起到上行下效作用者,会居于社会精英地位。

加布里埃尔·塔尔德把这种由上而下推进的模仿进一步定义为"征服性优势",并指出:"由于其征服性优势得到承认,出于虚荣或者是实用目的,他人可能会自愿学习它。可以称之为'内在模仿传播方式'。第二种方式是,未能实现征服,却能施加非常理性的影响。接受者在保留自己习惯的同时,模仿着人家的结构、华丽、精湛和优美。这第二种方式是'外在模仿传播方式'。"[②]

上述内容大体上归纳了人对人的影响力之所在。然而认识不止于此,知其所以然固然是理论学习的最高目的,知其然何尝不重要呢? 下面内容解决的就是在人对人的影响关系中,有助于影响力发挥和提升的一些要素和条件。

三、社会学习理论

最先对模仿进行深入解释的是班杜拉提出的"社会学习理论",[③]他把人们对行为的获得解释为看到了其他人的展示或行为。班杜拉把观察学习(模仿)分为四个过程(见表3-1):

---

① 〔美〕威廉·麦孤独:《社会心理学》,俞国良等译,浙江教育出版社1997年版,第254—260页。
② 〔法〕加布里埃尔·塔尔德:《模仿律》,何道宽译,中国人民大学出版社2008年版,第185页。
③ 〔美〕阿尔伯特·班杜拉:《社会学习理论》,陈欣银、李伯黍译,中国人民大学出版社2015年版,第18—23页。

表 3-1　班杜拉社会学习分析中控制观察学习的各种子过程

注意过程	保持过程	运动再现过程	动机过程
示范刺激物显著性	符号编码	体力	外部强化
情感诱发力	认知组织	附属反应的有效性	替代性强化
复杂性	符号性复杂	再现的自我观察	自我强化
流行性	运动性复杂	正确反馈	
功能价值			
观察者的特性			
感觉能量			
情绪触发水平			
知觉定势			
以往强化物			

● **注意过程**

除非人们注意到并正确地理解示范行为的显著特征，否则他们就无法通过观察学到多少东西。注意过程决定了一个人在显示给他的大量范例中选择什么来进行观察，以及在这些示范原型中把哪些东西抽取出来。在这些众多的因素中，有的涉及观察者的特性，有的涉及示范活动本身的性质，还有的与人们互动结构的安排有关，它们都调节着观察者经验的数量和类型。

在各种决定注意的因素中，联想模式显然是很重要的。经常与一个人联系的那些人，要么由于自愿，要么出于强制，会对这个人的行为类型构成限定。这些行为类型反复出现，会成为他学得最牢固的东西。

在任何社会团体中，比如班级中，总有人会比其他人得到教师更多的关注。对于关注程度不同的人来说，教师的示范行为也具有不同的效力。因此，由不同原型所呈现出的示范行为的功能价值，在决定人们观察哪些、忽视哪些原型的选择中具有重要作用。原型的人际吸引力也可以引起人们对他的关注，那些具有迷人特征的原型往往被人围追，那些缺乏可爱特征的原型通常被人摒弃。

某些示范形式具有诱人的奖赏功能，以至于它们能抓住各种年龄段的人的注意力并维持很长时间。动画片的示范形式是再好不过的证明了，动画片的出现大大提高了原型对儿童以至成人的示范作用。

今天社会化自媒体的出现，使人们不再把人际传播媒体与大众传播媒体明确区分和利用，二者之间的鸿沟已被填平。过去居高临下又缺少温度的传统媒体的传播能力，被以互联网为代表的带着人情味的人际传播媒体获得，人际传播的能力已超越了大众媒体。人们能够通过各种媒介提供的行为性示范、符号性示范，以及综合行为与符号的示范，在吃、喝、玩、乐的同时，高效地完成观察和学习—模仿。

原先观察学习的速度和水平会受到示范行为本身的特殊性和复杂性影响，同时也受到观察学习者信息加工能力的影响，以及过去经验中形成的知觉定势的影响。今天聚合了多种表象与符号示范于一身的社会化媒体，在促使人媒介素养提高的同时，也对信息的利用模式形成了再造。其中的一个副作用就是使班杜拉看准的电视的社会示范作用走下神坛。

- **保持过程**

如果人们不去记住示范行为，那么，对示范行为的观察也不会对他们产生很大的影响。观察学习的主要过程涉及的是对模仿的保持。当原型不再出现时，观察者要想继续从原型示范中得益，就必须在记忆里以符号的形式把那些再现出来。由于符号具有的传播作用，瞬时的示范可以被永久保存在记忆里。正是这种符号化的高级能力，使得人类能够从观察中学到很多东西。

班杜拉认为观察学习主要依赖两种表征系统，即"表象系统"和"言语系统"。

一种表征系统是受到外部事件的刺激引起感觉，对感觉进行处理后形成知觉。示范刺激的重复出现，形成了对示范刺激的持久、可回忆的表象；此后这些表象不断引起知觉，再以表象形式形成认知记忆。当事物之间关联密切的时候，比如一个名字和一个特定的人被固定地联系在一起时，就根本不可能只听到这个人的名字而不产生这个人的表象。同样，只要提到一个多次观察过的活动，一般就能唤起对它的形象复本。视觉表象在发展早期的观察学习中起着一种特别重要的作用。视觉表象在学习那些本身难以用语词加以编码的行为模式中有十分重要的作用。实际生活中把啤酒与足球加以关联、进行示范、反复刺激之后，使人形成啤酒和足球的关联性知觉，在转化为认知记忆之后，以足球带动啤酒消费就成为可能。这种做法就是关联性学习路径再造的结果。

另一种表征系统是有关示范事件的语词编码，它可以说明人类观察学习和保持的惊人速度。对行为的认知过程大多数是通过言语而非视觉过程来完成的。例如，在把握汽车越野拉力赛的路线时，副驾驶通常会将视觉信息转换成一些左右转弯或向东向西的语词代码，这样比单纯依赖线路表象更有助于精确记忆，更便于向驾驶员口头传达路线细节。由于代码以一种易于贮存的形式负载大量的信息，所以，它们可以在人类观察学习后继续保持下去。

一般来说，用于人际传播中的语词编码，要比用于大众传播中的语词编码更为凝练，更少普适性，因为它是一套建立在既定的人际关系文脉基础上的编码。例如，极为小众的语词编码莫过于团伙成员中的"黑话"、特定地域里的"俚语"。这些语词在完成信息传达的过程中，还兼具区分"自己人"与"外人"的功能。能熟练使用这些别人不懂的语词,会成为更高可信度的保证,因此它具有更强大的传播能量。相反,大众媒体中却要回避这种词的使用,以获得最大范围内信息传播的不失真。因此,人人皆知的语词——大白话,其中的附加功能一定是最少的,在获得尽可能广大的利用覆盖率的同时,对特定人的深度渗透力就是有限的。眼下不同网民群体中层出不穷的"网络语",早期有如"东东""拍砖",之后有"喜大普奔""我的菜",如今有"小鲜肉""大咖"等,接着地气,借着时髦,在人际逐渐传播开来,无不具有攻城略地的传播力。像"土豪""宅女"这样的名词,最终还能登堂入室,录入词典,足见大众媒体的语词编码不可能取代人际传播的语词编码。大众媒体的语词编码因抓住了广度而失去了深度。影响能力自然不可与人际传播相提并论。

当示范活动被转换成表象或易于利用的言语符号之后,这些记忆代码就可以指导操作。在儿童行为及成人行为研究中都显示出符号编码在观察学习中的重要性。那些将示范活动转化成语词编码,进而实现简明的标记或者鲜明表象的观察者,要比那些仅仅观察的人,能更好地学习和保持效果。我们可以把元素周期表看作是人对物质世界的一种极为精致的编码,其中对每一种元素的标识,既分清了差别,又进行了归类;既反映出内在,也解释了本质,因此非常有利于学生学习和掌握化学知识。所以最根本的传播只存在于人与人之间,哪怕其中插入了媒体,起到的也只能是"跑龙套"的作用。

除了符号编码以外,演习也可以作为一个重要的记忆支柱。因此在技能型学习中,有"三分学,七分练"的比喻。当人们在脑子里或者真实地操作示范反应模式时,比起不去想这些,或者不去演习他们所看到的示范动作,可能会更少地忘记这些反应模式。很多通过观察而习得的行为,由于客观局限或缺乏条件,不能用演习的手段形成记忆。因此,个人把示范行为看在眼里,利用心理演习就能增加熟练程度和保持的时间。此时仅仅担任信息传播的大众媒体是没有用武之地的。

包括班杜拉在内的一些研究者对于最初模仿反应的条件特别重视。他们注意到儿童早期的模仿反应是从原型行动通过引起的即时模仿中获得的。长大以后,模仿反应通常是在观察原型行为很久之后,通过原型并不存在时作出的延时模仿来获得。直接性即时模仿在认知功能方式上没有很高的要求,因这时行为的再现直接受原型行为的外部指导。相反地,在延迟模仿中,缺少的事项必须经由记忆从心理内部把它呈现出来。[①] 所以直接的和延时的示范作用之间的差异,类似于在模特面前写生与凭借对模特的记忆来绘画之间的差异。在后一种情形中,画家的手并不是自动地描绘模特,

---

① 〔美〕阿尔伯特·班杜拉:《社会学习理论》,陈欣银、李伯黍译,中国人民大学出版社2015年版,第21页。

他必须依靠记忆的引导,主要是通过头脑中的表象来完成。中国人的生活经验告诉我们的"言传不如身教""父母是孩子最好的老师",说的或许就是人对人的延时模仿中潜藏着的道理。

- **运动再现过程**

示范的第三个过程是将符号的表象转换成合适的行动。为了理解这一反应,首先需要对操作的动机进行分析。在人们建立自己的反应时,只要他们与示范的模式在时间和空间上保持一致,就可以获得行为的再现。

在行为操作的初始阶段,反应在认知水平上得到筛选和组织,在行为上显示出观察学习的数量,部分依赖所包含的各种技能及其成分的有效性。具有这些构成因素的学习者就会很容易地把它们综合起来,从而产生新的模式;但如果缺乏这些反应成分,行为的再现就会发生错误或者不完善。

要把所观察学习到的东西付诸行动,在行为水平上还存在别的障碍。观念在第一次转化为行为时很少是正确无误的。观念和行为的完全一致通常是通过对初步尝试的正确调整而得到的。符号表象与实际行动之间的脱节会作为正确动作的线索。在学习复杂技能(比如打高尔夫或者游泳)中的一个常见问题,就是操作者不能全面观察自己的反应,因而就必须依赖模糊的感觉线索,或者旁观者的反应。有些行动只有一部分是可观察的,指导这些行动,甚至仅仅识别表象和行动之间不一致的原因,就是一件很困难的事。

仅仅通过观察,技能不会被完善;仅仅通过试错摸索,技能也不会得到发展。例如,一个高尔夫教师,不会仅仅给初学者一些高尔夫球和球杆,然后坐等他们去发现高尔夫球的玩法。在大多数的日常学习中,人们一般是通过示范一个非常近似的新行为,然后,基于他们仅有的习得能力和已有的技能,在集中演练操作中通过信息反馈,进行自我矫正和调整,把这个近似的行为掌握到接近原型。

由此可以发现,除了自我感知外,作为补充矫正的依据,还有一个自己与他人互动的部分。而它大多只能在人与人实在的交往关系中得到,在个人与大众媒体的传受关系中则很难实现;因为大众媒体不可能只针对你一个人。因此,我们有时也会把大众媒体看作是离特定个人很远,与己无关的存在。

- **动机过程**

任何人都无法复现所学过的所有示范,因此,社会学习理论把"获得"和"操作"这二者区分开来。人们多半会接受自己认为有价值的示范行为所产生的结果,不大接受没有奖赏或者具有惩罚后果的示范。在无数可由观察获得的反应中,那些看上去对别人有积极效果的示范,比起那些有消极结果的示范更受人喜爱。人们对自己行为的评价和反应,直接影响着他们对观察和习得对象的取舍。人们接受自我满意的示范,拒绝其讨厌的示范。

由于大量的因素影响着学习,即使提供特点突出的原型,也不能保证在别人身上一定产生相同的结果。如果一个原型反复向他人显示所希望的结果,当他失败时从客观上加以指点,当他成功时就及时给予奖励,这个原型就能最终在他人身上引起匹配反应的结果。试想大众传媒大多只能用一个自认为成功的榜样,不厌其烦地强加给受众,除此以外他还能做什么?

另一方面,我们要想阐明示范作用的产生,并预测它的实现与效果,就不得不考虑上述各种影响因素。因此,在任何特定情境中,一个观察者不能复现原型的行为,很可能是由于下列原因中的任何一个:

没有注意有关的活动;

在记忆表象中示范动作的编码不适当;

不能保持所学习的东西;

没有能力去操作;

没有足够的动因。

可见,获得理想的示范学习效果,不仅需要示范者即时的和点对点的鼓励,还必须注意解决观察者身上存在的各种问题。这两个方面构成一个系列的动作,是支持人对人之间影响力的外部保证。反过来说,阻碍示范效果产生的因素中,也许观察者身上存在的问题会多一些。如果没有积极的示范,以及更主动的观察学习态度,示范的效果只会大打折扣。人际传播之所以是大众传播不能取代和难以企及的,原因之一就在于人际传播是在及时调整中进行的,因此是效果导向的看得见的传播;大众传播只能是"有枣没枣都打一竿子",带有盲目性的传播,如果再加上"只唯上,不顾下"的进行,它就是彻头彻尾的盲目传播,效果自然有限。

人际关系是以人际中存在影响为基础的关系。人际交往使人对于人的影响得以实现,另一方面,人际关系也会对人与人的影响程度构成影响。现实中人际的影响关系如此,网络中的人际关系影响也是如此。如以下几个"关系理论",也能揭示出其中原委。

四、吸引理论

人类的关系是基于吸引力建立的。[1] 推而广之,可以理解为,人群、团体的构成也

---

[1] 〔美〕约瑟夫·A. 德维托:《人际传播教程》,余瑞祥等译,中国人民大学出版社2011年版,第253页。

是基于吸引力。反之，人群和团体的瓦解则可能是因为排斥力。从"酬偿/代价"的观点来看，我们可以想见在其他条件相等时，我们会喜爱住在附近的邻居，因为与住得远的人相比，我们只需走很短的路程，就可用更少的代价得到同样的酬赏。正所谓"远亲不如近邻"。

的确，过去人们在附近常比远处有更多的朋友，但这并非意味着只有客观上的接近才是人们相互吸引的依据。客观上的接近是由客观交往的条件决定的，指的是在人际交往技术不发达的时期，客观上的接近是人际交往的必要前提和条件。今天，随着人际交往技术的发达，客观上的交往已经不再受制于客观上的接近。换言之，人际吸引的半径已经极大地延长了，甚至等同于大众传播的半径。今天距离已经不是主要问题。只要能使人们互相结识、相互了解之后自然会相互喜爱，人与人之间吸引力能有多远，影响力就能有多远。

吸引是认同的基础，是被认同者对认同者的吸引。由于个体力求与榜样一致，他们就会想依从于榜样的观点。此后依从被转化为信息提供者的可信度，影响便由此往下进展，进入内化认识阶段。观点的内化是人际影响进入行为的一个重要质变环节。

决定人际吸引的因素通常是极为复杂的，不可能总是用外貌之类简单的词句就能表达清楚。在研究文献中有许多与此截然相反的资料表明，在解决问题的实验小组里，那些被认为最有能力、最会出好主意的成员往往不是最受喜爱的人。怎样解释这一截然相反的结果呢？一种可能是，尽管我们喜欢周围都是有能力的人，但有非凡能力的人会使我们感到不安，这种人看上去似乎是不可接近、高高在上的。对于这种过于完美，中国文化中的基本态度是"过犹不及"，这种认识与上述观点有相近之处。因此，我们也就会更喜欢那些难免犯错误的"能人"。

埃略特·阿伦森、本·威勒曼和乔安瓦·弗洛德三人一起做了一个实验，被试者为明尼苏达大学的学生。他们准备好了四个人的讲话录音，让每个被试者听其中一个。这四个人是：1.几乎是完人；2.一个犯错误的完人；3.一个平庸的人；4.一个犯过错误的平庸的人。在准备过程中他们告诉每一个被试者，他将听到一个人的讲话录音，这个人是大学生智力测验节目的应试者，然后被试者要根据自己的印象和看上去可爱的程度等对其进行评价。每个录音包括一个应试者（四人之一）与主持人之间的谈话和一组由主持人提出的难度很大的问题，这组问题与"大学生智力测验"电视节目里常见的问题相似。

在一个录音里，应试者表现得很有才能，且相当完美。他正确地回答了 92% 的问题，并且在测试的主体过程中，当问及他在中学的活动时，他谦虚地承认他是一个受尊敬的学生、年鉴编辑、田径队队员。

在另一个录音里,应试者表现得能力平平,仅答对了 30% 的问题,并且在测试中,他承认他在中学时成绩一般,曾是年鉴的校对员,曾试图参加田径队但失败了。在另外两个录音里(一个是能力超凡者、一个是能力平庸者)的人犯了一个令人发窘的错误;在谈话就要结束时,他笨拙地将一杯咖啡洒在了自己身上。这个错误在录音里是用声音来表现的,包括混乱声和杯子的铿锵声,挪动桌子声和此人的抱怨声:"天哪!我把咖啡洒到我的新衣服上了。"为了最大限度地控制条件,这个"洒咖啡事件"被录成了两份,一份接在"完人"的录音后面,另一份接在"庸人"的录音后面。

实验给我们提供了四种条件:1.犯了错误的有超凡能力的人;2.未犯错的有超凡能力的人;3.犯了错误的平庸的人;4.未犯错误的平庸的人。

结果,犯了错误的超凡能力的人被视为最有吸引力的人;犯同样错误的庸人被认为最无吸引力;未犯错误的完人的吸引力居第二位;未犯错误的平庸者处于第三位。很明显,洒咖啡的动作本身并不具备吸引力。然而它却使一个完人更具吸引力,也使一个平庸者更显得平庸。这一发现被称之为"犯错误效应"。

此外,人对他人的吸引主要基于七个要素:相似、互补、接近、认可、外表吸引力与性格、社会地位和教育程度。[①]

- 相似:一般来说,人们喜欢和自己相似的人。相似性主要包括信念、价值观及人格特征的相似;在我国民间广为存在的择偶标准中,"门当户对"说的就是这个道理。一般而言,人们喜欢在智力和态度上与他类似的人,还有如兴趣、爱好等方面的相似,甚至包括国籍、种族、生理特征、社会背景、地位、年龄、经验的相似。研究还发现,人们更可能帮助与自己在种族、态度、整体外貌甚至是名字上相似的人。其中实际的相似性很重要,但更为重要的是双方感知到的相似性,这是一种主观感觉和认识。用中国文化自己的解释就是所谓的"物以类聚,人以群分"。

- 互补:当双方在某些方面看起来互补时,彼此的喜欢也会增加。互补可视为相似性的特殊形式。以下三种互补关系会增加吸引和喜欢:需要的互补、社会角色的互补、人格某些特征的互补,例如一个强势的人很可能被一个较为温柔的人所吸引,反之亦然。当双方的需要、角色及人格特征都呈互补关系时,所产生的吸引力会异常强大。

- 接近:接近是互动交流初期最重要的因素。处于物理空间距离较近的人们,见面机会较多,熟悉后就容易产生吸引力,彼此的心理空间就比较接近。此外,因

---

① 〔美〕约瑟夫·A.德维托:《人际传播教程》,余瑞祥等译,中国人民大学出版社 2011 年版,第 253—254 页。

接近而易于理解,因接近才更具有关联性。人们经常遇见的人或事,往往是自己邻近存在和发生的。随着互动技术的发达,与较为疏远的人交流互动机会的增加,作为吸引力的一大因素——接近因素便会降低,但交往频率与喜欢程度的关系呈倒 U 型曲线,过低与过高的交往频率都不会提高彼此喜欢的程度。

- 认可:包括对你的才能和能力表示认可,及你因其才能和能力认可的他人,都会对你形成吸引力。但如果他人的才能会构成你与其在社会比较层面的压力感时,会让你感受到自己的无能和失败,彼此的吸引力反而会丧失。如前面的研究表明,有才能的人如果犯一些"小错误",反而会增加他们的吸引力。

- 外表吸引力和品格:这是一个容易理解的因素,其中包括容貌、体态、服饰、举止、风度等个人外在因素。一般来说,人们对外表有吸引力的人的亲和度要远大于外表没有吸引力的人。同样,虽然文化会影响人们对外表是否具有吸引力的看法,但某种外表特征在所有文化中均被视作有吸引力——一种普遍的吸引力。比如,较之于暴躁的性格,人们会更喜欢温和的性格。美国学者安德森(N. Anderson,1968)研究了影响人际关系的人格品质。我们可以看出,排在序列最前面、喜爱程度最高的六个人格品质是:真诚、诚实、理解、忠诚、真实、可信,它们或多或少、直接或间接同真诚有关;排在系列最后受喜爱水平最低的几个品质如说谎、假装、不老实等也都与真诚有关。安德森认为,真诚受人欢迎,不真诚则令人厌恶。

- 社会地位和教育程度:普遍的意识认为,在恋爱中男性对女性的外表吸引力的兴趣大过其社会经济程度。实际研究表明,女性在互联网上会更强调自身的外表条件,男性则会强调自身的社会经济地位。此外,男性觉得拥有较高教育程度(是较高社会经济地位的原因)的女性亲切程度更低。或许如前所述,因为"太完美"的缘故,剩女多为社会、经济地位较高者,她们容易给人以可望而不可即的感觉。

五、自我评价保持模型

实际生活中有这样一种现象存在:示范者如果太完美,在他/她身上的吸引力就会止步于外表。原因在于其外在美已让人感到可望而不可即,因而会阻碍其内在美的传输。如果这种情形是在同性之间,示范者外形的完美会使受者产生嫉妒,因而不会产生应有的示范效果。可见,仅仅只是外形完美这个原因也会导致人的态度改变。[①] 个

[①] 榊博文:『説得学』,株式会社おうふう 2012 年、ページ 231。

中原因是什么呢？

自我评价保持模型（简称：SEM）认为，优秀的他人必须与自己有心理上的亲密关系才能对自我产生影响。这里的"心理上的亲密关系"根据相似性、家庭关系、客观上的共同点等因素的增加而增加。例如：兄弟姐妹比陌生人要亲；年龄相近的兄弟姐妹要比年龄差距较大的兄弟姐妹间的关系更亲密；那些态度和个性与自己更相似的人比那些与自己完全不同的人看起来更亲密。与优秀的他人的关系越密切，这个人对自己的影响就越大。[①]

自我评价保持模型认为，所谓心理上的亲密关系是以自我为中心定义出来的。如果与你的自我定义不相关，你就不会真正关心自己在这个方面的表现，于是一个关系密切的他人的高水平表现会使你感觉很好。在这种情况下，你不会因为他人的高水平表现而感受到威胁，而且会轻松享受他人成就所带来的喜悦。比如：当你以专业学习好坏来定义人才优秀与否时，对于一个游技很好的同学的炫技，你不会认为他会对你有威胁，反而会很欣赏他的表现。可当他决定和你竞争相同的实习岗位时，他的选择与你的自定义产生了关联，并且他可能以体育优秀而获得那个实习岗位，这就使你感受到了威胁。你会怀疑自己的分量，因而被迫把自己和这个人联系在一起进行比较。

自我评价保持模型还进一步指出，关系密切的优秀他人的影响取决于表现领域的自我相关性；当领域不相关时，优秀他人对自己产生积极的影响，此时，你不是去比较，是去欣赏；但是当领域相关时，会对自己产生消极的影响，此时你就不会去欣赏，是去比较。

不过有一种情形不得不引起我们更深入的思考。齐瓦·孔达做过这样一个试验[②]：他向他的学生们介绍了一名虚构的杰出的大学四年级会计学专业的学生。他除因学业优秀获得过重量级的奖学金外，还积极参加体育及各种社会活动，目前他正在考虑几个著名公司给他的工作机会，将来还有被推荐继续攻读研究生的机会。被挑选作为试验对象的同样是会计专业大一和大四年级的学生。

试验设计者认为，对于会计专业大学一年级的学生来说，这个杰出学生的成就是可以达到的，因为他们的学习生涯还很长，鉴于他们以往学业优秀，再加上今后的努力，同样可以取得这样杰出的成绩。相反，对于大学四年级的学生来说，要想取得与杰出同学同样的成绩，在只有不到一年的时间里显然是不可达到的。因此预期，大学一年级学生会被这个优秀学生所鼓舞而提升自我，大学四年级的学生会因这个优秀学生

[①] 〔美〕齐瓦·孔达:《社会认知——洞悉人心的科学》，周治金、朱新秤译，人民邮电出版社2013年版，第361—362页。

[②] 同上，第364—366页。

而丧失自信心。

大一学生和大四学生关于自己对杰出学生的反应提供的解释也表现出明显差异。大部分大一学生(82%)说自己被杰出学生所鼓舞。相反,只有很少的大四学生说自己受到了鼓舞(6%),大部分大四学生把精力集中在解释为什么杰出学生与他们无关这一问题上(辩称:所有人从个体的角度来说都是与众不同,且是成功的。),50%的大四学生以这种方式贬低比较过程,大一学生就很少有人这么做(6%)。而且,尽管大四学生比大一学生在年龄和职业生涯阶段方面与杰出学生更接近,但大四学生认为从比较的目的来看,杰出学生与他们更不相关。杰出学生对他们造成影响的结果是,只有大一学生被杰出学生所鼓舞,而大四学生发现杰出学生对自己更多地是威胁而不是鼓舞。

对这种情形的分析表明,高度自我相关的优秀的他人,对自我的影响取决于他人成就的可达到性。一个自己达不到的成功榜样会让自己较少的成就比较起来显得微不足道,让自己感到低人一等和失去信心。相反,一个自己可以达到的成功榜样意味着如果我努力也能取得同样的成就,会鼓舞和激励自己为取得同样的成就而去奋斗,让自己感到有能力这么做。

这个试验及其模型说明,人对人的影响几乎是必然的,但又是复杂而多层面的。人在与人的交往中进行着比较,人在与人的比较中构成着影响,在相互影响的关系中用他人实现对自我的评判。或许有人会问,人通过大众媒体是否也能完成对自我的评判?回答是可以。但是,由于大众媒体中的优秀个体往往是精致化的,高于社会众人的形象,他的象征性远远大于他的示范性。高远、冷艳、完美使人感到的是遥不可及,因此他实际上的影响力则是有限的,或者说是需要通过可感觉到的、实在的人来转化成为可效仿的对象,才能实现其对人的影响。

由于人对人的影响主要取决于个人对于自我相关性的定义上,因此,表现差的人也会影响个人对自己的判断。通过与一个表现比自己差的人进行比较,可以使自己看起来更好,从而增强自我价值感。然而,这种表现差的人也凸显了自己可能落后的境地。如果自己感到有能力避开类似灾难,这样的反向威胁感也会驱使自己采取改善的行动,但如果自己感到已经没有能力避开类似的命运,这样的威胁只会使自己更加失去信心。

在日常生活中每天开车的人,之所以会把至亲好友的事故作负面样板规范自己,是因为它比成百上千次"遵守交通规则"的正面忠告有效,其中的关键就在于他能把好友的事故视为"与己相关",甚至是"与己高度相关"的事件。这就是"好友"的力量,也只有好友才有这种影响力。换言之,如果你能把大众媒体视为精神上的真正的"好友",或许它也能够具有人与人之间同样的影响能力。这其中的关键或许不在大众媒体,只在于你。遗憾的是,这种现象在人际社会关系媒体中更容易找到。

六、关系规则理论

规则理论(rules theory)[①]认为人际关系融洽的前提是遵守某些规则。当某些规则被破坏时,关系可能恶化甚至解体。

友情规则:一种友情观认为友情靠规则维系。如果遵守这些规则,友情就会牢固,双方也都会满足于彼此间的影响。如果破坏这些规则,友情就会变得糟糕甚至不复存在,相互影响也就无从谈起。维系友情的策略受制于文化大前提,也取决于你对对方文化的了解,以及恰当运用人际技巧的能力。当信奉"人生难得一知己"时,有情人之间的影响力会随之上升,友情规则的地位也会提高,甚至超过爱情关系规则及家庭关系规则。

爱情规则:我们可以发现在友情中也可以适用这些规则:1. 表达相似的态度、信念、价值观和兴趣;2. 增强彼此的自重和自尊;3. 开朗、真诚、彼此坦诚相见;4. 经常共度时光;5. 获得的报答与付出相当。遵守这些规则中发展出来的人际关系,相互间的影响力会较大。如同为了厮守一生的爱情,能使彼此之间的影响力趋于奉献和无私的境地。

亲情规则:一些在家庭中常见的关系规则,也会出现在社会人际关系中。比如"不要在外人面前与家人顶撞",这种认识在社会人际交往中也会转化为"不要在外人面前驳了朋友的面子"。另如"不要在外人面前谈论家里的财务问题",同样可以转化为"不要在他人面前与无话不谈的朋友谈财务问题"。这些规则可能没有任何形式的明确规定,但你从与友人的交往中会自然习得。基于亲情关系的人际影响力,因为基础是"无私",所以效能最大。

此外,与友情规则和爱情规则一样,家庭规则中也有值得奖励和需要惩罚的行为规则。例如"家丑不可外扬"这样不成文的规则,在东方文化中已是蒂固根深,它深深地影响着一代又一代人,以至于在外人面前,再委屈也要"打肿脸充胖子";受了家庭暴力,还会对声援者说"打是疼,骂是爱""不要你来多管闲事"之类的话。在这种内外有别的人际关系规则中,大众媒体多年以来只能置身事外,处于"清官难断家务事"的尴尬境地,这也显示出了它的无力。

---

① 〔美〕约瑟夫·A. 德维托:《人际传播教程》,余瑞祥等译,中国人民大学出版社2011年版,第254—256页。

七、社会交换理论

研究人对人的影响力的另一个视角是基于社会交换关系来进行的。乔治·霍曼斯从经济学和社会心理学的视角认为，人与人之间的互动基本上是一种交换过程，目的是为了获得某种收益，这种交换包括情感、报酬、资源、公正性等，这也就是社会交换。

社会交换与经济交换的差别在于：第一，经济交换涉及人与人之间明确的义务，社会交换所涉及的义务是不明确的；第二，经济交换对履行义务的时间有明确规定，社会交换对此不作规定；第三，经济交换的对象之间是允许讨价还价的，社会交换的对象之间通常不讨价还价；第四，经济交换基于对法制的信赖，社会交换基于彼此的信任；第五，经济交换可以不涉及个人，社会交换会产生于人与人之间的义务感、感激和信任之情；第六，经济交换中的比值是固定的，社会交换中的比值并不固定。经济利益的价值很容易和利益提供者分离开来，社会利益价值的多少要看是谁提供了这种利益。[1] 介绍这么多，只想说明经济交换与社会交换有所不同，但应该承认它们并非截然不同。介绍它们的不同只是为了便于应用经济学原理来解释人际交往现象，从而支持对社会交换理论的理解。

社会交换理论（social exchange theory）认为，人们会发展令其利润最大化的关系。基于经济盈亏模式理论得出：利润＝收益－成本。

收益（rewards）是你花费成本取得的任何东西。研究指明恋爱关系中的六种收益为金钱、地位、爱情、信息、物品和服务。例如为了获得金钱收益，你会占用自己的娱乐时间。

成本（costs）是你一般想要避免且令你感觉不快或认为困难的东西。比方说加班工作，参加那些你认为毫无意义的会议、学习，总之是做一切你认为讨厌的事。

利润（profit）是收益扣除成本后的成果，即利润＝收益－成本。基于这个经济模式，社会交换理论提出，人们会寻求和发展能给予自己最大利润的人际关系。也就是说，人们会为人际关系中能获得的最大收益者支付必要的成本。

另外，当把两组人际关系进行比较时，你会以在两组人际关系中，能获得利润的大小来决定亲疏和取舍。我们无法否定，选择是人类行为的最基本特征之一，生活就是没完没了的选择。上述理论尽管出于互联网环境形成之前，然而，如今的社交媒体也只是人与人交往关系中的一种媒介，它无非是加速、放大和扩展了人际交往的能力和

---

[1] 〔美〕迈克尔·E. 罗洛夫：《人际传播社会交换论》，王江龙译，上海译文出版社1997年版，第8—9页。

范围。交往双方依然是人,因此用于人与人之间的上述关系理论也依然适用。换句话说,人与人的交换关系是社会最基本的关系,过去大众媒体实现的只是人与其代表机构的交换关系。人与大众媒体的交换关系不可能完全取代人与人的交换关系,以至于自媒体一出现,就能直接跨过其中良莠不齐、可信度低的障碍而受人欢迎,皆因它与人性实现了无缝连接,这造就了它与生俱来的对个人的影响力。

在社会交换关系中,公平是一个不可忽视的前提,故有了"公平交换原则"。这个原则宣称:关系中的双方应该有大体相当的收益与成本之比。在一段公平的关系中,各方获得的收益与付出的成本应该成正比例。如果双方付出相当,那么公平原则规定双方应该获得相当的收益。任何不成正比的收支关系,都会造成不公平,双方关系的存续也将受到威胁。我国生活中常见的一些文化、观念,有如"有来无往非礼也!""互通有无""公平交易"等,不仅常见于经济活动,也存在于人际沟通交往行为中。

人类的正确行为都是建立在合理化选择的基础之上,人的行为又总是趋向于以最小的代价获取最大的收益。收益不仅仅包括物质的东西,还包括精神的东西。罗洛夫认为,人们所追求的收益中的大部分,只能来自于与他们互动的其他社会成员。

将人际传播重新概念化为一种社会交换现象,因此,可以认为人际传播的推动力是"自我利益"(self-interest)。趋利避害是人类行为的基本原则的另一种诠释,人们在互动中倾向于增加收益、缩小代价或倾向于增加满意度、减少不满意度。它主张应尽量避免人们在利益冲突中的竞争,因此,应通过相互平等的社会交换达到双赢或多赢效果。

根据布劳的分析,社会交换的过程始于社会吸引。他所讲的社会吸引,是指与别人交往的倾向性。一个人期望与别人的交往会带来报酬,不论这些报酬是内在性的还是外在性的,他会受到能提供报酬的人的吸引。要使对方承认自己,愿意与自己交往,就必须向对方证明自己也是一个有吸引力的人,表明与自己交往也能从中得到报酬。如果他能够成功地做到这一点,对方接受了他,交往行为就会随之发生。如果双方都从交往中得到了期望的报酬,则会进一步加强双方的相互吸引。当不断的相互吸引使双方建立起稳定化的共同纽带时,便形成了某种社会群体。

在交换中,各交换主体都会尽力展示自己的报酬能力,以吸引其他人与自己交换。其间竞争是不可避免的,但是,由于交换资源存在质、量、种类、稀缺程度等方面的不均等所有,拥有资源便是拥有较高社会地位,继而还会转化为拥有权力;相反,那些占有资源少的人,就只有较低的社会地位。在地位差距较大的双方进行社会交换时,无形中形成的交换"逆差",在无以回报的接受中,就赋予了另一方权力,随之而来,就会被冠以权威性、可信度等标签,并以服从和尊敬来进行报答,这就赋予了"高端权力者"对

"低端权力者"的更多的人际影响力。

即便是为了获知信息,处于信息资源贫弱地位者,只能一味吸收信息,实质上是认可了信息拥有者的权力。在微博或微信中,人们能够在多大程度上"点赞"还是"力挺",就在多大程度上赋予了微信或微博的主人以权力,并使其权力名正言顺。当然,也正是无数的点赞行为造就了"大V"或"意见领袖"。

另一方面,如果对权力的认可没有带来预期的"收益",人们会产生被剥夺与被利用感。这种被剥夺和被利用感会渐渐转为瓦解合法权威赖以存在的社会认可,甚至奢望对权力进行抵抗。为了有效地表达他们的抵抗,结成对抗性组织是常见的做法。在各种对立意识群体的自媒体中、在社会的不同利益层面的"官微"中、在"新浪贴吧"以及大多数人气吧中都可见到他们之间的对立群体的存在。

八、自我表露

自我表露[①](self disclosure)一译"自我暴露""自我开示",指个体向他人表露心境及私密信息的行为。狭义上来看,这种行为不附带任何目的。但在社会心理学看来,自我表露虽然是自发地,但却是有目的性地向他人显示纯属自身的真实、重要、隐秘的个人信息和内心想法的过程。自我表露中要对方以相同程度的自我表露予以返还,它是对接受表露者的一种压迫,使其不得不还。这是"自我表露"的影响能力之一。

自我表露也是一个认识自我的过程。随着交往进入到表露私我的深度,自我表露也就会成为发展和维护人际关系的重要内容与方式。在没有自媒体的时代,这种心理活动主要局限于家庭成员,或者志同道合的挚友间以直接谋面的方式进行。自媒体出现之后,自我表露活动的人群局限被极大地打开了。对于日益走向个体化社会的中国人来说,自媒体的出现无疑使他们能向更多的人敞开心扉,打开了另一扇窗户,也促使他人向自己做出同样的反馈,交往随之会得到扩展和深化。

心理学家朱德拉认为,经常自我表露是健康人格的标志,也是自我实现的个性所必需的,更是建立亲密关系的前提条件。这为没有兄弟姐妹亲情关系的独生子们心理的健康成长,提供了一定程度的代偿条件。社交赞同可以用来强化情感吸引力,吸引力是人对人影响力的表象之一。在主动表露中获得的赞同越多,好感就越多,反之,好感就越少。由此可见,仅仅由于自我表露而赢得赞同,就形成了对被赞赏者的吸引力,也就实现了人对人的影响力之二。

但是,也应该看到,对人际吸引所作出的反应如果过于频繁,结果会适得其反。格

---

① 林崇德、杨志良、黄希庭主编:《心理学大辞典》,上海教育出版社2003年版,第1764页。

维兹与贝尔观察到了言语上的赞同效果是如何受对方"贬值"水准影响的;这一观察结果与霍斯曼的"贬值—饱和命题"相一致。可以认为这是因为一贯表示赞同使人有饱和感,因而失去了价值。[①]

在分析"微博"或"微信"这种自媒体时,我们还可以发现,其中的"自我表露"尽管会招致众多非议;不可否认的是,与此同时也能汇聚人气,抬升自己;有的甚至不惜"恶搞"自己,俗称"炒作"。此时人们大多懂得了影响社会知名度的三个因素中,其中最可怕的是不为人知。至于有多少人"赞",有多少人"踩",对知名度的提升都会有贡献。因为知你者才会赞你,也只有深知你者才会踩你,最可怕的是没人知道你,对你视而不见。引起人关注是自我表露影响力之三。

一个人的社会知名度是赞与踩这二者之和(知你者数),与社会中对你无知者数与知之者数之和之比:

社会知名度 = "赞"与"踩"二者之和 / 无知者数与知之者数之和

自我表露能造就人气的原因在于人们之间的吸引力和信任感。一般而言,人们喜欢把自我表露给自己喜欢的人,同时,也喜欢那些把自己暴露给别人的人。在微博与微信中选择关注对象时,除品味、趣味相投,现实中与己有关形成喜欢是主要原因外,那些敢于向世人暴露自己的人,也会因受到关注而被选择。其中,愿意表露自己的态度、观点和兴趣者,可被视为"利他主义表露",能够获得多数人的关注。同时,对在网络中主动表露自己的财产、身体及人格者,以网络作炫耀性表露,往往被视作"利己主义表露",为人不齿。备受社会舆论谴责的"郭某某"因在自媒体上炫富,连带中国红十字协会遭诟病,部分缘由就在于此。

现实中最为多见,也最值得重视的同类项是企业"微博"或"微信"无一不在营销自己的商品或品牌,因其毫无遮挡的利己主义倾向,很难成为消费者关注的对象。

值得注意的是,人们在更愿意向自己喜欢的人表露自己的同时,也愿意向完全陌生且以后不可能再见的人表露自己。女性在这方面尤甚。这就可能使得女性更容易因表露而形成吸引力,实现人际影响。它提示我们在面向女性的传播中,教导性表述较之真心实露对人的影响力要弱。

自我表露的形式会随着关系的状态而改变,在最初的关系中,人们倾向于一方面保持比较亲密的程度,另一方面对彼此的吐露进行"交换";然而一旦建立起良好的关系,严格的"交换"便较少发生了。社会渗透理论描述了亲密关系的形成、保持和结束,认为自我表露是亲密关系形成和发展的必要条件,为探索人与人关系中的自我表露模

---

① 〔美〕迈克尔·E. 罗洛夫:《人际传播社会交换论》,王江龙译,上海译文出版社1997年版,第64—65页。

式提供了一个框架。

九、社会渗透理论

社会渗透理论(social penetration theory)[①]认为自我表露是一种社会交换的基本形式,随着关系的发展,这种交换会变得越来越广泛和深入。

我们可以把个体表示为一个圆圈,并将圆圈分成几个部分,如图 3-1 的(1)/(2)/(3)所示,该圆圈阐明了社会渗透的不同模式。图中的每一个圆圈包含 8 个用于描述关系宽度的话题扇形区域,以及 5 个不同直径表现亲密等级及关系深度的同心圆。

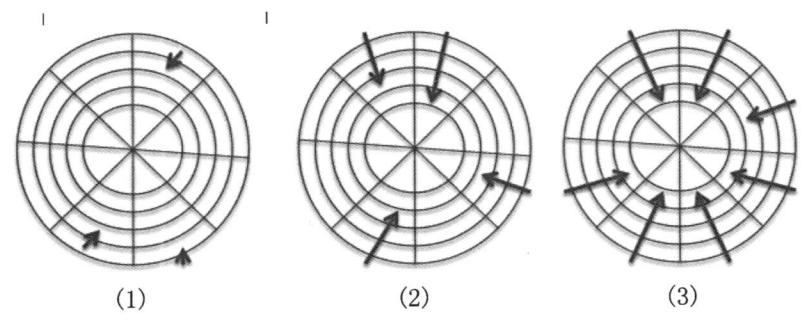

图 3-1　社会渗透模型

在第一组圆圈中,仅有三个话题区域被渗透。其中,一个渗入第一级,两个渗入第二级。在此类型的人际互动中,涉及了三个话题区域,箭头仅停留在浅显等级上。这种关系可能会在与最初认识的人进行交流时出现。

第二组圆圈代表一种较为亲密的关系,拥有更大的关系宽度和深度,讨论到更多的话题,箭头指到了更深的层级。这种关系大多会出现在与朋友沟通的场合。

第三组圆圈代表一种更加亲密的关系,有相当可观的宽度,6 到 7 个区域被渗透,箭头也到达最深层次。这种类型的关系会出现在与挚爱或者直系亲属之间的互动当中。

当关系出现恶化时,渗透的宽度和深度会自行出现反向动作,被称作是"去渗透"。随着话题的深入,关系出现不同程度的变化,与此同时,也充分显示出了他们之间相互影响能力的差异。当话题一定时,表露深度的变化只在互动关系中才有可能产生,也只在人际交往中容易见到,只能单向传播的大众媒体与此毫无关系,更无比较可言。在此我们也可以顺势比较一下大众传播和人际关系传播之间的差异,见表 3-2:

---

① 〔美〕约瑟夫·A. 德维托:《人际传播教程》,余瑞祥等译,中国人民大学出版社 2011 年版,第 258 页。

表 3-2　大众传播与人际传播的比较

传播要素	大众传播	人际传播
社会基础	意识形态领域,组织化,精致化,精英主导,以法制为基础	人际社会交往环境,随意性,自由主张型,以民间伦理为基础
信息源	组织形式,以目的为导向,精致专业实施,以客观性为主	自由散漫式,目的导向与需求导向相结合,随意性,主观性较强
接受者	媒体物理属性的最大扩散半径内的所有人均可,社会属性相关者,仅限线上交流,传者与受者隔绝,收受信息个人化倾向,理性判断左右信息判断,一至三个信息方式传输信息	关系圈中的几个人,兴趣相投的朋友,线上线下交流不冲突,传者与受者可谋面交流,多人同时交流是常态之一,感情支配信息感受,语言为基础直通态度。多种信息方式同时作用
语境	传受双方处于不同空间,对语境无从控制,需要置身同时环境,反馈滞后于传输	传受双方可以共处同一空间,语境可以影响但无法控制,环境可同时也可延时,传输信息与获取反馈可以同时完成
渠道	视觉、听觉单向动作,难以形成交流	视觉、听觉、触觉、嗅觉双向即时交流
信息	口语、文字、音乐、音响、动作、体态、色彩、节奏、频度等	口语、姿势、眼神、气味、暗示、触摸、体态、衣着、色彩。近来追加了文字、符号、声音、音响、网络语等
反馈	通常是延时的,无法同规模即时反馈,时效性不可预知。周期限制	通常是及时的,可以被延时,可预见时效性,可以反复跟进交流
目的与效果	目的仅限于告知,效果仅限于记忆和理解,实现目的和效果的效率不可加速	从告知、理解、好感、态度几个层次的目的均能实现,对应各个目的层级实现效果,面对面交流能加速效果实现
噪音	语言、文字、图像对客观现实进行抽象的反映,特定符号一般对现实的概括,传者与未知受者的隔绝,传者与广大受众的认知的错位,个别人对不特定多数人传播时对信息的一般化处理,广域传播中地区文化的差异的影响等形成噪音	源于表达方式、特定语言习惯、口语形式形成变异,物理、心理和语义等形成的传受语境噪音
伦理道德问题	虚拟现实取代真实现实,艺术性反应对真实的曲解,组织化的媒体暴力对个体的伤害,隐私权的问题,知情权的边界	倾向性认知取代真实现实,传说中构建的世界,口无遮拦■现实情况,人文伦理的时代局限与冲突
能力	广域内有效传递,瞬时大面积覆盖传输,传输过程中信息的一致性有保证,媒体技术的支持	人与人交流的技能,举止仪态辅助沟通,及时的效果反馈。逐级快速地扩散式传递,信息在逐级传输中不断更新

开篇,我提出了"人为何要影响人?"这样一个问题,归纳起来皆因人与人之间存在相互学习、相互建立关系、娱乐身心,以及相互帮助的需求和必要性。出于人本能的这些需求是一种客观存在,形成了作为影响的表象。随后,我又提出了"人为何能影响人"的问题。在上述影响的表象背后是人与人之间必然依存的互惠、承诺、社会认同、喜好、权威和短缺,它们决定了交换关系是人与人沟通的最终目的,构成了人之所以能

影响人的根本原因。

本书仅提出人与人之间的影响力来加以论理，在理论上本不可以算是一项独立研究，故不得不对人影响人的根本原因进行追究。在此提出人对人的影响力的说法，皆因我们已经理清了人与人之间的影响力不是孤立的存在，也不是可以无视其根源而擅做结论的感想，由于影响力只是从属于人的社会关系，是人的社会交换关系上的一种存在，研究过程使我意识到如果撇开了这两种社会关系，人与人的影响力就无从谈起。也就是说，人对于人的影响力不过是两种社会关系的产物罢了，也正因为是两种社会关系的产物，所以无论是在人际社会中存在的广度上，还是在人际传播心理中存在的深度上，其他传播均未出其右。

与人际传播相比，大众传播与其受众的关系就仅建立在简单的供求关系之上，从来没能动员起如此众多的人的社会关系作为它的影响力的支持条件。因其传受二者之间绝对的主被动关系、传达与接受关系、上情下达的输送关系、管理与被管理的关系，外加受众反馈和主动发信权力的缺失，使大众传播与个人服务的对接能力大受局限。尽管有极度精致的信息发布渠道，有国力支持的微波传输能力，却只因触及人心的深度有限，使传统媒体在与新兴媒体对阵当中，显出影响能力不足的缺陷。

一系列的理论也从不同层面揭示了人对人影响能力的构成原因。"社会学习理论"显示，人际影响存在于注意、保持、运动再现和动机几个过程中，每个过程都构成人对人的示范和学习关系来起作用。社会由个人构成，个人的示范作用也能成为群体、团体、社会的示范作用，因此向构成示范作用的他人学习也就是向社会学习。社会学习理论把人对于人的影响，归结于社会对于个人的影响，其作用力自然不可小觑。

"吸引力理论"则从距离、心理认同、有缺憾的完美几个方面显示出人与人基于吸引的影响力关系。它们从相似、互补、接近、认可、外表、性格和地位的角度揭示出：源于内心、直逼人性的吸引力构成了人对人的影响力要素，令人不得不服。

除了上述外部关系形成的因素之外，出于个人心理要求因素的理论也给了我们重要的提醒。"自我保持模型理论"认为，心理上的密切关系认同，以及以自我认知为中心定义的自我相关性，再加上自认为可以实现的自我相关性为基础下的自我保持要求，是人对人的影响力得以实现的前提中不可忽视的一部分。它在充分强调了外部因素前提的同时，指出了个人自我心理取向的重要意义：即便是受影响，也并非全部失去主动性。这是多少年来传统媒体难以接受，一直采取忽视态度的客观实在。

除此以外，人对人的影响力还会遵循一些"关系规则"，否则影响会失效，它们是友情规则、爱情规则、亲情规则和一些不成文的潜规则。"社会交换理论"则从经济学的盈亏原则的角度，揭示了一个更为深层的原则——公平原则。如果人与人之间的信息交换不能实现公平,那么占有资源较大一方将拥有较高的报酬能力,于是他也将拥有对报酬能力较低一方的支配权,此权力就是人对人的影响力最直接的支撑体。

"自我表露理论"显示的则是交换形成的人对人的压力作用。因自己主动进行了表露,就会给对手形成一种压力,迫使他也进行相同的行为活动。在表露中获得赞同、引起关注,这也是对人的一种影响力。随着自我表露向纵深发展,人对人的影响力会形成社会渗透作用,这就是"社会渗透理论"揭示的现象。人与人因表露的深度不同,显示关系程度不同;关系程度不同,之间的影响能力也不同。

人对人的影响力显然是由一些深层次的人际社会关系决定的,它们彼此之间也会交叉组合着起作用,足见人对人的影响是多方面、多层次展开的。它最直接的效果就有如尼尔森的一项全球调查结果,它似能佐证人对人影响力之一斑。

尼尔森的"全球广告媒体信任度的调查"于 2015 年 11 月 2 日公布了中国部分的结果,该调查显示了中国消费者最信任的媒介情况,如图 3-2[①]。在中国最可信的广告形式直接来源于消费者所了解且信赖的人,排名第一的是朋友推荐。超过八成(85%)的中国受访者表示他们对于来自朋友和家人的(直接人际)推荐,完全或者在一定程度上十分信赖。然而信赖不仅限于对那些处在直接的内部的人际圈,有超过三分之二(68%)的受访者反映他们相信消费者(间接人际)发布在网络中的观点。可见网络自媒体也是中国消费者最信赖的广告形式之一。

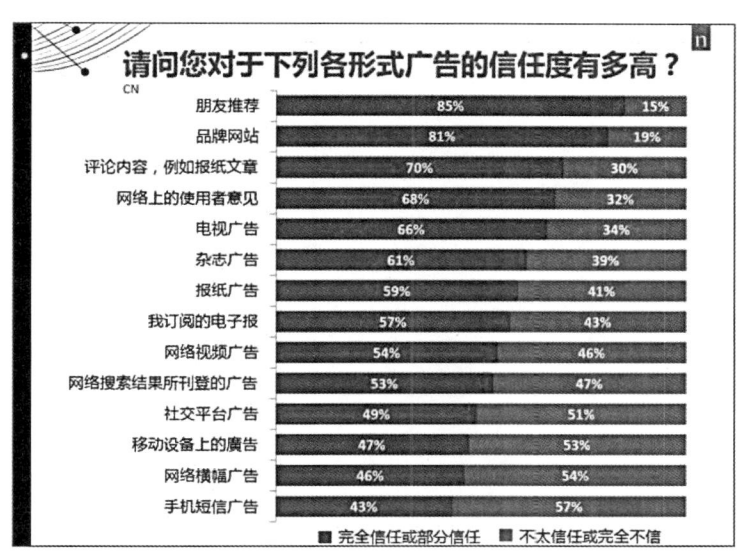

图 3-2 中国消费者对不同媒体广告的信任度

---

① http://www.199it.com/archives/400192.html.

排名第二的是品牌网站，它在所有广告渠道中信赖度排名第二，有81%的中国受访者表示他们完全信任或部分信任这些网站。另外，有超过一半的受访者(57%)对订阅邮件中所传递的信息表示信任。

尽管广告媒介不断细分，仍有三分之二(66%)的中国受访者对电视广告完全信赖或部分信赖，杂志和报纸略低，信赖度达到61%和59%。至于线上和手机付费广告，超过半数的中国受访者表示能够完全相信或部分相信网络视频广告(54%)和手机广告(53%)。但对于社交平台广告、网络横幅广告和搜索引擎的广告信赖度则稍逊一筹，分别为49%、47%和46%。另有超过四成受访者(43%)表示信赖手机的短信广告。信息关联度和消费者共鸣是关键，显然在这方面，人际关系及人际传播要优于大众媒体。

思考题

1. 支持人际传播效用有哪些因素？
2. 相对于人际之间，群体影响的表现形式有哪些？
3. 人际的影响力与群体对个人的影响力有何差别？
4. 社会是由人构成的，在人与社会群体之间哪个作用力更大？
5. 网络社会中的个人可供信任的原因和要素有哪些？

第四章　从众的影响力

■ **本章要点**

1. 自己对从众的认识与反思
2. 从众是一种社会必然现象
3. 群体思考的价值和局限
4. 从众是一种学习过程
5. 从众体现出来的服从的社会意义

一、从众现象

当我们到一个新地方旅游,由于初来乍到,对眼前的市井生活状况一无所知:希望吃点儿什么?喝点儿什么?去哪家店?大多数人可能会选择人多的店,放弃人少的店,点菜时也会与大多数人趋同。基于这种心理,24 小时便利店会主动把报纸杂志置于临街一面的玻璃墙后,翻看它们必然使人驻足,从而给外面的人一种店内人气旺盛的感觉,借以提高来店率。同样的现象在广告中也多见,如"某种奶粉,数千万深爱自己宝贝的妈妈的选择!""某某饮料,全国销量第一!"等等。它们似乎都在利用一个提示:大家的选择,正确的选择。

大家的选择会在新来者心目中制造一种不平衡:我是不是选择错了?我这样选择是不是显得太"另类"?当我不显得"另类",我就不显得"傻"。可见"随大流"在中国文化中是被正视的。这也从一个侧面体现出了集体主义文化社会中人的行为取向:凡事从大多数他者的角度进行思考、权衡利弊。它与个体主义社会有着显著的差异:"人们总是为自己着想,会为受压迫者挺身而出,会为自己的信仰逆潮流而行。"①

在我们的文化环境中,无须进入教科书,也无须老师耳提面命,所谓"出头的椽子先烂""枪打出头鸟"之类"程序",以出产配置的方式早已注入每个心灵。用形而上的语言表述也叫"中庸之道"。在这些程序的支配下,信念会给认识让路,认识甚至会为登不上大雅之堂的潜规则"圆场"。后面我们详细介绍的"阿希实验"就是一个著名的例证。

其实,无论是在集体主义文化社会,还是在个体主义文化社会,从众现象普遍存在。如马克·伊尔斯所言:"所有人类行为都是社会的事实,因为这是我们种群的本性。"②个体与众生是互为前提,相对而生成、发展和存在的。也因此我们才会看见商业广告中大量的意在唤起从众效应的诉求;美国有耐克的"Just do it",麦当劳的"I'm lovin' it"(如图4-1)。中国有中国移动的"我能!""我的地盘我做主"。带领国家脱离英国殖民统治而使印度独立,因而被称为印度国父的圣雄甘地也曾说过:相互依存与自给自足一样,是而且应该是人类的理想状态,人是社会性的动物。正如阿伦森所言:"信息性社会影响的一个重要特点是它能导致私下接纳。也就是说,因为人们真诚地相信其他人言行是正确的,因而顺应他人的言行。"③

图 4-1　个体主义文化在广告中的表现

从众(conformity):自己的态度、信念与集体的规范相左时会产生纠葛,为防止纠葛产生而主动改变自己的态度、信念的过程。④

---

① 〔美〕埃略特·阿伦森:《社会心理学》,侯玉波等译,机械工业出版社 2014 年版,第 176 页。
② 〔英〕马克·伊尔斯:《从众效应如何影响大众行为》,钱峰译,清华大学出版社 2010 年版,第 76 页。
③ 〔美〕埃略特·阿伦森:《社会心理学》,侯玉波等译,机械工业出版社 2014 年版,第 178 页。
④ 榊博文:『説得学』,株式会社おうふう 2012 年、ページ58。

也有人这样认为,人们发现自己被困在社会影响的网中,作为回应,他们会改变自己的行为以符合别人的期望。其本质则是由于真实或想象中他人的影响而改变行为。① 从众是基于一种影响而形成的,这种影响就是"社会影响"。换句话说,从众所展现出来的影响力,本不来自于从众本身,而是社会影响力的表现。那么什么是社会呢?社会是在共有的生活空间里,相互关联、相互影响的人群的聚合。当个人处于社会之中,就表明个人与众人之间有相互关联性,这种关联性势必会对群体中的个人产生作用及影响。因此,社会也是众人之间的相互关系,是具有同样倾向、性质,及目的的人们的聚合。从众现象表现为为了与周围的人采取一致行为而使自己安心。相反,也是一种即便自己认为是正确的,因为采取了与周围人不同的行为而感到不安的心理感受。

二、从众研究

人是一种重视集体行为的动物,为此,人容易产生与周围人进行比较,怕因差异被孤立而感到不安的心理。与不自信时进行判断、信息不足时进行判断所余留的不安一样。在这种情况下,人们往往会放弃自我,而采取外部依赖性判断。一定数目以上的人的一致行为会被认为是有价值的,于是"社会承认效果"②启动,自己追使自己采取与周围人一致的行动。

美国心理学家斯坦利·米尔格兰姆除了为人类贡献"六度分隔理论"以外,还进行过人对人的影响力实验:试验员在街头仰望空无一物的天际,测定行人有几人会采取同样的行动。结果是:当试验员一个人仰望天际时,周围的行人中有42%的人受其影响,出现抬头望天的举动。在试验员增加到5个人的情况下,行人中被影响而驻足仰望者增加到80%。此后试验员人数的增加与受影响者人数的增长之间相关性不明显,只是受影响者停留的时间长度在增长。实验最终发现,随着试验员人数的增加,驻足仰望者的人数,以及停留的时长也在增加(如图4-2)。这个试验可以看出从众中的个人是如何被集团诱惑,行为是如何被感染的。

另外,他还故意制作出难吃的食物进行试吃试验,看试验员回答"好吃"时,被实验者如何作答。当试验员是一两个人时,被试者会说出自己的真实感受。试验员为3人时,从众现象出现,被试者回答"好吃"的人数比率升高。试验之后,在其他房间听取被

---

① 〔美〕埃略特·阿伦森:《社会心理学》,侯玉波等译,机械工业出版社2014年版,第177页。
② 个人的行为得到他人、群体,甚至舆论的认可、赞赏的社会现象。在个本的社会化过程中起着重要的引导作用,给人以强大的精神鼓励。自尊、自信程度越低的人,对这种动机作用要求得越强。

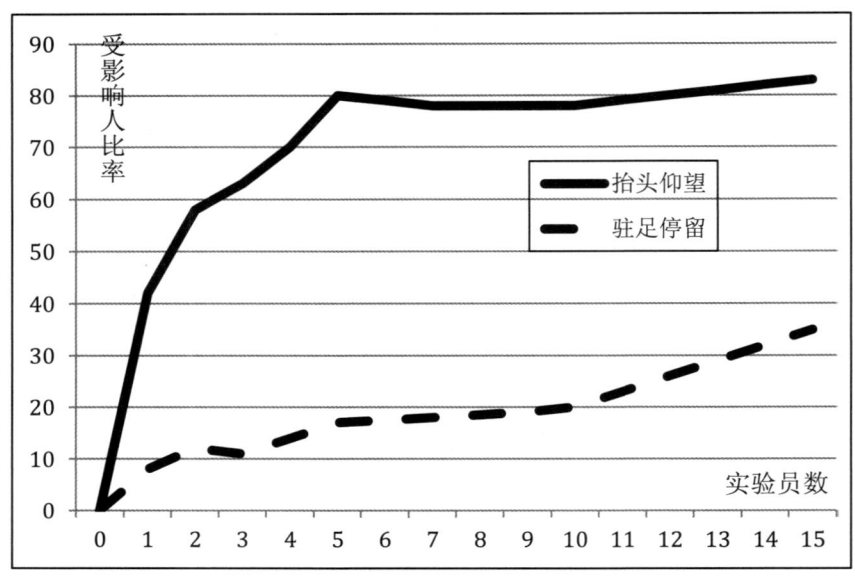

图 4-2　人际行为对他人的影响关系

试者真实的感受时,得到的回答就不仅仅是"难吃"了。这个试验中出现的从众现象,是由于团体的感受以及团体的氛围形成一种压力抑制着个人感受的表达。

此外,在一个有人摔倒在地的实验中,出现因周围行人的多与少,导致助人行为出现比例差异的情况。在行人多的场合有人倒地,人们大多在无视中通过,这时他们会认为:在如此多的人中一定会有人出来相助。这是集体心理运动的结果,形成注意者多,而出手相助者少的情况。但是,当有人倒在行人较少的场所时,行人会形成积极的关注态度,以各种方式出来施救的人的比例会高很多。此时一般人都会想到:我不帮助他,就没人帮助他了。在对他人不关心的这种集体心理的支配下,助人的积极心理,会因从众而丧失。

基于集体心理的从众现象,在流行机理的研究中多成为理论依据。革新理论涉及的多数购买行为的特征、购买成熟市场中多数人使用着的商品的原因,以及希望与他人相同的安心感,这些都与从众现象有着密切的关系。经济处于高速成长期时,大众的购买动因与从众也有着密切的关系。最初有过追求趋同化的流行,之后又出现寻求差异化的流行。总之,集体心理导致的从众现象,对消费者的购买行为产生着巨大的影响。

■ **群体盲思**

是指心理活动的效率、对现实的检验以及道德判断的一种退化,这种退化来自于群体内的压力。在某些条件下,对团体而言,当保持团体的团结和凝聚力比务实地动作更重要时,群体盲思的症状就表现出来了。①

1986年美国在不安全的天气条件下发射"挑战者"号航天飞机的致命决策中,就有群体盲思的因素在内。2003年美国总统布什决定攻打伊拉克也是一个案例。

群体盲思有以下几个普遍的症状:②

1. 不可战胜的错觉:成员认为团体不会出错。
2. 团体的道德正确:上帝只站在我们这边。
3. 对外部团体的刻板观点:以过分简单而刻板的方式看待对立团体。
4. 自我检查:成员决定自己不要表明自己的态度。
5. 对反对者直接施压使其服从:一旦出现反对意见,其他人就会对其施压,使其顺从多数。
6. 集体一致的错觉:不征求异议者的观点,从而造成集体同意的错觉。
7. 卫道士:成员促成让领导者听不到任何反对意见的局面。

如果一个群体表现出这些迹象,那么它就很有可能受到了群体盲思,即从众的不良方面的影响。至于如何才能避免群体盲思局面下的从众情况,贾尼斯推荐了几条预防措施:

第一且最重要的是,群体领导应该明确鼓励不同的意见和批评——包括对他们自身观点的批评。

第二,群体领导应该避免在一开始就表明自己的个人偏好。

第三,与其他群体或者其他领导一起考虑同一个问题,这样就可以比较不同的答案。

第四,群体成员应该与受信赖的同事定期对群体进行审议,并且向群体报告讨论的结果。

第五,群体应该要求群体外的专家或者有资格的同事参加群体会议,并且鼓励他们挑战群体的意见。

显而易见,其中最重要的是群体中有无批评者角色的人存在并真正起作用。③

美国心理学家斯坦利·沙赫特做过一个实验,要求几组学生每组要讨论一个叫约翰尼罗科的少年犯的犯罪史。组内每个成员都被要求阅读约翰尼罗科的犯罪记录,读

---

① 〔美〕斯科特·普劳斯:《决策与判断》,施俊琦、王星译,人民邮电出版社2014年版,第179页。
② 〔美〕埃略特·阿伦森:《社会心理学》,侯玉波等译,机械工业出版社2014年版,第222页。
③ 〔美〕斯科特·普劳斯:《决策与判断》,施俊琦、王星译,人民邮电出版社2014年版,第179—180页。

完后要求每个小组进行讨论，并从一张表格上所列出的几个处理方案中选出一个。这张表格上的处理方案从"最宽大处理"到"最严厉处置"有好几种。一个小组九名成员，其中六名是真正的被试者，三名是试验者的助手。这三名助手按照事先的安排，每人在组里扮演一个已事先精心演练过的角色：一个人扮演随大流者，他采取的态度是遵从六名被试人的多数意见；一个扮演偏离者，他采取与小组成员一般倾向相反的态度；一个扮演游移者，它最初的态度与偏离者相同，后来在讨论过程中又逐渐滑向随大流者。实验结果清楚地表明，遵从小组常规的随大流者最受欢迎，最不受欢迎的是偏离者。在最近的一项实验中，艾瑞·卢戈兰斯基和丹纳·韦伯斯特发现：当不从众者在讨论的最后时刻——也就是众人觉得应当终止讨论的时刻提出异议，会让其比在早些时候提出异议遭到更多的排斥。实验结果表明：在有"法律"或常规的团体中，从众者比不从众者更受欢迎。显然，在某些情况下，从众是合乎人们心意的，不从众则会引起灾祸。[①]

(一)信息性社会影响

当一个人处于令人惊恐且存在潜在危险的情境中，而他本人对此又毫无准备时，信息性社会影响会以戏剧性的方式发挥它的作用。这个人也许根本不知道发生了什么事，也不知道自己该怎么办。当个人的安危也受到威胁时，人们急切地需要获得信息，而他人的行为提供着这种信息。其实所谓对应的"信息"只不过是一种自己"病急乱投医"式的假设而已。"我们在对信息性社会影响与重要性的关联的讨论中发现需要作出的决定或选择越重要，在模糊情境中人们越会因为信息性原因而从众。那么在明确情境中呢？也许决定或选择越重要，人们就越不会因为规范性原因而从众。"

我们从众是因为我们相信其他人对一个模糊情景的解释比我们自己的解释更准确，而且可以帮助我们选择一个适当的行为方式。这被称为"信息性社会影响"。当我们为了得到他人的接纳和喜爱而顺从他人的影响时，"规范型社会影响"就发生了。[②]

谈到信息性社会影响时，就不能不提到著名的"谢里夫试验"。

■ 谢里夫试验

穆扎弗·谢里夫(Muzafer Sherif,1936)发现了"拟动效应"，即在一个完全黑暗的房间里观察一个静止的光点时，会产生光点在运动的错觉。在一个典型研究中，被试

---

① [美]埃略特·阿伦森：《社会心理学》，侯玉波等译，机械工业出版社2014年版，第187页。
② 同上，第181—186页。

者估计了他们感受到的光点移动的方向和距离。不同的人看到的光点以迥异的方式运动:一些人认为光点只是在做小范围移动,而另一些人则声称他们看到光点在做大范围的移动——他们甚至能够详细描述出光点移动的轨迹。每一个被试者都形成了他自己的光点拟动范围。

然后,将几个被试者集中在一起,并要求他们依次作出判断。在这个团体背景下,很快就形成了一个新的属于团体的拟动范围。以前认为光点做小范围移动的被试者扩大了自己的估测,而以前看到光点在大范围内移动的被试者则缩小了他们的估测。总之,仅仅是听到彼此的判断结果就导致后来的判断有越来越多的一致性。至此,一个新的团体规范就形成了,它迫使每一个个体的判断都向团体规范靠近(如图4-3)。

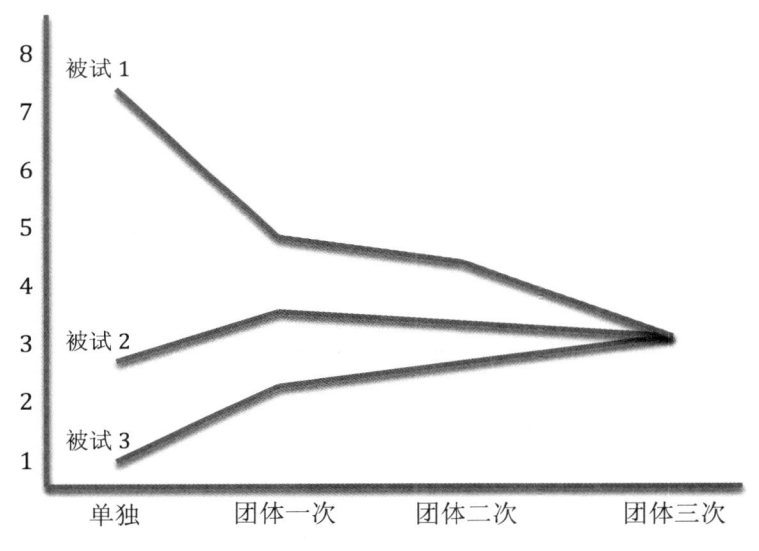

图 4-3　谢里夫实验中的群体影响效应

在一种模棱两可的情境中,即使最擅长独立思考的人也会参考和利用他人的判断结果。谢里夫观察到的从众现象可能纯粹就是一种信息性影响。

由于实验情境中没有任何光点移动距离的参照。人们自觉接受了群体的判断,在观点与行为上都与群体保持一致。此时的信息性影响≈盲从。

与信息性社会影响相关的现象常见的有生活中的流行,其中有对他人所作所为私下接纳、模仿的行为模式。在意识形态中有:对手反对,我就拥护;对手拥护,我就反对的影响因素。在不知他人之所以然中,已然作出了自己的决定。此外还有文化意识性认同形成的流行因素,祖上、先人如此,晚辈断不能篡改的认识就是这一类。此外,还有上下之间地位悬殊、背景互不透明,也不排除市场背后有操盘手在做动作,有地位与认知能力上的差距等。

从众最多见于信息不对称状态下的信息交换活动中。有的是为趋利避害,有的则是为了省时省力、追求效率,也有的可能是不得已而为之。凡此种种,阿伦森把它们归结于三种情况:一是当情景模糊不清时,二是当处于危险情况时,三是别人是专家时,人们会顺从信息性社会影响。必须注意,这三种情况下容易出现从众现象,这恰好说明从众只是一种社会影响的结果,而非原因。

(二)规范性社会影响

社会影响下的从众,大多表现为在群体的"压力"下,个人改变自己的态度、放弃自己原先的意见而产生和大多数人一致的行为。20世纪50年代,阿希对从众现象又进行了一系列经典研究。阿希试验揭示的从众被称为:规范性社会影响≈服从。

■ **阿希试验**

试验员告诉你这是一个知觉判断的试验,而且你将与其他7名被试者一起完成实验。具体程序是试验员向每个人展示两张卡片,一张卡片上面有一条线,另一张卡片上有三条线,并且标明1、2、3。他让每一个人都判断并大声地报告,第二张卡片上的三条线中哪一条与第一张卡片上的线段一样长(如图4-4)。

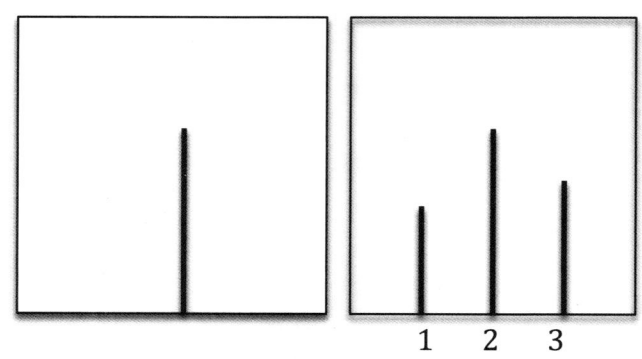

图4-4 阿希试验研究中的判断任务

很显然,正确答案是第二条。每个被试者都说"第二条"这种现象不足为奇。轮到倒数第二的你,那当然也回答:"第二条。"最后一名也作出相同的回答。接着,试验员又拿出另一组卡片,要求被试者再作判断,并大声报告结果。同样答案是很明显的,而且每个人都报出了正确的答案。在两次相同的试验完成之后,试验员又拿出了第三组卡片,答案仍应是一样的。但是,第一个被试者居然回答是第一条相同。此后,第二个被试者的答案也是第一条相同。接下来的第三到第六名被试者也都同意前面两人的回答。然后,该你作出回答。你会坚持之前的答案还是会附和其他人的说法?

阿希设计了这样一个场面,用于探究人们是否会在正确非常明显的情况下也去附和别人的错误答案。其实被试者中除一人是真正的被试者外,其余6人都是试验员的同谋,都在事先被指导要在18次测验中的后12次给出错误答案。结果与阿希的预测正好相反,从众行为的数量相当可观:76%的被试者至少在一次测试中出现从众行为;平均在12次测验中,有约三分之一的人会附和演员同谋的错误答案。

在什么情景中人们最容易顺从规范性社会影响呢?社会影响理论给出了回答。社会影响理论指的是个人直接或间接接受了影响者的信息,从而在行动、态度甚至信念等方面产生变化。[①] 根据这一理论,人对社会影响作出反应的可能性取决于以下三个因素:

1. 强度(strength):该团体对你的重要性如何?
2. 接近性(immediacy):当团体企图影响你时,团体与你在时空上的接近程度如何?
3. 人数(number):团体中有多少人?

社会影响理论认为从众行为会随强度和接近性的增加而增加。团体对我们而言越重要,越是当团体人员在场时,我们就越可能会顺从于它的规范性压力。

而人数则以不同的方式发生作用。当团体的规模变得更大时,每增加一个人所产生的影响力增加量会减少。由3个人增加到4个人所产生的影响力的变化,比从53人增加到54人所产生的影响力的变化要大得多。假如我们在一个团体中感到从众的压力,那么在原来较小的团体中增加另一个人所产生的影响力的变化,比原先较大团体要大很多。[②]

- **社会比较理论**

美国心理学家费斯廷格社会比较论的术语。他提出在缺乏客观评价标准的情况下,个体把自己与具有类似生活情景的人相比较,对自己的能力、行为水平及行为结果作出评价。

费斯廷格认为,人们具有评价自身能力的水平和自身观点恰当性的需要。那么在缺乏客观的、非社会性的标准时,人们就会把自己和其他人作比较。费斯廷格在对社

---

① 古田和孝:『社会心理学小辞典』、有斐閣辞典シリーズ1994年、ページ102。
② 〔美〕埃略特·阿伦森:《社会心理学》,侯玉波等译,机械工业出版社2014年版,第192页。

会比较理论进行详细和严格的界定时,提出了9个假设、8个推论和8个衍生观点,或者说一共有25个主要观点。大致看来这些命题最中心的观点是:①

假设:人们具有评价自己观点和能力的自然倾向性。

假设:在缺乏客观的、非社会性信息的时候,人们会通过与他人的观点和能力作比较来评价自己的观点和能力。

假设:在面临选择时,人们更愿意和那些观点与能力与自己接近的人作比较。

因为与人比较,进而有对人的模仿;对众人的模仿,就会形成从众。社会比较理论所揭示的要点是:在顺从他人时,更容易选择顺从与自己认识相近人的行为和认识。

社会比较理论解释了人们为什么会以传媒中的人物为典范进行模仿。正是由于人有自我评价的要求,在情境不确定、信息不充分的时候,媒体中的人的行为就具有参照价值。换言之,是媒体充分利用了人的这种本性,构架起了自己生存的市场。可见在其中,本源还在于人,媒体的能力只不过是它从属于人的产物。

从众所指向的是多数人的行为结果,自然就成了最可靠的参照系统。由此可见,比较系统可以是多元化存在的。有的是作为客观评价的替代物的评价系统,有的是作为参照系使用的评价系统,也有的是作为旁证的评价系统。消费行为中的"货比三家",就是寻求旁证的做法的例子。网络购物行为中对他人评价的使用和分析则是为了有一个参照系来检验自己判断的正确性。流言传播中"三人成虎"的认识,也是社会比较的结果。

"从众"在心理上的动作称作"认同",从众是认同心理在行为表现上的具体表象。对此,弗洛姆指出:认同的需要是人类的基本需要之一。自我意识健全者能意识并保持自我的独特性;自我意识不健全者只认同民族、宗教、阶级、同伴等,追求一致性或顺从性,失去自我的独特性。②

- **认知失调理论**

在1954年提出"社会比较理论"的基础上,费斯廷格于1957年提出了"认识失调理论"。该理论认为,人们都力求认知的一致性,试图将认知元素彼此统一协调起来。若认知元素发生矛盾,便产生认知失调。

对此,费斯廷格指出:认知是个体对环境、他人及自身行为的看法、信念、知识和态度的总和。每一个认知结构均由诸多基本的认知元素构成,认知结构的状态取决于这些基本的认知元素间的相互关系:③

---

① 〔美〕斯科特·普劳斯:《决策与判断》,施俊琦、王星译,人民邮电出版社2014年版,第174页。
② 林崇德、杨治良、黄希庭主编:《心理学大辞典》,上海教育出版社2004年版,第1011页。
③ 同上,第1012页。

(1) 协调。两种元素的涵义一致,相互间不矛盾;

(2) 不相干。两种元素的涵义互不牵连;

(3) 不协调。若两种元素单独存在,一个认知元素由其反面而产生它的正面,如从 y 产生出非 x,x 和 y 就是不协调的。不协调或失调有程度上的区别,可用公式表示为:

$$认知不协调程度 = \frac{不协调认知数 \times 重要性}{协调认知数 \times 重要性}$$

此公式表示了不协调度,可以由不协调认知项目的数量与重要性的乘积,与协调认知项目数量与重要性乘积的比值获得。

减少失调的途径有三:

(1) 改变行为,使主体对行为的认知符合态度的认知;

(2) 改变态度,使主体的态度符合其行为;

(3) 增加新的认知元素。

认知失调理论的核心是:认知元素之间可能存在"不适合"的关系,并由此产生认知失调;认知失调形成减少失调和避免增加失调的动能,这种动能所产生的结果在认知的改变、行为的改变、选择性接触信息和观点上表现出来。

个体潜意识地从众的过程,可使个体在心理上产生一种归属感。换句话说,从众的过程即是降低不协调度对心理形成压力的过程。

三、从众是人的本能吗?

1. 当客观现实很模糊时,别人就会成为主要的信息源。

2. 社会性动物能分担责任,密切提防捕食者,更多眼睛和耳朵意味着更好的警报系统。

3. 人的社会性交往为每一个人提供了大量的积极的支持。不仅在自我集体内部,也在与外部集体的交往中得到体现。可见,社交能力对人来说是很有用的。

4. 从众行为的动机一是为了得到奖励,避免惩罚;二是为了获得支持最佳行为的信息。

卡尼曼和特维斯基发现了在不确定条件下进行判断与传统经济理论所假定的理性发生系统偏差的机理。卡尼曼和特维斯基早期研究的一个基本结论是:人们一般无法充分分析涉及经济判断和概率判断的环境。

"小数法则"是一种心理偏差,它显示人们会将小样本事件的概率分布看成是总体分布,由此得出不具有普遍意义的结论。同样,人们在不确定的情形下,会抓住问题的某个特征直接推断结果,而不考虑这种特征出现的真实概率及与特征有关的其他原因;尤其是在时间较为紧迫的场合,这种情形就更是多见。

小数法则是一种直觉思维,很多情况下,它能帮助人们迅速地抓住问题的关键点,进而推断出结果。但有时也会造成严重的偏差,特别是会忽视事件的无条件概率和样本大小。①

因此,小数法则可以用来解释"以偏概全""瞎子摸象"这类社会认知现象的存在。同样也可以用于理解从众行为存在的客观性。

我们出生后正处于发育成长的阶段,但是为了生存,时间有限,模仿就成为解决生存发展问题及时有效的方法。因为模仿他人更快捷,它为孩子提供了现成的解决方法。这种与生俱来,只问有效与否,不计为何有效的行为方式,为人类赢得了起跑线上生亦或死的竞争。此时,没有人会为孩子不知其所以然的行为而诧异。

还有观点认为,我们的社会交往越多,学到的东西也就越多。通过模仿向其他人学习的做法,来解决自己面前的自然或社会方面的问题,彰显出来的是文化的力量。或者可以认为,模仿是产出文化的孵化器。认知离不开基础的社会模仿行为。

谈及从众,必然会联系到模仿,甚至可以说模仿是人类从众之母。因为模仿是人类与生俱来的本事。在加布里埃尔·塔尔德看来,生物界生命起源的一切相似性都是遗传的结果,是有机体内繁衍或有机体外繁衍的结果。社会中的一切相似性的社会根源是各种形式的模仿的直接或间接的结果。

模仿是社会事实。社会由一群人组成,他们表现出的许多相似性是模仿或反模仿造成的。② 一切社会现象里的一切社会的、非生命的、非物质的现象,都是模仿产生的,社会现象的异同也都是模仿产生的。③

模仿是人的本能。是个体自觉或不自觉地重复他人行为的过程。患有自闭症的孩子往往缺乏对人的兴趣,他不会去模仿别人的行为,这一点社会学里叫"社会性参照"。缺失这一点的孩子,在他以后的生活中学习能力和生活能力都会严重下降。

过程无非是个人之间的互动。每一种人的行动都在重复某种东西,是一种模仿。模仿是最基本的社会关系,社会就是由互相模仿的个人组成的群体。模仿性行为犹如其他许多种类的行为一样,也是习得性的。模仿是社会学习的重要形式,在个体社会化过程中起着重要的作用。如婴幼儿就是因模仿而获得最初的知识的。模仿也是人们彼此之间相互影响的重要方式之一。

---

① 〔英〕马克·伊尔斯:《从众效应如何影响大众行为》,钱峰译,清华大学出版社 2010 年版,第 46—47 页。
② 〔法〕加布里埃尔·塔尔德:《模仿律》,何道宽译,中国人民大学出版社 2008 年版,第 9 页。
③ 同上,第 37 页。

四、榜样的影响力

有研究认为,榜样具有影响力的原因有两点:第一,当榜样被认为能够对观察者所处的环境和环境资源进行有力的控制时,对榜样的观察和学习的作用就会更加明显。第二,是人性积极的一面,即当榜样被看作是热心的和乐于助人的时候。对儿童来说,榜样的影响不仅限于良好行为方面,也会出现在破坏性行为中。在英国伦敦进行的一项实验中,一群 7—11 岁工薪阶层的子女与一个作为榜样的成人共同参与到一个保龄球游戏中。在游戏中,孩子们将有机会赢得一些代币,而这些代币能换取一些自己喜欢的奖品。在 A 实验条件下,让榜样充当第一个玩游戏的人,他总是把自己赢得的一些奖品放到"救济儿童基金会"海报下的一个大碗中;而 B 实验条件下,榜样从不把自己赢得的奖品捐献出去。根据模仿学习理论的观点,我们会预期那些接触到慷慨榜样的儿童,会比那些接触到自私榜样的儿童更多地捐献出自己赢得的奖品。实际结果表明,那些接触到慷慨榜样的儿童捐献数量,竟是那些接触到自私榜样儿童的 8 倍;与没有接触到任何榜样的控制组儿童相比,他们捐出的数量也多出许多。两个月之后,在另一个不同地点进行同样的实验,不同儿童组捐赠数量之间的差异仍然较大。①

榜样的功用在于模仿,也在于可供参照学习。模仿学习理论认为,学习是通过模仿过程而产生的,即一个人通过观察另一个人(榜样)的行为,以反应的方式学习了某种行为,它是一种特殊的反应方式。

还有一些因素影响对榜样进行模仿的学习,它们是:

榜样的特征。如相似性、能力、地位等。榜样与观察者越相似,则观察学习其行为的可能性就越大;榜样的知名度越高,模仿也就越可能发生。

观察者的特征。如依赖性、从属性、安全感等。观察者依赖性强、缺乏安全感等使其更倾向于模仿他人的行为,模仿学习也更易于发生。

观察者的参与程度。这与观察者是主动的参与或是被动的观察有关。

观察学习的速度和水平还部分地决定于榜样行为本身的性质和特征。榜样个人的魅力是吸引人的一个因素。有些人总是比其他人更引人注目。那些具备吸引人的特征的榜样被人们所注目,而缺乏迷人之处的榜样则易被人们忽视。榜样所表现出的不同机能价值的行为,也决定着哪些行为将受到观察,哪些将受到忽视。另外,榜样行为的明确性和复杂性也是影响注意的因素。一般来说,榜样的行为越明确,越容易被

---

① 〔美〕菲利普·津巴多、迈克尔·利佩:《态度改变与社会影响》,邓羽等译,人民邮电出版社 2013 年版,第 44—45 页。

注意;越复杂,越不易被模仿。

要想把榜样行为在长时记忆中永久保持,需要把榜样行为以符号的形式表象化。通过符号这一媒介,短暂的榜样示范能够被保持在长时记忆中。

表象由感知过程所产生,榜样行为的重复呈现最终造成示范行为的持久以及可再现的表象产生。

观察学习理论

观察学习又称无尝试学习或替代性学习,是指通过对学习对象的行为、动作以及它们所引起的结果进行观察,获取信息,而后经过学习主体的大脑进行加工、辨析、内化,再将习得的行为在自己的动作、行为、观念中反映出来的一种学习方法。观察学习理论是美国心理学家班杜拉在20世纪60年代提出的一个概念。

班杜拉做过一个儿童模仿攻击充气娃娃的试验。在这项试验中,试验者先要求儿童观看成人攻打充气娃娃的视频,之后,一组儿童看到的是这个成人得到了奖赏,即试验者称赞他是英雄。而另一组儿童则看到成人得到了惩罚,即试验者批评了他。之后,将儿童带入有充气娃娃的房间,告诉儿童,可以自由玩耍,而试验者则出来躲在单向玻璃后面观察。试验结果表明,儿童在试验过程中学会了模仿,即模仿成人的行为,在模仿的过程中,儿童也学会了对结果进行相应的评估。第二组儿童在进入房间后,攻打充气娃娃的倾向明显少于第一组的儿童。

班杜拉认为凡是能够成为学习者观察学习对象的,就可以称之为榜样或示范者。榜样不一定是活生生的人,也可以是以符号形式存在的人(如影视中的人)或事物、动物等,班杜拉认为榜样有三种形式:

1.活的榜样,具体的活生生的人;

2.符号榜样,指通过语言或影视图像而呈现的榜样;

3.诫例性榜样,即以语言描绘或形象化方式表现某个带有典型特点的榜样,以告诫儿童学习或借鉴某个榜样的行为方式。①

在对模仿学习的有关理论(在"人对人的影响力"一章中有更为详尽的表述)中,班杜拉将社会模仿学习分为以下4个过程:②

1.注意过程。人们要向某个榜样学习,就必须集中注意力,准确地感知他的行为。

---

① http://www.pep.com.cn/xgjy/xlyj/xlshuku/xlsk1/xf/xlsk11/201008/.

② 〔美〕阿尔伯特·班杜拉:《社会学习理论》,陈欣银、李伯黍译,中国人民大学出版社2015年版,第18—23页。

注意过程一方面与要模仿的对象有关,如其行为的有效性、特点及行为的价值等;另一方面与观察者本人的特点有关,如其感知的能力、唤醒水平、感知习惯以及过去所受过的强化的情况等。

班杜拉还注意到,在以前,观察学习明显受家庭和地域文化的影响。而现在由于有先进的信息交流媒介,人们可以在家里通过电视观察到不同国度和不同民族的各种不同行为类型。这为观察学习提供了有利且方便的条件。

2. 保持过程。人们为了有效地对榜样进行学习,必须能记得所要模仿的榜样的行为。这包括了对榜样和信息的双重存储,通常是利用言语方式。保持的目的是能够重新提取出来并付诸行动。

3. 运动的再现过程。在某些阶段,将所要模仿榜样的行为的言语信息翻译为有效的行为。这一过程受到观察者的生理能力,反应是否已包括了必要的反应成分,以及在尝试采用新的行为时,是否具有正确的调适能力等因素的影响。

4. 动机建立过程。模仿学习时,观察者在下列情况下更愿意通过模仿获得行为:一是可以得到内部的奖励;二是内心认为是值得的;三是已经见到过这种行为给榜样带来了好处。

直接的观察学习指的是对示范行为的简单模仿,日常生活中大部分观察学习属于这种类型。而抽象性观察学习指的是通过观察他人的行为获得一定的行为规则或原理。以后在一定条件下观察者会表现出能体现这些规则或原理的行为,却不需要模仿所观察到的那些特殊的反应方式。揭示的是榜样具有影响力的原因。

观察学习理论揭示了人的日常化的学习认知状态,面对"1+1在什么情况下不等于2?"的问题时,估计所有人都会有诧异感。这样的问题往往会使处于日常化学习认知状态中的人一时间感到束手无策。要回答这样的问题需要进入非日常化学习认知状态,因此被称作脑筋急转弯。所谓正确的答案是:在算错的情况下1+1不等于2。显然这时的思维已经不在日常化的数学学习认知状态。由此我们可知,在浅认知学习状态下,也可以理解为在下意识状态下接触到的广告信息、重复了一千遍的宣传口号、司空见惯的行为等都可能显示出榜样影响力的效果。但要注意,榜样的影响力却不由榜样自身所有,而是榜样在人的观察学习行为中产生了作用。在这其中,人的学习心理才是决定性的潜在因素,榜样只是被选中的那一个对象而已。殊不知,大量未被选中的对象,本可以成为更好的榜样却与机会失之交臂。

大多数观察是在日常情境中对别人所操作的行为进行偶然的或直接的观察基础上发生的。随着言语技能的发展,言语示范逐渐代替行为示范,帮助个人获得社交的、职业的以及娱乐的各种技能。言语示范之所以得到广泛的应用,是因为人们可以用语词来传递无限量的行为,这些行为如果用行为举止来描述,将是很不方便,而且是花费时间的。① 班杜拉的这些描述,指出了观察学习的两个来源:第一个来源是人的作为及其作为的语言描述。第二个来源是"电视、电影,以及其他视觉媒介所提供的极为丰富的各种各样的符号示范作用。"② 当社会公众及个人还没有自媒体之前,仅靠可见范围内的举止来完成观察学习的确是一件费时费力且效率较低的事。而自公众有了自媒体之后,对别人行为及其作为表述的观察,得到了无限量的扩展和提升。相比之下,作为另一示范来源的传统影视媒体的符号化示范作用,则因多样性和总量上的劣势而显得无力。至于观察学习对象的定性,则取决于观察者是有关还是无关(相关内容在第三章中关于"自我评价保持模型"部分中有过详尽表述,请参阅)。同时也视奖赏还是惩罚而定。自认为正确、可靠、可信的传统媒体此时也已失去了意义。恶行因得不到惩处可能成为"正榜样";善举得不到善报也可能成为"负榜样"。取舍不取决于传者,全在受众的利弊权衡当中。

当今的消费者已经变得更加个人化,也更加分子化,要对他们进行归类越来越难。在这个愈加支离破碎的社会,人与人之间的连接和架构曾经将我们的生活绑在一起,但是它们已经开始崩塌。与过去任何时候相比,所有这些似乎都对我们产生更微弱的影响。因此,人们首先是把传统媒体中的"拟态社会"当作真实的社会,把它作为观察学习的榜样。互联网诞生之后,与其中丰富多彩的对象相比,传统媒体显得既单一又式微。在事物多样性的基本认识面前,传统媒体作为榜样的载体资质甚至会受到质疑。

■ 展望理论③

1979年美国普林斯顿大学的心理学教授丹尼尔·卡尼曼(2002年度诺贝尔经济学奖获得者)和特维斯基(Tversky)提出了展望理论(prospect theory)。展望理论通过一系列的试验观测认为人在不确定条件下的决策选择,取决于结果与展望(预期、设想)的差距而非结果本身,即人在决策时会在心里预设一个参考标准,然后衡量每个决定的结果与这个参考标准的差别是多大。例如,一个人展望(预期)能得到奖金500元,当他的决策让他得到奖金500元时,他会觉得没什么;若他有办法得到多于预期的500元时,多数人会审慎地考量这方法(决策)带来的风险,以免失去展望(预期)回报;如果相反,即使他有另一个比较安全,但让他少得100元奖金的办法(决策),那多数人

---

① 〔美〕阿尔伯特·班杜拉:《社会学习理论》,陈欣银、李伯黍译,中国人民大学出版社2015年版,第31—32页。
② 同上,第32页。
③ http://baike.baidu.com/subview/2132175/2132175.htm.

会宁可冒较大风险,以获取展望(预期)回报。

展望理论引申的三个基本结论:

1. 大多数人在面临获利的时候是规避型的;
2. 大多数人在面临损失的时候是喜好型的;
3. 大多数人对得失的判断往往根据参考点(从众的对象、榜样)决定。

简言之,人在面临获利时,不愿冒风险;而在面临损失时,人人都成了冒险家。而损失和获利是相对于参照点(顺从的对象、榜样)而言的,改变评价事物时的参照点(顺从的对象、榜样),就会改变对风险的态度。可见从众的对象与自己的直接关联性居于重要而显著的地位。当作为机构的传统媒体与作为公众的自媒体相比,前者的可参照性显然不如后者来得真实与现实。

五、各式各样的从众表现

我们周边所能听到的"盲从""遵从""顺从""服从""听从"分别指的是什么呢?

(一)真从众

信任从众指的是在通常情况下,人们遇到不明确的情境时,对多数人的选择尤为信任。在没有更多直接信息的情况下,我们会愿意到人多的商店购物,到人多的地方去观光。在常识上,人们会自然地假定,那么多人的出现自有他们的道理。在这些自认为的道理中,包括对自己行为合理性的解释,效仿对象人数越多,合理性被认为越高。

日常情况下,社会地位越高的人,越容易成为他人效仿从众的对象(试想专家、意见领袖及网络大V的社会效应即出于此)。这种从众不仅在外显行为上与群体保持一致,内心的看法也认同于群体。有个流言说,一位石油大亨到天堂去参加会议,一进会议室发现已经座无虚席,于是他灵机一动,喊了一声:"地狱里发现石油了!"这一喊不要紧,天堂里的石油大亨们纷纷向地狱跑去。很快,天堂里就只剩下了他。这时,这位大亨心想,大家都跑了过去,莫非地狱里真的发现石油了?于是,他也急匆匆向地狱跑去。

1. 遵从——实际在真从众中,还有几种差别。比如为寻求自我认识或立场的支持而作出的选择性依靠,如选择自己信赖的专家。另如,主题先行的所谓研究中的选择性认知,以及超越了对内容科学性本源的考察,对信息载体的权威性依赖;亦或只引用肯定意见,而忽视反对意见的选择性接受等行为。这种基于佩服心理的从众,可视为是遵从。

2. 顺从——受胁迫性力量的左右,而无所适从,外加时局紧迫是其主要外部因素,这时形成的从众大多可视为顺从。沼泽中的脚印揭示的是受外力驱使而不得不做出选择时的一种心理效应:

一个人要穿越一片沼泽地,因为没有路,便试探着走,虽很艰险,竟也能踩出一条脚印来。可好景不长,因踏进烂泥里,这个人沉了下去。

又有一个人要穿过沼泽地,看到前人的脚印,便想:这一定是有人走过,沿着别人的脚印走一定不会有错。用脚试着去踏,果然实实在在,于是便放心走下去。但最终他也……

再有一个人要穿过沼泽地,看着前面两人的脚印,想都未想便沿着走了下去。他的命运也可想而知。

此后,又有一个、一个的人要穿过沼泽地……

3. 服从——从孩子进入社会化过程即上学那天起,我们的教育就从让孩子服从教师这个符号开始培养国人的服从意识。在这个服从与被服从关系中,教师被塑造成为权威。因此对权威的服从,成为初始教育的目的以及教育本身得以正常进行的保障条件。尽管教师们表面上有希望孩子们对教学内容有质疑的要求,但无形的秩序则让孩子难以开口。教学过程中能保持安静的孩子被称为听话的"好孩子"。

■ 事例链接

人民网 2014 年 4 月 17 日讯,载有 475 名乘客的韩国客轮"世越"号 4 月 16 日在全罗南道珍岛郡屏风岛以北 20 公里海上发生浸水事故。

韩国《中央日报》采访了在事故现场获救的安山檀园高中的学生:

4 月 16 日早晨一睁开眼,船正在全南珍岛郡观梅岛附近的海域。我们早晨 7 点 30 分左右起床在食堂吃了饭,几个同学还去甲板以海为背景拍照留念。

船开始摇晃是在上午 8 点 40 分左右。9 班的金敏京(音)正在食堂吃饭,敏京虽然有些担心,但又想可能是因为波浪的缘故。但船开始逐渐倾斜,饭桌上的餐具逐渐掉了下来,同学们一下子乱哄哄的。

"船为什么会这样?是不是要沉了?"

"老师!船有些异常!"

"嘭!"。室内灯突然爆炸,船开始逐渐倾斜。船内被黑暗笼罩。当时是上午 9 点左右吧。两三分钟内,窗门就没入海中。

"乘客们，请不要乱跑，很危险，不要出来，请耐心等待救援。"船逐渐沉入海中，广播只是重复说"不要乱跑"，也没让穿救生衣。前一天在上船后，谁都没有告诉我们如果遇到事故就要穿救生衣。船就像在喝水一样，水迅速涌进船舱。

至 5 月 15 日据韩国政府事故对策本部消息，韩国"忄越"号客轮沉没事故遇难者人数升至 284 人。

4. 盲从——还有一种被命名为"羊群效应"的从众。表述的是在一群羊前面横放一根木棍，第一只羊跳了过去，第二只、第三只也会跟着跳过去；这时，把那根棍子撤走，后面的羊走到这里，仍然像前面的羊一样，向上跳一下，这就是所谓的"羊群效应"。这种从众通常被认为是典型的盲从。

(二) 参照从众

在许多情境中，人们由于缺乏进行适当行为的知识，必须从其他途径获得行为引导。如果只能通过尝试错误的方式去学习，个体的生命都会有危险，例如学习游泳、学习驾驶汽车等。

"社会认同理论"指出，我们进行是非判断的标准之一就是看别人是怎么认为的，尤其是当我们决定怎么做是正确的时候，如果我们看到别人在某种场合做某件事，我们就会断定这样做是有道理的，尤其是在多数人都这么做时，那我们就更加坚定地认为这样做是正确的、应该的。比如穿西服不能搭配旅游鞋；红色代表喜庆；4 这个数字不太吉利等。这都说明我们周围人的做法对我们决定自己的行为有很重要的指导和决定意义。

得到别人的认可，意味着合群。照着别人的葫芦画瓢，意味着可以少走弯路。因此，这种做法在学习的初级阶段是正确的做法。社会认同理论揭示了这样一种现象：认为某种理念正确的人越多，这种理念就越正确。

但社会认同也有它致命之处，就像双刃剑一样，一方面为我们提供思考和行为的捷径，另一方面也使我们只会亦步亦趋地前行，难免会重蹈前人的覆辙。年少时学绘画，没成功，若干年后有机会走进卢浮宫，看着前人不同时期里同样题材的画作，大为感慨：难怪出现了印象派、野兽派、立体派等画风。

在危机时刻、信息不明确、时间有限的场合，老师或专业人员就是权威。在这种时刻对于学生来说听话似乎是最恰当的对应策略，问题是当权威失去了应有的判断和指导能力时，听话的结果就是惨痛的。著名的米尔格拉姆试验（1963、1974）揭示出服从也可能会有极端严重甚至悲剧性的后果。

米尔格拉姆电击试验

过程是：A.假装技术人员；B.假装学习者；C.不知情的被试验者。三人共同参加一个电击试验，对C声称这个试验是为了研究惩罚对学习的影响，实质是研究服从的条件。

试验要求B、C在不同房间，互相看不到的情况下，C教给B单词。如果B回答不出或不回答，C就可以按下按钮对B进行电击惩罚。电击从75伏到330伏。B其实并没有被电击，但要根据电击的不同程度假装做出相应的反应，比如痛苦的尖叫、强烈恳求离开等。C可以随时停止试验，但A会对其进行鼓励，如"该试验要求你继续进行下去"。

米尔格拉姆用了40个被试者，不同职业，20—50岁，有26人（65%）服从了A，一直进行到450伏。由于试验结果和预期相差很大，他又进行了一次，让抗议显得更加痛苦。但这没起多大作用，40个新被试者中又有25人（63%）选择进行到底。

米尔格拉姆还进行了不同条件下的试验：将"受难人"置于被试者身边，于是，"受难人"极度痛苦的样子，强烈地刺激着被试者，多数被试者中止了电击。但只要让"受难人"与被试者相隔0.5米以外，仍有40%的被试者对"受难人"施加电击。即使除了命令继续电击而外，还要求将"受难人"的手压在一块板子上，也还有30%的被试者服从命令，遵照执行。

米尔格拉姆在他《服从的危险》中写道，在法律和哲学上有关服从的观点意义是非常重大的，但他们很少谈及人们在遇到实际情况时会采取怎样的行动。耶鲁大学设计这个试验，就是为了测试一个普通的市民，只因一位辅助试验的科学家所下达的命令，而会愿意在另一个人身上加诸多少痛苦。当主导试验的权威者命令参与者伤害另一个人，更加上参与者所听到的痛苦尖叫声，即使参与者感受到如此强烈的道德不安，多数情况下权威者仍能继续命令他。试验显示了成年人对于权力者有多么大的服从意愿，以至于去做出几乎任何尺度的行为。

此外，服从也是因循守旧、墨守成规、亦步亦趋、照葫芦画瓢等文化的基础。它能保证摸着石头过河这样的尝试更趋于成功，也能从一开始就把创新消灭于胎动之中。其影响关系全然不在因果之间，影响能力之大也似有天时地利之助。

直觉服从。一个貌似权威的人物向我们发出一个命令，于是我们便以类似膝跳反射的方式选择了服从。这类盲目的反应、这种习惯性的反射，源于我们对心理效能的需要。在决定采取行动之前，对每一项社会接触都进行分析是对时间的无谓消耗。因此，我们求助于"经验规则"或直觉判断。直觉判断是一些类似于"服从权威"的心理捷径,能够减少思考的需要并加快反应速度。通常这些捷径规则能很好地发挥作用,这也是我们经常使用它们的原因。

在阿希试验中,真被试者从众的发生率达 70%—75%。但如果假被试者中,有一个人表示出反对,这时真被试的从众率就只有 6%。当反对者抛弃了被试者,重新回归多数从众者立场,多数派的力量就会重新发挥它的功效,被试者的从众发生率会重新上升至 30%。

真从众行为目的是为了避免社会支持的完全丧失。对此有以下几种分析。哲学家认为是人类理性的有限性;心理学家认为是人类的从众心理;社会学家认为是人类的集体无意识;而经济学家则从信息不充分情况下的效率性追求进行解释。无论哪一种认识,都揭示出从众是人类社会对整个外在世界的局限性,这种局限性是客观存在的,也是人类不可回避的。

在传统媒体时代,大众媒体构建了一个拟态的社会环境,横亘在真实世界与大众社会之间。依赖这个"环境"也容易形成从众现象。传统媒体通过强加性接触来左右受众的行为,再靠受众自己去感知,形成"规模化"的认知,进而对受众形成一种社会压力,我们把这种社会压力下的从众称作"被动从众"。新媒体环境(社会)易引起大规模讨论,并构建起与自己相关的一个个小规模群体,与以往任何媒介环境相比,传播规模虽然不大,但内容能更加贴近自我。由此引起的从众,构成的影响和效果,均与以往大不相同。由于其中更具有主动贴近性,这种情况下形成的从众,我们称它为"主动从众"。

当社会化媒体出现后,并能成为大众媒体的对冲存在时,会使大众媒体通过议程设置树立的榜样崇尚率降低,也可视为影响力降低。这些年来,引人关注的举国规模事件,不少源自互联网,形成社会关注之后传统媒体再染指,最终推动事态解决。如:2003 年 3 月广州收容所的孙志刚事件;2009 年 2 月云南看守所里的"躲猫猫事件";2012 年 8 月 26 日陕西杨达才的"手表哥"案;2012 年 10 月广州"房叔"案;2012 年 11 月重庆雷政富不雅视频案,另有,2014 年因冰桶挑战在网络上传开,推动"渐冻人"救助成社会关注点。

(三)权宜从众

在社会规范下的群体压力情况下,个人虽然在行为上与群体保持一致,但内心却怀疑群体的选择是错误的,真理在自己心中,只是迫于群体的压力,暂时在行为上与群体保持一致。这种从众,就是权宜从众。阿希试验中的从众,就是这种类型的从众。因为相关的检查表明,被试者实际上可以准确无误地进行正确判断。

在实际生活中,权宜从众是从众的一种主要类型。由于种种利害关系,个人在许多情况下，不管内心看法如何，必须在行为上与群体保持一致，否则将由于群体制裁而使个人付出太大的代价。

众所周知，在面临群体压力下，人类都有一种将自身偏好伪装起来以取悦众人的本能。例如我们在赴宴时往往要赞美不那么美丽的女主人和她那并不可口的菜肴。我们都相信这种言不由衷的表示是谎言，但它显然是应有的礼节，能带来彼此的愉悦。

安徒生著名童话《皇帝的新装》就是人类从众本能的消极影响的一个象征：

尽管所有人（包括皇帝在内）都怀疑皇帝并没有穿任何衣服，但由于害怕与他人观点不一致而招来嘲笑，因此没有一个人敢指出这个明显的事实，反而虚伪地赞扬那子虚乌有的新装如此美丽。这就诞生出一种悲剧性结果：人人都屈从于一个假想的公共压力，导致一个荒诞无稽的谎言却被社会当作真理而接受。

这类从众由于外显行为同内心观点不相一致，个人处于认知不协调理论所描述的状态。如果群体压力始终存在，而人们既无法脱离群体，又必须从众时，心理上的调整会全部趋向于改变个人自身的态度，与群体取得意见上的一致。或者是将自己的行为合理化，找出新的理由，来弥补观点与行为之间的距离，使认识系统达到协调状态。

个人长期作为一个群体的成员后，最终会与群体取得一致认识，原因正是"自我协调"导致。这正是"近朱者赤，近墨者黑"的形成原理。

在传统媒体时代，受众彼此是分开的，因此受众对群体的取向，只能进行主观猜测，由此形成的从众，大多是权宜从众。今天，受众彼此可以直接沟通，并形成群体，在群体的影响和压力中，真从众的可能性更高。

（四）不从众

假不从众——内心倾向虽与群体一致，但由于某种特殊需要，行动上不能表现出与群体的一致。如在群体由于某种原因而导致群情激奋时，作为群体的领导者，情感上虽认同群体，心理上不能认同，行动上却又需要表现出理智，不能任由自己之心，逞一时之快而动，这时表里不一致的表现是假不从众的情况。

真不从众——内心观点与群体不一致，行动上也不从众，这是表里一致的真不从众情况。通常情况下，只有在群体对个人缺乏吸引力，因而个人在行动时不需要考虑与群体的一致性时才出现。此外，就是因观念上有差别，对他人的观点从根本上就不能苟同，体现了真不从众的情况。其中，还包括因持有先入为主观念，甚至是偏见，对他人的观点不假思索，一味反对的做法也是一种真不从众。例如：反对者反对的，就是我们该拥护的，反之，就是我们该反对的。显而易见，这种思想方法带来的不一定是正确结果。

六、对从众的认识

说"不"之难。菲利普·津巴多认为:"人们表现出从众既是为了维持社会认可,又是为了增加他们在不确定情境中正确行事的机会。个人的这些动机越强烈,群体吸引力和凝聚力越强大,那么群体施加于个体的压力就越大。由于这种压力取决于个体如何对群体进行反应,因此个体不可能轻易地抵制它。"[①]

表达异议。拒绝从众,表现自我,也是人的本能要求之一。但是,当多数异见者在场,被试者有70%的场合做出从众选择;反之,单独回答时,只有50%的情况会与多数派保持一致。而另外50%的人中的大多数会提出备选答案以外的方案进行回答。

(一)从众的正面价值

1. 社会的平稳发展,要求人们能够遵从某些特定规则;

2. 从众使我们能够构建社会行为,并预测他人的反应;

3. 个体可以通过向他人寻求指导,从而规避重大的个人灾难;

4. 大批消费者参与同一行动中,必然会吸引更多有关民众参与,最终形成大批有影响力的社会公众;[②]

5. 通过服从能够让社会避免混乱和无政府状态,从而使社会受益;

6. 通过向社会学习,能够帮助我们避免某些惩罚,而与人合作能获得某种奖励也能使个人从中受益。

影响从众的最重要因素是持某种不同意见的人数有多少,而不是这个意见本身。人多本身就有说服力,很少有人会在众口一词的情况下还坚持己见,这是形成从众的一方面因素。在我国广为流传着近乎教条的认识,如:"群众的眼睛是雪亮的""木秀于林,风必摧之""出头的椽子先烂"这些文化原则,在很大程度上形成了从众的另一方面的因素和环境。这些教条在身处集体文化却与该文化形成正面冲突时,有利于形成处理事态的指南,如"入乡随俗"所指出的情景对策一样。但如果你对乡俗已了解清楚,随与不随就应该有自己的判断,否则会被认为是虚伪。

(二)从众的负面影响

法国科学家让-约翰·法伯曾经做过一个松毛虫试验。他把若干松毛虫放在一

[①] 〔美〕菲利普·津巴多、迈克尔·利佩:《态度改变与社会影响》,邓羽等译,人民邮电出版社2013年版,第54页。
[②] 同上,第57页。

只花盆的边缘,使其首尾相接成一圈,在花盆的不远处,又撒了一些松毛虫喜欢吃的松叶,松毛虫开始一个跟一个绕着花盆一圈又一圈地走。这一走就是七天七夜,饥饿劳累的松毛虫尽数死去。可悲的是,只要其中任何一只稍微改变路线就能吃到嘴边的松叶。对此有评论认为:不管这个是不是真的,严格意义上讲,没有对照组,也没有严格控制可能影响试验对象的各种条件,就不应该把这种行为叫做试验。

不管议论如何,现实生活中仅仅基于某一方面的需求,如追求省心、省力出现的从众,从追求经济效益的角度来说,这是一种经济实惠的选择。日常生活中和具有明确购物意向,或者消费欲望超强的人一起购物,难免受"羊群效应"的影响,做出不切合自己实际的消费行为。这种无心之举,往小说,它容易成为商家倾销尾货的接盘者,往大说,它是故步自封的基石,也会成为自主创新的障碍。此外,出于对权力的畏惧的从众,不但不能长久,也不稳定,且会成为落实社会规范中的隐患。

(三)从众研究的价值

阿伦森在他的《社会性动物》一书中这样写道:1986 年 1 月 28 日,宇宙飞船"挑战者"号在发射升空几秒后爆炸了。七位宇航员,包括一位教师,在浓烟和火光中殒逝了。美国航天局是忽略了危险的存在,还是对宇航员的生命不屑一顾呢?我认为都不是。一个可能性更大的解释涉及许多因素,是这些因素导致美国国家宇航局的决策出现了重大失误。第一,美国国家宇航局已经用同样的设备成功地完成了 20 多次发射任务。他们的自信随着过去的辉煌膨胀了起来,所以很容易作出"发射"的决定。第二,美国国家宇航局官员与公众一样,沉浸在围绕第一位普通女教师进入太空而引发的狂热中,同时也需要回应公众对女教师如期进入太空的巨大兴趣。第三,作为国家宇航局希望通过成功的技术来展示自己万无一失的科技力量,达到要求国会通过更多的预算投入的目的。正是这许多原因造成了宇航员成为一系列良好愿望的受害者。

第一,决策人员都从属于美国国家宇航局中具有较强凝聚力的小团体,与反对意见绝缘。一般来说,陷入这种不良决策方式的团体,都认为自己无懈可击,被乐观主义遮住了眼睛,进入"群体盲思"的境地。第二,面对反对的声音时,团体成员会怀疑他们的保守,并使自己远离这种逆耳之言。第三,在面对指责的过程中,反驳他人的指责,比理解他人的指责要容易得多。明确了这些我们就会发现,只有通过这些对过程的追究并尽力理解,我们才有希望改善人们的决策方式,从而减少将来灾难性决策的发生率,这也就是我们对从众进行研究的价值之一。

此外,在一般生活场合,深入了解从众的原委,是恰当应对其正、反面后果的最好办法。比如,在公共场所浪费自来水的现象是很容易见到的。通常的对策是通过反复摆事实、讲道理,甚至做公益广告的方法来应对。尽管在自来水旁早有"节约为荣,浪费为耻,请节约用水"的告示,然而实际情况却不理想。对此,阿伦森做过这样一个试验:在大学运动场的更衣室中,墙上挂着"为节约用水,当你在打肥皂时请关上水龙头"的提示语,但这个要求还是会给人带来小小的不便,所以综合观察后发现,只有6%的学生听从这个要求。

后来他们做了一个简单的旨在促使人节约用水的试验。结论表明:如果人们认为其他学生听从要求,在打肥皂的时候关上水龙头,其他人就会照样去做。他们招募了几名志愿者来帮忙。办法是:仅仅让志愿者扮成听从要求的样子用水。试验是这样设计的:试验者走进空无一人的浴室,其中有8个等距离的淋浴喷头,而试验者走到尽头的喷头,背对入口,打开水龙头,当听到有人进来时,就关掉水龙头,往身上打肥皂,冲干净后只管快速离开,对来人连看都不看一眼。之后会有人暗中观察被试者会不会关上水龙头打肥皂。结果发现有的学生会跟从上一个人的行为,打肥皂时关上水龙头。另外,当有两位学生跟从前者,打肥皂时关上水龙头的情况下,听从要求的学生人数比例会上升到67%。可见,在不确定的情况下,仅仅通过提供特定环境下的一般行为方式这类信息,就可以促使别人采取从众行为。

在另一类试验中,他们没有使用"榜样"却改变了停车场垃圾遍地的状况。试验是这样的:如果试验员先在停车场里乱扔一些纸屑,大多数司机都会照此而为,也许他们会想"如果没有人在乎停车场的清洁,为什么要我在乎?"有意思的是,与撒满纸屑的停车场相比,如果停车场上只有一张纸屑,人们就不太会乱扔垃圾。原因是:只看见一张纸屑就会提醒人,大多数人都在遵守不乱扔垃圾的社会规范。相反,如果停车场上完全没有纸屑垃圾,大多数人又可能根本意识不到这是个社会规范,结局就只有看每个人的社会素养能否回应环境的示范性影响。

浴室和停车场实验中的从众,都是由信息所导致的,而非社会权力施压所致。因权力所导致的从众是顺从或依从,也可称之为"服从"。如果一个人发现他人的做法对自己产生感染,他乐意接受和效仿其想法和做法,这样的从众是认同影响的结果,可以称为"认同从众"。第三种情况较为难得,它把从外部获得的某种信念转化为自己的行为准则,我们称它为"信念内化"。这种情形导致的从众最为长久,此后甚至不能算是从众,而是从心了。

可见从众具有不同的起因:不是源于对社会、权力具有的压力感到畏惧而服从,就是起因于认同或者是内化。一般来说,认同和内化的从众,可以形成真从众。能唤起这样的从众并服务于社会的准则和要求,是我们大家的愿望。只因对权力的畏惧而形成的从众,不但长久不了,也极不稳定,这样的从众不利于社会规范的推广和执行。明白这些本身就是研究它的价值,能运用它的规律,则功不可没。

(四)容易从众的人与文化

S.E.泰勒的试验表明,有所谓集体主义倾向的群体,如亚洲人,容易发生从众行为,而爱斯基摩人却不容易发生。深入分析发现,集体主义的从众行为,其实与农耕文化传统有关。这些使对"国人从众行为"的合理化认知,乃至合理化运用成为可能。

在阿希试验中,在可以感觉到的集团的压力下,被试者容易出现从众行为。此外,任何场合,是否从众也有着显著的差别。例如,对自我评价度较低的人容易从众。容易从众的人与其相反者比,较多表现出自责的倾向。可见想要说服一个人时,尤其是当只有一个人进行说服活动的状况下,应当选择从众倾向较明显的人来进行。从众倾向较明显者具有以下特质:①

1. 社会关系未成熟;
2. 缺乏自信;
3. 顽固性格,权威主义倾向性;
4. 渴望得到社会的承认;
5. 缺乏影响力。

在美国,会叫的轮子才会得到油的润滑;而在日本,突出的钉子却会被敲平。一个人成长的社会环境影响他顺从规范性社会的行为。在日本,人们只对自己所从属和认知的团体保持合作性和忠诚。要指望他们顺从于一个全部由陌生人组成的团体,尤其是在一个人为制造的心理学实验场景中,是不太可能的。德国人在阿希试验中表现出比北美人更低的从众性。在德国顺从于陌生人远远没有顺从于一些定义明确的团体来得容易。

集体主义文化的被试者在阿希试验中表现出比个人主义文化的被试者更高的从众性。在集体主义文化环境中,从众是一种受到尊重的特质,而在美国那样的个人主义文化环境中则被视为一种负面特征。在集体主义文化环境中,同意他人的意见与其说是一种从众行为,不如说是一种老成、明智的表现。集体主义更强调团体而非个人,因此这种文化环境下的人就比较重视规范性社会影响,这样可以促进团体内的和谐与互相支持的关系,②于是从众的影响力也就显得更加突出。

当我们对从众的原委进行过梳理之后,最为清晰可见的是:从众从来就不是原因,

---

① 榊博文:『説得学』、株式会社おうふう2012年、ページ71。
② 〔美〕埃略特·阿伦森:《社会心理学》,侯玉波等译,机械工业出版社2014年版,第196页。

而是现象和结果,更不能被看成是社会的一种不应有的现象。它既是人的本性和智慧的体现,同时也反映出社会影响是如何在个人身上起作用的。

从众之所以有一定影响力,原因也不在从众本身,而在于促成从众的诸多原因上。它们一方面是信息性社会影响的结果:因为自己的无知,因而相信他人的解释更正确,而成为自己选择的对象。其中一个重要标志是它启动了"私下接纳"心理,真诚地相信他人是正确的。可见受影响的根本动因是在受影响者身上,受影响的效果也受制于被影响者私下接纳的程度。

此外,规范性社会影响也是促成从众的一个重要原因,它的作用力直接针对的是"人是群体动物"这个本性。在"被社会接纳"的希冀与"被社会疏远"的恐惧中,人们难以抵制"社会的压力""同伴的压力",唯一的出路构成了从众的结果。这种效力是非常强烈的。信息性社会影响的力度多来自于"急切"应对中的急迫性,以及自己相对"专家"来说的无知和模糊程度;规范性社会影响则发力于朋友、社会群体不断施加的压服力,以及决定采取多大程度的疏离或排斥来处罚不从,声张群体与社会的认识的正确性。一个被社会定义为"错误"的个人选择,失败似乎是必然的。这样的影响力度,几乎无人能抗拒。加之从众与否的判断过程,也是自我评价的要求,是人性的需要。除此之外,选择从众与否还兼具对自我认知的协调功能。足见,从众行为对于社会中的个人来说意义重大。

榜样虽不能等同于"众",但因榜样通常被认为是具有普遍意义的现实而被推出,目的也全在引起从众效应,因此置于此章中予以论说。如果说"榜样的力量是无穷的",那么构成其无穷力量的又是什么呢?显而易见,不是榜样自己就具有力量,而是源于之外的关系。这便是源于人模仿的本性需要一个模仿的对象——榜样,被选中的对象自然被赋予了影响力。此外,被赋予的影响力产生作用,又源于人的观察学习行为的作用;其中人的学习心理需求是决定性的因素,榜样只是被选中的那一个对象,在学习中被赋予了它应有的作用而已。榜样的力量到底有多大,取决于以它为榜样进行学习者的决心和执行力。

不可否认,个人行为中有的失败源于服从了众人的"正确",但它绝不是所有失败的原因;从众是一种社会选择定式,但却不能必然导致成功。明确从众影响力更为深层的机理,我们才有希望改善我们的决策方式,从而减少将来灾难性决策的发生率,这也是我们对从众进行研究的价值之一。

各式各样的从众,从不同的侧面让我们更加清晰地认识了它的实质。在效率、规范和决策发展中,我们应该利用它;在防止盲从导致的决策错误,对从众有碍创新这个方面,我们理应有所防范。对从众也不能一味地只加以批判。认同和内化的从众,可以形成真从众。唤起这样的从众服务于社会准则、社会文明建设,既是可能的,也是可行的。这便是研究从众另一个方面的价值。

思考题

1. 为什么微博中的评论大多不是重复,而是发挥或延伸?
2. 为什么在研讨会上容易出现人数决定见解数的现象?
3. 为什么当面说"不"与背后说"不"差异极大?
4. 论述"近朱者赤,近墨者黑"学理价值的局限性。
5. 在集体主义文化环境中,如何处理从众与创新的关系?
6. 大众媒体时代与个人化媒体时代相比,哪个更容易孕育从众行为?

第五章　流言的影响力

■ **本章要点**

1. 流言与人、社会存在的关系
2. 国内外对流言在研究上的差异
3. 流言与谣言的差别
4. 构成流言影响力的因素
5. 正确对待流言需要什么样的研究和认识

无论在庙堂之上，还是在市井当中，流言具有强大的影响力是一个通俗而肯定的认识。流言本是一个中性的概念，有可能被证明是真实的事实或虚假的谣言，世间之所以谈其影响力无不色变，不是因其真假难辨，而在于它能对应希冀，并能诠释和强化个人的已有认知。在一系列传统媒体针对流言的反击实例中，我们看到的是流言无孔不入、无处不在；相比之下，一旦流言开始传播，传统媒体在狙击上就显得力不从心，传说中的影响力也不尽如人意。故而有对流言的各种放大及文过饰非，无不旨在证明其威力与危害。比如，把"谣言"形容为"瘟疫"；鲁迅也曾在《谣言世家》中，将谣言比喻成"杀人不见血的武器"，对其理解、解读，则因人而异。

我认为，给某一现象下定义时，在表述上必须首先杜绝主观感情色彩，其次应该是中性而且不加文学性描述。因此，本书中除引用文外，拒绝使用带有强烈主观和带贬义色彩的"谣言"一词。因为现实社会中，有太多的新闻，事后被证明是谣言，也有很多的谣言，之后被证实为事实。本书中除引用文沿用"谣言"一词外，叙述均使用"流言"这个中性词，既没有褒义，也不带贬义。

这里要讨论的问题关键不在对流言如何定义与认识上，而在于：为什么流言具有强大的传播力和影响力？无论是要战胜它、克制它、认清它还是深入了解它，明白该问题一定是先行必修的功课。

一、流言为何具有"强大的"传播与影响力?

阅读材料 1

2015年4月25日尼泊尔境内发生8.1级地震,造成了严重的人员伤亡与大量建筑物损毁。26日中国民航的9班客机赶赴尼泊尔,中国外交部表示,中国政府将尽全力接运滞留尼泊尔的公民。地震发生时有超过2000名中国游客滞留尼泊尔。

在救援工作紧张进行的同时,一条"持中国护照可免费乘坐航班"的说法在朋友圈热传。两家央媒在官方新浪微博上发表的文章《危急时刻,中国护照凸显含金量》引用了"不分有无机票均可登机"的流言。[①] 面对灾难,人心惶惶之际,此言一出,影响可知。这次流言被证明是谣言,因为实际救援行动中,并没有与之相对应的事实发生,谣言随后自生自灭。

处于地震这样的危机时态,面对唯一的避险出路,中国政府积极负责的救援姿态,在个别媒体人心中被放大。基于自认为在理的推断,进而只为满足个人愿望,对流言进行了传播。尤其是当初有滞留旅客向驻尼泊尔中国大使馆反映,部分航空公司抬高票价,驻尼泊尔大使馆武官刘晓光对此进行了斥责,并安抚旅客"请大家不要上当,持中国护照全部免票登机"。造成了部分旅客认为"机票随时都是免费"的误解。

在紧急状态中,有群体一致的希冀在前,有未来不可预知的险情在后,有把使馆人员的关切当作政策的认识,也有政府包机仅对特定人员的免费救援实际措施。信息不畅的情况下,加之个人的"合理化"处理,最后得出了"免费登机"的谣言,甚至上升到"中国护照含金量高"的民族自豪高度。这是一个简单的加法过程,又是一个复杂得让局外人难以理解的群体思维的逻辑结果。

阅读材料 2[②]

1998年,英国医生安德鲁·韦克菲尔德(Andrew Wakefield)在医学期刊《柳叶刀》上发表了一篇文章,声称麻疹、流行性腮腺炎、风疹三联疫苗(MMR)与自闭症存在相关性。这个报告引起了轩然大波。西方社会的许多家长由此不敢给孩子打MMR疫苗。然而,韦克菲尔德的报告后来被证实是错误的,其部分内容于2004年被

---

① http://wx.shenchuang.com/wxshow/ciweigongshe.html.
② 参见《南方周末》2014年12月26日。

撤回,全部内容更是在 2010 年撤回。作者也因为存在学术不端而被吊销了行医资格。世界卫生组织(WHO)、美国疾病预防控制中心(CDC)、美国儿科学会等权威机构都对此作出了专门的说明,指出没有证据支持三联疫苗与自闭症存在关系。那么人们是否会因为这些信息而改变错误的看法呢?

美国达特茅斯学院的政治科学研究者布伦登·奈恩(Brenden Nyhan)及同事对此做了研究。他们随机选择了 1700 多名父母,这些父母的孩子都在 17 岁以下。针对三联疫苗的传言,这些父母接受了四种不同的干预方式:

第一部分人看到了来自美国疾病预防控制中心的说明,其中指出三联疫苗与自闭症存在关联的看法是缺乏证据的;

第二部分人看到了文字信息,告诉他们三联疫苗所能避免的疾病是具有很大危险性的;

第三部分人看到了图片,上面是未接种疫苗而患病的儿童照片;

第四部分人看到的是一个故事,讲述了一名婴儿是如何死于麻疹的。

哪一种干预措施更有效?奈恩发现,无一有效。

他的研究发表在 2014 年 3 月。在研究中,没有任何一项措施会增加父母给未来孩子打疫苗的意图。这个结果出来后,奈恩对媒体说:"令人郁闷,我们真的是郁闷了。"不仅如此,这些辟谣措施还可能适得其反。纠正性的信息可能加深父母对疫苗的错误认知,减少他们为孩子注射疫苗的意图。

奈恩在 2013 年的一项研究中也曾发现过这种现象。当时他考察了媒体对政治家说法的纠正会产生什么作用。结果他发现,政治家的支持者看到纠正信息之后,会更加支持政治家原来的说法。这种现象被称为"逆火效应"。

逆火效应(the backfire effect)

当一个错误的信息被更正后,如果更正的信息与人原本的看法相违背,它反而会加深人们对这条(原本)错误信息的信任,这就是逆火效应。更正信息的行为就像是一把逆火枪,虽然没有射出子弹,但却"击中"了谣言,让更正后的(或原本)真实的信息更加没有市场。当人在被动地接受信息轰炸时,会有一种保护自己的既有观点不受外来信息侵害的本能。慢慢地,逆火效应就会让人对自己的怀疑越来越少,最终把自己的看法当作是理所当然的事实。

2006 年,密西根大学的布伦丹·奈恩(Brendan Nyhan)和乔治亚州立大学的杰森·雷夫勒(Jason Reifler)进行了一项实验。他们伪造了几则政治新闻,然后请来一批试验对象,先请他们阅读这则伪造的新闻,然后再给他们阅读真实的消息。例如,第一则新闻是美军在伊拉克发现大规模杀伤性武器,而第二篇真实的消息是美军在伊拉克什么也没发现。试验对象中那些反对战争的人往往不认同第一个消息,而更倾向于相信第二则报道,而那些支持战争的参与者则相信第一则报道的叙述,而对第二篇消息嗤之以鼻。这个结果并不是什么新发现,值得注意的是,那些支持战争的人在阅读完美军没有在伊拉克发现大规模杀伤性武器报道的时候,他们反而更加相信第一则假消息了。

研究人员随后又在别的话题上进行了类似的试验。结果又一次发现,如果更正的消息与人原本的看法相违背,它反而会加深人们对错误信息的信任。更正信息就像是一把逆火枪,没能射出子弹打中谣言,却让真实的信息更加没有市场。

当大脑接受了一个信息后,便会本能地捍卫它不被其他与之相斥的信息所侵犯。例如为了证实偏见(confirmation bias)的人会主动寻找和选择与自己观点相同的信息,无视与自己观点相斥的信息。逆火效应(the backfire effect)显示人在被动受到信息轰炸时会保护自己的既有观点不受外来信息的侵害。[1]

在2014年12月发表的一项最新研究中,奈恩和同事考察了用科学信息纠正人们对季节性流感疫苗错误认知所产生的效果,其发现也是令人不安的。

美国民众中有43%的人担心接种流感疫苗会让自己患上流感,这种错误认知阻碍了流感的防治。将权威机构所提供的科学事实传达给这些人的话,会产生什么效果呢?奈恩从美国疾病预防控制中心网站上找出相关说明,稍作修改后给受试者看。结果,这大大降低了人们对流感疫苗安全性的担心,但这并不意味着人们就会更愿意去打疫苗。恰恰相反,在被问到是否愿意接种疫苗的时候,人们更加不愿意去了。这个结果与奈恩之前研究三联疫苗的发现是具有一致性的。

"逆火效应"揭示出流言对人的影响,并不全在于信息真实与否,也不在于后来揭开的真相,而在于人利用先有信息构建了自己的认识,一旦这一认识受到否定,会选择既不相信前者,也不相信后者,而选择相信自己开拓出来的中间路线。换言之,信息对信息的否定效果让人生疑。在你身上流言可能不起作用了,但你对真实信息也会保持距离,甚至会坚持离流言更近的认识,即当前一个信息被否定时,我们反而开启了后面信息可能也会被否定的通道,怀疑由此而生。所有这些心理变化都是流言传播的结果,虽然不一定与流言向同一方向推进,但心理变化已然形成,这或许就是流言的影响

---

[1] http://www.guokr.com/article/52081/.

力之所在——流言本身只是"末",而经受了流言的心才是"本"。

我们已经知道,在一个确实模糊不清的情境中,人们最可能会依赖他人对情境的解释。不幸的是,在一个真正模糊不清、令人费解的情境中,其他人并不比我们自己拥有更多或者更准确的信息,如果他人被误导了,我们也将被误导。可见,依赖别人来确定形势,有时会把我们导向更严重的错误。①

至此我们还是难以回答"流言为何具有强大的影响力"这个问题。好在前人对此已经有过大量研究可供借鉴。问题只在于前人研究中存在的问题,值得警惕。

二、对国人流言(谣言)定义的分析

1978 年编撰的《现代汉语词典》对"谣言"一词给出的定义是:谣言是没有事实根据的消息。② 这一定义出于"文革",一个从文化到经济全部面临崩溃边缘的时代,难免存留下许多没文化的痕迹。如果一概认为没有事实根据的消息都是谣言的话,自然科学很多都源于假设,岂非科学都源于"谣言"了。进一步甚至可以说科学是在把"谣言"变为真理!可见,早先我国的社会科学研究在观念上、学理上欠缺之多。此处,若改用"流言"一词,感觉就会大不一样。皆因"谣言"一词的贬义。

随着改革开放,这种现象已逐渐成为历史,但历史的遗迹不像人死了,放进棺材,深埋起来就没有了,它像个幽灵一样仍在世间随人一同游荡。比如有人认为:谣言是意识形态中的瘟疫,是为了达到一定目的而制造的没有事实根据的虚假传闻以欺骗和蛊惑群众。③ 不错,如果已然定性为谣言,把它比喻为"瘟疫",这是典型的文学性渲染,生活中可用,学术中则不可。学术中一切灌注个人情感和显示修辞技巧的表述都有失精确,对学术自然有害而无益。此外,把谣言定为是人为了欺骗和蛊惑人,这种既可能是过程,也可能是目的的表述,也太过于模糊不清。事实上谣言的危害远不只于人,更多的在社会,在于对社会认识、舆论和意识形成多样化的扭曲,之后导致一系列不可预测的恶果。当然也有很多对社会无害的虚假传闻,大多不能定性为"谣言",比如《三国演义》中提到的曹操施"望梅止渴"计,促使士兵坚持渡过难关,成功到达绿洲。可见上述定义在学理上、在外延与内涵关系上,都离科学性太远。

至于"谣言是有意凭空捏造的消息或信息"④这种说法比起上述观点,就显得完整多了。这一说法充分说明了"谣言"是"信息",它的特点是"捏造的"。而这个定义的问

---

① 〔美〕埃略特·阿伦森:《社会心理学》,侯玉波等译,机械工业出版社 2014 年版,第 181 页。
② 《现代汉语词典》,商务印书馆 1978 年初版,1998 年修订版,第 1462 页。
③ 张泰富:《谣言——意识形态中的瘟疫》,《昭通师专学报(社会科学)》1991 年第 4 期。
④ 郭庆光:《传播学教程》,中国人民大学出版社 1999 年版,第 99 页。

题在于,因为是"捏造"的,而信息本身不用则无害可言,只有传递到人,又被人使用,才有可能产生作用。此定义因涉及目的问题,作者又没有加以说明,使定义欠完整,进而难以称为社会科学的定义。

也有人指出:谣言,是一种没有事实根据的传闻,它多是别有用心者为了达到不可告人的目的,故意捏造出来蛊惑人心的假消息。① 前半截的问题与《现代汉语词典》相同,问题主要出在后半截。在有罪推定了人的前提下,定义了假消息就是有害的,之后再贴上谣言的标签。这个定义的问题第一是:因其人而定其言,即所谓"以貌取人""唯成分论"的做法。从前面阅读材料可见,真正有害的信息倒不一定来自"坏人"。持这种认识论观点研究流言,所得定义只显得天真,而无助于世事。第二个问题是表述的情绪化倾向严重。"别有用心的""不可告人的"和"蛊惑人心的"三个修饰词,既不是事实,又不是根据,用于定义表述,这是科学研究中的大忌。

上述实例的主要特点是:片面、负面和情绪化。现实生活中,情况会显得相当复杂,远非上述这么简单的定义所能概括。

[案例]江苏响水"化工厂爆炸"谣言事件

发布时间:2011 年 2 月 13 日 11:13

来源:CNTV

中国网络电视台消息:2 月 10 日凌晨 2 时,有人传言,江苏响水陈家港化工园区有化工厂发生毒气外溢,面临爆炸,导致一些镇区部分不明真相的群众产生恐慌情绪,纷纷逃往县城。

响水县人民政府新闻发言人周厚良表示,当日加入出逃大军的人涉及陈家港镇等 4 个乡镇的 30 多个行政村,超过一万人。在逃离过程中由于拥堵,发生交通事故并导致 4 人死亡。

村民们说,那天他们之所以很快就轻信了谣言,是因为当地的化工园区发生过两起事故。一是一家企业三年多前发生爆炸,导致 8 人死亡,数十人受伤。二是两个多月前,这次谣言的主角江苏大和氯碱化工有限公司发生了一起氯气泄漏事故,造成 30 多人中毒。村民王乃俊就是那次事故的亲历者。

江苏响水县政府 13 日通报,响水爆炸谣言引发恐慌一案侦查有了突破性进展。目前,2 名涉嫌编造、故意传播虚假恐怖信息的犯罪嫌疑人已被刑事拘留,另有 2 名违

---

① 白向忠:《谣言产生的社会因素及防范措施》,《青年记者》2008 年第 6 期。

法行为人被行政拘留。响水县人民政府新闻发言人称:此次恐慌事件是或然性很大、偶然性很大的一次流言传播事件。

一句传言竟然能引发上万人逃亡,这件事好像没那么简单,俗话说,无风不起浪,记者调查发现逃亡的村民也并不完全是捕风捉影。目前当地政府给出的初步结果是事发当晚,这家化工厂并没有出现有毒气体泄漏事件,但是当地村民回忆,当时确实闻到刺鼻的味道,很多人边跑边打电话核实情况却打不出去,连110都打不通。

当2012年11月23日CCTV《今日说法》的记者回访响水县群众时问道:"如果再听到这样的传言怎么办?"回答是:"我们还跑,还得信。"

■ CCTV 评论

<u>避免"偶然性"就要深挖"必然性"</u>:在对这件事情的处理上,当地政府的辟谣速度有待提高。对于响水谣言事件,一方面,当地政府作出了积极的处置,避免了谣言扩大化,但是,也有值得商榷之处。政府的处置和应急是否能更快?当谣言出现的时候,能否强化辟谣的速度和广度?谣言出现的时候,传谣和辟谣谁跑在前面,谁就能争取到主动权。当地老百姓还是很信任政府出面辟谣的,并对政府保持着基本的信任。政府出来辟谣、警察上街辟谣出现在谣言出现3到4小时后,这三四个小时正是谣言以几何速度进行传播的时间,也正是这三四个小时造成了4人死亡的惨剧。对自己辖区存在高危企业的政府来说,要时时刻刻保持高度警惕,在提高辟谣速度方面应该是无止境的。(参见 http://news.cntv.cn/20110212/105615.shtml.)

<u>江苏响水万人逃亡事件不能止于"治谣"</u>:处理造谣者固然必要,迅速及时的信息发布也很关键,但还是治标不治本。正如南京大学政府管理学院副教授笪素林所说,"谣言止于真相公开。如果政府公布了事实真相但群众还是不相信,那就是公信力出了问题"。要彻底终结"狼来了"的噩梦,归根到底,还需要当地政府反躬自省,找到百姓恐惧的根源,转变发展方式,抓好安全生产,把百姓生命安全放到第一位,使其真正消除"睡在炸弹上"的恐惧。唯有这样,才能真正消除公众内心深处的担忧,还他们一个安居乐业的家园。而这,也正是政府获得信任的基础所在。(参见 http://news.cntv.cn/map/20110213/103351.shtml.)

<u>"响水谣言"是一面安全镜子</u>:谣言止于信息公开。在"响水谣言"事件中,民众是因为在凌晨闻到刺鼻气味,进而怀疑化工厂毒气泄漏,最后才谣传为毒气爆炸的。实际上,民众是对化工园区不放心,而这个担忧又是长期存在的,才会令谣言传播得这么

快,最终演变成万人大逃亡。"响水谣言"事件也是一面镜子,折射出民众对生活安全的焦虑。(参见 http://news.cntv.cn/20110212/100577.shtml.)

响水事件被指除了辟谣之外,政府应在策略发声的速度、治谣必须治谣言的根本、相关信息要公开、民众生活中的安全感等方面提升自己,如果这些问题不解决,当民众再听到这类传言时,也还会相信,还会再跑。这些现象说明谣言引起的社会问题,不仅存在于谣言发生与终结之间,它有直接与间接的历史关联性,也取决于民众对现实的自我判断与理解。从以上CCTV的三个略显重叠的评论中还可以看出,问题之复杂,难以一言以蔽之。

我们应当知道"谣言"不是一个简单的信息,更不是靠一个简单事理就能概括的现象。好在上述定义只是一部分而已,尚有一些研究者,以较为客观的态度、较少情绪化的做法,提出了他们的观点。

比如:谣言是对公众感兴趣的事物、事件或问题的未经证实的阐述或诠释。[1] 这个说法最显著的特点是它从受众的角度对流言下定义,沿着有需求才有供给的这种市场交换逻辑展开研究,强调了关键在需求方面。这种说法虽不尽全面,但有一定新意。他首先不急于对流言(谣言)定性,而是寻找逻辑关系,研究的客观态度保证了研究的科学性。

"谣言是一种口头文化传播,它必须通过直接接触才能得到传播。……谣言的各个环节在接受和继续传播的过程中互相联系在一起,形成一条链,只有整个这条链或者若干条链组成的整个一张网才能构成谣言。这张网只有在传播过程中才能产生。"[2]这个说法强调了谣言与人际传播的关系,或者说"谣言只要进入人际传播轨道,就像历史的车轮一样谁也无法挡住,谣言的这种巨大威力又充分说明了谣言是在传播过程中产生的,挡不住的是谣言的偏向"。[3]

也有人提出"谣言是信息不对称情形下出现的一种虚假信息"。[4] 在认同虚假信息的基础上,着重指出了"信息不对称"这个原因。如此看来,问题关键就不在信息内容和受众方面。

"谣言是一种特殊的社会舆论"[5]的论断,把对谣言的视角放大到了整个社会环境中,也不仅仅局限在传受间的哪一方面。

---

[1] 胡钰:《谣言——概念与诞生》,《新闻传播学评论》2000年第1期。
[2][3] 刘绪义:《谣言是一种意识形态》,《文史博览》2005年第14期。
[4] 李国武:《谣言实现的社会机制及对信息的治理》,《社会》2005年第4期。
[5] 汤凌飞:《信息时代社会谣言现象解析》,《陕西行政学院学报》2008年第4期。

也有较为独特的认识:"谣言既是一种传播方式,又是一种传播媒介。"①这个认识既跳出了信息内容领域,也脱离了传受范围,力图从一个更新的角度研究谣言。

以上几个观点相对客观、中立和富有建设性,这是它们的特点。这种变化实在是令人高兴。唯有深入、客观和富有建设性的研究,方能真正认识流言(谣言)的本质,也才能谈得上所谓的"防治"和"控制"。遗憾的是国人的研究成果,既没有理论上的探究,更没有严密的调查,也没见基于试验进行的分析。换言之,大都只是对部分文献的阅读笔记外加感想的结果。不可否认,目前的研究环境还没有摆脱对流言的偏见,就个人而言,也只是看出不足,而未能超越这不足,但这不能成为回避他人之不足及正视自己之不足的理由。

三、流言的几个特性

(一)重要性

正如奥尔波特在其《谣言心理学》一书中所言:一个美国公民一般是不会传播关于阿富汗骆驼市场价格这种谣言的,因为这个话题对他没有任何重要性,虽然它具有相当的含糊性。可见重要性取决于个人的认识,取决于个人如果陷入流言描述的境地可能遭到的损失和程度,去判断与之相应的重视程度。

(二)模糊性

流言的模糊性主要有两个方面:一是用于对流言进行分析、证伪的信息不够,二是用于支持流言成立的证据不充分。因支持信息和证据不充分,使流言的模糊性呈现程度上的不同。显而易见,流言的模糊性越高,就越可能接近或成为谣言;反之则可能是个有用的消息。当模糊性为 0 时,流言甚至可能进入另一个领域,成为新闻。

(三)相关性

1.有"新闻"价值。它能反映舆论,也就具有现实意义。同时它能满足求知的需要。对于现代社会的公众来说,对社会的无知是需要防止的。一个是对公共舆论的无知,另一个是对社会知识的无知。因此,主动接受社会信息,包括各种流言也在情理之中。

---

① 陈万怀:《传播学视角下网络谣言的认识与消解》,《新闻界》2008 年第 6 期。

2. 与群体的联系。人是群体动物,集中表现在"凡是群体认为是真实的,便是真实的"[1],而且人总是要等知道了其他人的看法之后,才会形成自己的观点。这仅仅是为了追随群体,避免被孤立。可见,它与第四章从众涉及的内容有密切关系。实际上从众也可能源于流言。

3. 为了影响他人。一方面是因为信息的价值在于能够传播,通过传播也能检验获得信息的价值。另一方面,通过传播流言,可以检验自己在群体中的地位,从中也可以得到满足。

4. 主张自我。借助流言的"反权力"个性,通过传播流言,彰显自己有道理,同时在满足中释放自我。现实社会中,人们对于一个有主见的人是认可的。尤其是他的主见与大众传媒中的不同,更能切中要害、更深入,甚至更痛快、更玩世不恭,都会得到他人的认可。

5. 获得快乐。在朋友圈中传播的那些无厘头的信息,大多是为了这个效果。在娱乐自己的同时,也能娱乐别人,这种既能利己,也能利他的作为,有利于朋友圈的维护,也彰显自己"会聊天"。

6. 填空的需要。与人同处某段时间或某个空间里,成为使人尴尬的人总不太好,这时任何搞笑材料、无稽之谈,只要能改变气氛,就价值不菲,故而传之。

7. 度量衡用途。为检验自己的看法或释义,寻求关系密切的朋友的评价,是对自己不确定性信息进行再揣量的处理方式之一。因为有关系密切的朋友,从而随意传输。

流言与新闻相比,尽管都考虑到相关性这个价值要素,由于认定谣言的标准出自受众,新闻则出自传者,仅此差异,对于二者的价值,前者明显会高于后者。这也是如今大众传媒的影响力不及社会化人际传播媒体的原因之一。

(四)紧迫性

1. 在时间上。与己相关、不得不应对、而时间已然不多,情急之下,从安全性上考虑,与其信其无、不如信其有的应对策略,使流言的生命力和影响力都大增。

如大地震发生之后,任何地方的地震预报机构,不可能有完全可证实的信息,并依此发出地震预报。恐慌中的人,出于应急的需要,"杂食"各种信息的人类本性,会驱使他们从各处寻找信息,客观上会使流言不断。一般来说,情急时,人就会增加信息的需

---

[1] 〔法〕让-诺埃尔·卡普费雷:《谣言——世界最古老的传媒》,郑若麟、边芹译,上海人民出版社 2008 年版,第 57 页。

求量,以寻找应对方法。

2. 在空间上。主要体现为流言涉及的区域,在物理上、在心理上的接近程度。距离越近,意味着受影响的可能性就越大。比如大灾之后,灾区多现灾害流言,原因就在于灾区民众与灾难同在一处。客观上无法回避,再次发生灾难时该如何应对成为迫在眉睫的问题。

3. 在利弊程度上。所有人都知道可信赖渠道的信息有用,但是,在失衡的心理状态下,在不可回避的可能出现的灾难面前,可用信息总是奇缺,因而对流言也兼容并取、加以利用是正常现象。不同之处只在于人们会对比使用各种渠道得来的信息,对比中也会以自定的利弊得失标准衡量各种性质的信息。这个过程中不理智的情况,会出现在对信息后果的判断与信息渠道的所属关系上。预示后果严重的信息,会转化为对信息紧迫性的认识而易被使用。

4. 在心理追求上。通过流言寻求心理上的解脱是一种情况,通过流言修正心理失衡也是一种情况。就看利用者是如何定义心理需求的迫切程度的,一般来说,灾难情况导致的心理失衡,与个人涉世经历有关。一个社会经历丰富的人,比起社会经历较少的人,灾难中慌张的程度是不一样的,前者可能程度较轻,后者程度较重。同样,一个自然科学知识掌握得多的人与掌握得较少的人相比,前者相对会比较冷静,后者就可能因无知而比较慌乱。俗话"饥不择食"说的就是后者恐慌状态下对待食物的态度,自然也能反映出慌乱中人对待流言的态度。

四、信息内容论

这一类观点主要是把对流言的分析研究,聚焦在流言本身所包含的信息内容内部来进行。

比如认为"社会谣言是新闻"[1]并同意谣言是一个临时的新闻,早期报纸中的新闻信息,许多来自小道消息或流言。其次,在形态和信任机制上,流言和新闻本质上并不存在明显的界限。这一点与美国社会学家 T. 布塔尼的认为较为接近:流言是一群人在议论中产生的临时新闻,它起源于重要的事情而公众又缺乏充分的信息,于是需要用集体的智慧对之寻求并做出解释。[2]

然而法国人让—诺埃尔·卡普费雷则认为:"信息和谣言的分水岭在人的主观认识上,它是我们相信与否的产物,当一个人相信他的一个朋友或认识的人所带来的消

---

[1] 陈新汉:《关于社会谣言的社会评价论思考》,《华东师范大学学报》1996 年第 3 期。
[2] 转引自王政挺:《传播:文化与理解》,人民出版社 1998 年版,第 315—321 页。

息,他就认为这不是谣言;反之,当他有所怀疑时,他就认为这同一个消息是谣言。"①信息与谣言的标签不是在相信或不相信之前贴上去的,而是一种相信与否的结果。它是完全主观性质的东西。

在此,卡普费雷的观点与美国人布伦登·奈恩 2013 年及 2014 年所进行的关于"三联疫苗(MMR)与自闭症存在相关性"研究,在结果上有相似的部分:对公众来说,信息与谣言之间的分界线并非是客观的。他们将他们认为是真实的消息称之为信息,而将他们认为是虚假的或未经证实的信息称之为谣言。

持同样观点的还有:流言是一群人在议论中产生的临时新闻,流言具有"新闻价值"。② 除去具有信息特征以外,这一部分观点还同意流言是可能不断得到更新的信息。这种更新包括补充和解释。因此,谣言可以经过"合理化补充、再改造,使之自圆其说成为一个完整的故事"。③ 谣言是给事实作出了一个符合人们情绪、愿望或需求的解释。④ 同时"谣言代表的是有一定涵义的信息,它赋予与现实有关的某人或某事一些新的因素。谣言所流传的内容是一种正在发生、流传的信息"。⑤

当危机出现或可怕的事情已经发生,谣言就不可避免了。⑥ 不实信息属于客观危机的一部分,传播开始才形成流言,只不过这个过程一般来说是始终一贯的。对此,卡普费雷在他的《谣言——世界最古老的传媒》这个书名,以及第一章开始第二行就开宗明义地表明:"谣言还是最古老的大众传播媒介。"然而,到该书的第 15 页倒数第二行,卡普费雷还是为谣言下了另一个定义。之前他申明道:"在本书内,谣言这个词在任何情况下都不预示它的内容真实或虚假。"接下来,他给谣言的定义是:"我们称之为谣言的,是在社会中出现并流传的未经官方公开证实或已经被官方所辟谣的信息。"所有这些都明确指出他所言之谣言是"信息",而非书名与开篇所言的"媒介"。这是一种解释。

另一种解释是:信息与传播是密不可分的,可传播的才是信息。因此,流言从产生到传播,都是因为有危机出现,有可怕的事情发生。不管哪一种解释,事实上,不实信息源自危机,危机与他人相关就形成传播,传播就构成流言。

对大多数人来说,判断所依据的事实,都缺乏直接经验或亲身体验。我们对他人、

---

① 〔法〕让-诺埃尔·卡普费雷:《谣言——世界最古老的传媒》,郑若麟、边芹译,上海人民出版社 2008 年版,第 13 页。
② 沈远新:《政治谣言:界定、生存机制及其控制》,《探索》2000 年第 1 期。
③ 林秉贤:《谣言心理与控制理论》,《社会心理科学》1997 年第 3 期。
④ 丁鹏:《谣言的传播机制及战时消解》,《西安政治学院学报》2007 年第 1 期。
⑤ 陈万怀:《传播学视角下网络谣言的认识与消解》,《新闻界》2008 年第 6 期。
⑥ 〔美〕卡斯·R. 桑斯坦:《谣言》,张楠等译,中信出版社 2010 年版,第 25 页。

他国、不同文化和宗教的知识,大多数充其量不过是间接获得的。"间接认识"使我们更倾向于认为"有烟处必有火",即便是谣言,既然产生了,至少有真实的成分在其中。① 由此,形成了我们对各种媒体信息的依赖。

扩展开来看,我们人生的整个学生时代,所学知识无一不是来自教科书,以及比我们年长的人,如教师之类,无一不是依靠间接方式植入我们完全无知的心灵,并由此开始个人对客观世界的认知过程。

在大量的间接知识中,有多少是真理? 有多少是谬误? 如同大家都承认的,流言和人类同寿,流言和人类与生俱来。桑斯坦在承认这一点的同时指出:把互联网视为"谣言滋生的土壤"的说法有些不够理智,因为互联网只不过是人际传播的媒体,根本原因还在于人,而不在他们所使用的工具——互联网。

尽管流言在互联网时代变得俯拾皆是,然而互联网与流言也不是因果关系。在此有必要重申:媒体是什么? 是媒介物,是信息传播的渠道或工具。对人类社会来说,媒体只是人与他人之间信息传播的工具。基于科学的工具理性来讨论媒介对人的影响是有问题的,只有在工具的道德理性层面,才可能讨论"媒介"是如何对人类社会形成了一定程度的影响。

比如:我们因长期依靠媒介获取知识,会使人认为媒介里的世界就等同眼前客观的世界。另外在第一章里提到过,1993 年 10 月我把自己在莫斯科的亲身经历告诉日本的同学时,得到的回答是:"你胡说! 电视里没有报道啊!"这也可以是一个例证。另外还可以他人为例:

在东京银座的大街上,一个三岁左右的小孩指着一排竞选广告上的日本地图大叫:"天气预报。"

在我大为不解时只听孩子母亲耐心地问孩子:"这个为什么是天气预报?"

孩子答:"电视上,天气预报时就有这个图。"

或许,孩子身上出现的反应是正常的,是最为直观的"依赖"现象。基于信息内容讨论媒体影响的思维范式,是建立在内容对行为的因果关系之上的。这里所举的几个例子显然不是这种关系,相反地,它们完全脱离了内容对行为的因果关系范畴。

流言的流动与其真实与否无关。② 人相互间信以为"真"是健康的社会生活的基石。很多流言并不是从陌生人那里传来的,恰恰相反,多是从熟悉的人,从朋友圈里来的。如果已知朋友的信息是假的,我便不会相信,自然也就不会主动传播它。因此,流

---

① 〔美〕卡斯·R. 桑斯坦:《谣言》,张楠等译,中信出版社 2010 年版,第 5 页。
② 〔法〕让-诺埃尔·卡普费雷:《谣言——世界最古老的传媒》,郑若麟、边芹译,上海人民出版社 2008 年版,第 14 页。

言存在与否与虚假无关,而与传者为佐证形成的信以为真相伴而行。

奥尔波特和普斯特曼认为:流言传递中,关键要素是信息的重要性和含糊性。因为人具有对环境赋予寓意的主观动机,以消除我们内心的混乱和不确定性。1947年,奥尔波特和普斯特曼关于谣言强度用下面的公式予以表达:

$$R(谣言的强度) = i(重要性) \times a(含糊性)$$

谣言流行的广度,随相关人员的重要性以及该主题证据的含糊性的变化而变化。重要性与含糊性之间不是加法关系,而是乘法关系。因为,如果两者之中有一个为0,也就没有谣言了。① (原文出自:Allport, G. W., and Postman, L. J. *The Psychology of Rumor*. New York: Holt, Rinehart & Winston, 1947)

后来法国人让-诺埃尔·卡普费雷在他的著作《谣言——世界最古老的传媒》中原封不动地照搬了这个公式,并说它是对美国社会学家"特·西布塔尼的论点用一个简单的公式概括出来"的。

在信以为真的基础上,外加因人而定的重要性,再加上因信息不全、不对称等造成的模糊性,流言就得以被重视而传播。问题是仅就重要性和模糊性两方面而言,流言就足以传播了吗?显然还有不同意见。

谣言学家科拉斯在奥尔波特的谣言传播公式基础上提出了一个延展性的谣言公式:②

$$R = i(重要性) \times a(模糊性) \times l(限度) / c(批判)$$

科拉斯把批判地接受事物的限度作为一个可变系数(1/c)加在奥尔波特和普斯特曼的公式里,即人们如果批判地接受信息的能力增强,谣言就会减少,直至最后消失;反之,如果批判地接受信息能力低,甚至对什么信息都不假思索地接受,则为谣言传播打开了方便之门。当然,如果信息相关的事件不重要或透明度很高,即公式里的重要性(i)和模糊性(a)都很低,谣言也就不会产生。

有批判性固然有助于遏制恶性流言的形成及传播,然而问题可能就出在批判性上。批判性取决于批判能力。对于每个身处"响水谣言事件"中的人,有过前车之鉴的体验,面对上千出逃的人流,耳边是惊恐的喊声,脑子里又全无判断能力和对策时,人的批判性是如何产生及如何作用的?情急之下,"宁可信其有,不可信其无"恐怕是唯一可行与可能的救命稻草,也是最具有批判理性的答案。对于响水的公众来说,这就是流言与他们在空间上的接近性,以及在有限的时间里不得不做出应对决断的时间上

---

① 〔美〕奥尔波特、普斯特曼:《谣言心理学》,刘水平、梁元元、黄鹏译,辽宁教育出版社2003年版,第17页。
② 转引自徐锦江:《流言导读》,上海文化出版社2004年版,第78页。

的紧迫性,这些都是批判性所面对的先存现实。

另外,批判性是一种主观的意识能力,它不可避免地受到个人差异的局限和影响;主观的意识能力同时还受到文化环境和个人文化水平这两个因素的限制。不同学科出身、在不同文化环境中长大的人,对同样的流言进行批判,结论可能会大相径庭。比如对"刮痧治病"的认识在东方文化中是不争的事实,但从西方文化来看,这简直是"虐待人"。电影《刮痧》中反映的就是东西方文化差异导致的截然相反的认识。可见是否具备批判的条件,是一个置于批判性之前的更重要的因素。与流言的相关性和紧迫性这种客观因素不在一个层面上。

在流言的重要性和模糊性之后,再加上与个人的相关性及紧迫性,流言会更快地发酵与传播开来。显然,所有与流言相关的要素的程度都取决于接受者个人认知。流言(谣言)具有强大影响力的原因还在于此,于是我把上述公式变形成这样:

$$流言的影响力 = 重要性 \times 模糊性 \times 相关性 \times 紧迫性(\geqslant 1)$$

重要性、模糊性、相关性之中任何一个等于 0 时,流言的影响力将不会存在;但紧迫性则不然,流言不会因为紧迫性等于 0 而不存在,紧迫性是相对于具体的人而言的,对你不紧迫,不等于对别人不紧迫;因此它只能是一个大于等于 1 的数。当流言能够被证明是虚假信息后,它会自动被人定义为谣言。

流言在传播过程中,只与传播效率与媒介有关。其中,人际传播媒体在没有把关人的情况下,在提高流言传播效率上贡献最大。

五、流言的社会论

中国学者们的这些研究,在论及"社会"时大多不涉及对社会所作的定义。社会指的是:共有生活空间,相互联系、相互影响的人与人的集合。在我国很多情况下你会发现,很多文章中的"社会"指代的是国家的现实环境。例如在涉及社会危机一说的文章当中,就有过一例说:第二次世界大战期间,各有关国家出现大量谣言。研究发现,美国出现的谣言大多与战争有关。[1] 这里是以国家取代了社会。也有的社会指的其实是地域、民族等。因此有必要声明,此书中所言"社会",用的是社会一词的本意,仅指"人群":他们是共有生活空间,相互联系、相互影响的人与人的集合。

在陈新汉看来,谣言通常是社会自发的产物。[2] 至少绝大部分流言不是出自个人原因。那是什么原因呢?沈远新认为,社会中存在的制度差距、利益差距、观念差距构

---

[1] 王国宁:《从传播学角度看谣言及其控制》,《新闻研究资料》1991 年第 1 期。
[2] 陈新汉:《关于社会谣言的社会评价论思考》,《华东师范大学学报》1996 年第 3 期。

成谣言的动能。① 他还进一步指出,有了动能,再有必然存在的"人与人之间的社会性信息交换活动",流言在所难免。因为"'谣言'既是允许人们表达其被压抑的冲动,甚至成为'文过饰非'的一种手段",②也是人际传播的主要形式,有人际传播,就会有谣言的存在。③ 这些观点都把流言归于人的社会关系,在这个方面进行了分层和表达。

此外,也有人认为:"社会危机是谣言传播的温床。"④在这种情况下,社会有机体遇到意外干扰,既定的社会体制、秩序以及社会生活遭到外力的破坏,从而损害社会稳定状态,出现广泛的社会群体危机,各种社会矛盾迅速激化。群体之间的信息活动,为流言提供了市场。"社会原因是谣言生存的土壤。谣言通常是社会自发的产物,既非故意也非谋划。信息在不够充分的情况下就会繁衍出谣言。"⑤社会的不稳定更容易造成信息渠道的不畅通、不稳定,为流言的传播提供条件。"社会变革中的不确定性是社会谣言产生的现实诱因。"⑥意在说明社会存在的重要性,作为流言存在的"温床"和"土壤"是流言存在的首要条件。社会变革中的不确定性因素,会成为流言的诱发因素。

如今,在信息传播技术较发达的国度里,能流传一个全国皆知的流言,一年当中不是很多。事实上区域性流言远比全国性流言要多得多,即便如此,当年又有多少人知道以下这些谣言呢?

[资料]中新网北京频道 2015 年 1 月 13 日电

北京市互联网信息办公室、首都互联网协会指导北京地区网站联合辟谣平台与百度知道发布《2014 年十大生活谣言》:

1. 白皮鸡蛋更有营养(搜索人次:1096 万)

2. 木耳、猪血等是清肺食物(搜索人次:829 万)

3. 自来水中的氯可致癌(搜索人次:650 万)

4. 秋葵是"神药"(搜索人次:647 万)

5. 毒豆芽"五毒俱全"(搜索人次:535 万)

6. 富氧水是"补氧神水"(搜索人次:491 万)

7. 水果酵素排毒养颜(搜索人次:488 万)

---

① 沈远新:《政治谣言:界定、生存机制及其控制》,《探索》2000 年第 1 期。
② 丁鹏:《谣言的传播机制及战时消解》,《西安政治学院学报》2007 年第 1 期。
③ 乔晓征,朱力:《谣言在群体性突发事件中的发生机制》,《江苏警官学院报》2007 年第 1 期。
④ 王国宁:《从传播学角度看谣言及其控制》,《新闻研究资料》1991 年第 1 期。
⑤ 周文蓉:《试析谣言的产生、传播对策》,《黑龙江史志》2008 年第 18 期。
⑥ 汤凌飞:《信息时代社会谣言现象解析》,《陕西行政学院学报》2008 年第 4 期。

8. 吃梨抗癌（搜索人次：372万）
9. 湿纸巾有毒（搜索人次：366万）
10. 手机辐射烫伤皮肤（搜索人次：341万）

北京市互联网信息办公室、首都互联网协会相关负责人表示，回顾这些"经典"谣言，不难发现它们在生活中强大的渗透力。而不少谣言在传播过程中都附有言之凿凿的"科学解释"，人们往往因为缺乏相关的专业知识，对这些看似很有道理的"生活常识"缺乏抵抗力，"宁可信其有，不可信其无"。

这些年举国上下都在关注食品安全、养生与健康。因此凡是与生活消费主题相关的话题，总会引起人们的极大关注。在关于生活流言的报道中，一个难得的内容就是在每一个流言后面，都有一个"搜索人次"数，由此我们可以比较清楚地知道这些流言流传的广度。其中得第一名的"白皮鸡蛋更有营养"搜索次数达到1096万人次。如果仅就北京而言，在一个超过2200万人口的城市里，1096万的搜索量，占全市人口的近50%，不可谓小。因为网络不受区域限制，因此面向全国来看，搜索过这个流言的人次，就仅占全国人口的0.008%，只是一个很小的比例。换一种情况来看，如果对一个收视率只有0.008%的电视节目进行评价，任何人都可能轻易得出这个节目几乎没有观众的结论。达到1000万搜索人次的流言尚且如此，排名第8—10的流言，仅有300多万搜索人次，还能算是有强大影响吗？反倒是如此人为地再整理报道，该不是嫌其影响太小了吧？

我作为一个因教学而极为关注流言现状的人，对媒体汇总的2014年度生活流言，我亲耳听到过的只有其中的第二个和第五个，估计一般人不会比我知道得更多。由此，较为令人担心的问题倒有两个：第一，把流言作为一个年度的负面大事再度报道，如"逆火效应"所言，其作用不见得都会是正面的。第二，我们的媒体是否对负面信息过分重视，是否存在选择性知觉的问题呢？一般来说，大众传媒对公众的影响，不在于如何教化，而在于如何选择。由于大众媒体对信息的选择性重视，构成了公众对事物进行判断的素材和依据，当选择出现了偏颇，公众又以这些偏颇的信息作为认知的依据，得出来的结论能正确吗？这也正是"议题设置理论"的核心价值所在。

话又说回来，不能因为不是举国性的流言，我们就有不重视的理由。回想2011年因日本特大地震引起核发电站核燃料外泄污染，在我国引起的"谣盐"风波，给公众造成了心理恐慌，情急之下慌忙应对，引发了很多社会问题。好在政府以实际行动正确处理了这场危机，也成为可供反思的很好的经验。

■ [资料]日本核辐射引发我国抢盐始末[①]

因"碘盐能预防治疗核辐射"的传言,我国从 2011 年 3 月 14 日开始出现抢盐苗头。东部沿海的绍兴、上海,成为此次我国抢盐风潮的始发地。之后,随着网络信息的扩散传播,数天之内,抢盐风潮席卷我国大江南北。

- 2011 年 3 月 14 日,谣言声起

绍兴当地的一媒体人告诉本报记者,在 14 日上午的时候,他的家人听到了有人去大量买盐的消息,并且消息里面包含了碘盐能防核辐射这一条。

根据记者采访发现,抢盐风潮初期,口口相传与电话通知成为传播的主要形式,到 3 月 14 日晚上 12 时,微博等网络交流平台上,尚无抢盐相关信息。

- 2011 年 3 月 15 日,谣言发酵

记者经过检索发现,15 日有 10 条关于抢盐的信息,发布者 1 人来自福建,2 人来自宁波,7 人来自上海。其中上海博友@林小蓉_毛毛在 15 日 13:34 发布的"#东京-日本-地震-海啸-爆炸#超市里的盐和紫菜都抢疯了,海啸造成的海水污染……"成为最早描述抢盐的微博。

在 15 日当天,抢盐的地域已经从绍兴、上海扩展至宁波、福建等地。绍兴一网友发帖说,15 日晚上去超市,看到很多市民在排队买盐,超市营业员说平时一天也卖不到两箱盐,现在还不到傍晚就卖掉了 10 箱。

- 2011 年 3 月 16 日,谣言扩散

从 16 日起,浙江、广东、山东等地居民前往超市、便利店抢购食盐,致这些地区当天食盐的销售量比平时猛增了十几倍。

据广东媒体报道,家在广东西村的王先生称,16 日傍晚,他接到自己茂名老家的亲戚打来电话,让他在广州帮忙买些盐,亲戚说当地已经没有盐卖了。

到 16 日晚上 10 时,广东个别地方食盐价格已经飙升到 10 多元一包,而政府规定的普通食盐零售价为 1.3 元一包。随后茂名、阳江、湛江、佛山、南海、东莞、清远等地均出现食盐抢购热潮。

从 16 日晚上 8 点左右,网络上亦检索到山东抢盐信息。"抢盐"风潮开始由东部沿海地区向全国蔓延。

16 日,检索到微博上与抢盐相关信息 25033 条,其中浙江 14247 条,占半数以上,浙江相关信息中又以杭州最多,其次是宁波、绍兴。

---

① 根据《法制晚报》2011 年 3 月 27 日 A13 版内容整理。

- 2011年3月17日,谣言乱舞

到17日,抢盐潮从东部沿海开始向内陆和中西部地区蔓延,并席卷了包括北京等全国31个省市。记者远在山西老家的妈妈,在17日下午打电话给记者,埋怨为什么没有提前告知去买盐,导致当天下午超市里面所有的盐都被抢空了。

本报记者翻阅17日当天全国各地报纸发现,"抢盐""出现抢盐"等成为各大纸媒头版上的字眼。诸如:广东多地出现抢盐现象,浙江抢盐潮蔓延到昆明等地。

图5-1 见诸报端的"谣盐"

17日这一天,可以说是抢盐最为疯狂的一天。从东部沿海到中西部地区,再到港澳台,无不"见盐眼开"。甚至有浙系的资金涌入市场,像抢房一样抢购囤积盐。抢盐行为似乎已经开始浸透到金融系统。

地方的抢盐潮引起中央的重视。3月17日下午,国家发改委、工信部等部委紧急发文称,我国食用盐等日用消费品库存充裕,供应完全有保障,各地要打击扰乱市场行为。中国盐业总公司同时启动应急工作机制,加强生产组织和销区市场管理,确保食盐供给。随后,包括北京、江苏、浙江、广东、海南、上海等多地紧急部署稳定市场措施,并陆续召开新闻发布会,公布保障食盐供应措施及澄清谣言。

- 2011年3月18日,谣言破灭

随着抢盐事态的严重,国家发改委等部门于17日下午发出紧急通知,要求各地"立即开展市场检查,坚决打击造谣惑众、恶意囤积、哄抬价格、扰乱市场等不法行为"。18日晚,各地的抢盐风波逐渐趋于平静。

据商务部监测,截至3月19日17时,除个别省份的少数城市的小杂货店或小超市,因运输配送等方面的原因存在短时缺货现象外,其他地区都已恢复正常运行。

3月20日,杭州市公安局西湖分局依法对散布谣言的网民陈某作出行政拘留10天并处罚款500元的处罚,一场席卷全国的"食盐恐慌"终于告一段落。

● 退盐风波

江苏南京的王女士在17日的抢盐大战中想尽办法,最终以每包8块钱的价格,买到了50包盐。眼看着大小超市里重新铺满的一块多一包的盐,她欲哭无泪。

王女士说:"后悔!特别后悔!绝对不会再这么傻了,但是怎么办呢?反正一年两年也不会过期,我看保质期三年呢,就慢慢吃呗。"

王先生后悔自己的冲动行为,在17日的时候他听说盐要涨价,一冲动就买了两箱80包盐回家。

食盐抢购风波宣布平息,价格是每包1.5元,没有变化,王先生自己每箱亏了70元,于是后悔地找到当时卖盐给自己的小店,却发现购买的时候太冲动没有索要发票。

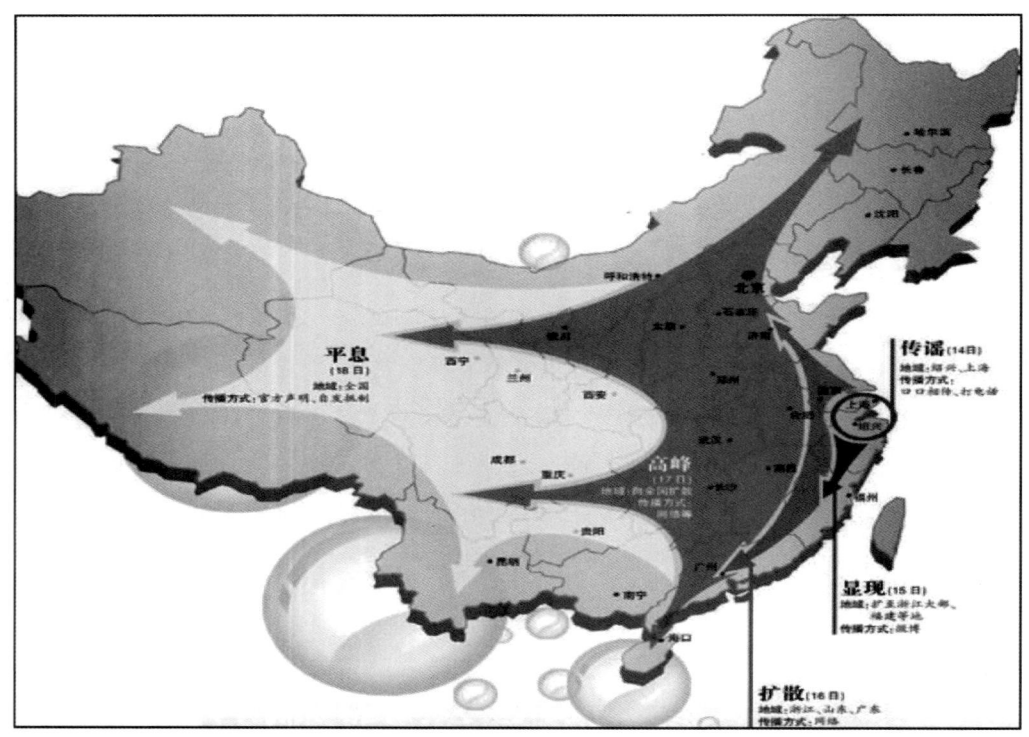

图5-2 "流盐"风波扩散情势

美国社会学家托马斯夫妇,早在1928年合作出版的《美国的儿童》一书中,有一句富有哲理且被广泛引用的话:"如果人们将情境当作真实的,那么其结果将成为真实的。"①基于这句话,社会学家罗伯特·默顿(Robert K. Merton)将其概括为所谓的"托马斯定理",其中有一个永恒的暗示,那就是,人们不只对情境的客观方面有反应,重要的是,人们也对情境所具有的意义有反应。一旦我们赋予情境某种意义,我们随后的行为及这一行为的某些结果将受所赋予意义的影响,并据此提出了"自我实现的预言"的理论。"自我实现的预言是指,开始时的一个虚假的情境定义,由于它引发了新的行动,因而使原有虚假的东西变成了真实的。自我实现预言的似是而非的正确性导致了永久的错误。因为预言者把事件的实际过程作为证据,而这个过程从一开始就是无疑的。……这就是社会逻辑的怙恶不悛。"②比如:敌对国家的领导人相信他们之间的战争是不可避免的,那么在这一信念的促动下,他们逐渐变得不和,并总为对方的"进攻"行动和自己一方的"防御"行动担心,结果开始大量增加军备、扩充军队,最终有关战争的预言会变为实际的战争,这种类型的预言被称为社会型的自我实现预言。同时还存在个人型的自我实现预言。比如:一个有考试焦虑症的同学,如果他觉得自己注定要考砸,他就会把更多的时间用于焦虑和担心,而不是用于学习,他的考试结果就会很糟。由此可见,是最初荒谬的臆想变成了之后肯定的结局。在各种类型的自我实现预言的情境中,流言是最适宜、活跃,也最有市场的产物,其原因就在于有自我实现预言的心理支持。

　　社会逻辑的这种反常现象提醒我们:"我们的知识并不是因为是真实的、有根据的或被证实的便被相信。比较起来,情况正相反:因为我们相信它们,它们才是真实的。谣言再一次证明,如果有必要的话,任何可靠性都是社会性的:我们隶属的那个社会群体认为真实的东西才是真实的。社会是建立在信仰而不是证据的基础上的。"③奥尔波特在他的《谣言心理学》一书中也提到:"如果我们听到的谣言给事实做出了一个符合我们私生活的解释,我们便愿意相信并传播它。"④

　　即便流言只是社会的产物,出之于人,受之于人,它所具有的影响力仍然可以理解为并非流言与生俱来的,更不是个人行为必能导致的后果。它源自构成社会公众的共同认识和追求,是公众力图找到一个合理的解释的产物。从另一方面来看,"如果我们

---

① 〔美〕罗伯特·K.默顿:《社会研究与社会政策》,林聚任译,生活·读书·新知三联书店2001年版,第285页。
② 同上,第288页。
③ 〔法〕让-诺埃尔·卡普费雷:《谣言——世界最古老的传媒》,郑若麟、达芹译,上海人民出版社2008年版,第289页。
④ 〔美〕奥尔波特、普斯特曼:《谣言心理学》,刘水平、梁元元、黄鹏译,辽宁教育出版社2003年版,第21页。

听到的谣言经常在我们自己身上得到共鸣,这绝非偶然,这是因为我们隶属于某一个社会群体,我们和群体里的人有着同样的看法、同样的价值观和同样的态度。"①从这个意义上来说,流言的影响力来自它对公众的迎合,而公众对它的认可会反映为与它的对接。

"传播谣言似乎只是在利他主义的考虑下才做的……""传谣者是否在追寻什么个人目的?这种利益上的怀疑会扼杀传谣者的部分可靠性"②,一个对传言者有利的信息,是不可能获得更多的信众的。传统媒体信息之所以在传播过程中效果不佳,大多因为信息中包含了过多只对媒体经营者和广告商有利的事实、判断和依据。

"谣言内容本身应满足两个使人相信的条件:能够相信和愿意相信。"③在这一点上,流言可谓真正做到了"以受众为本",相比之下,不够格的流言也比够格的大众媒体到位得多。因为流言在缺少机构推进力的条件下就能流传,充分说明它瞄准"能够相信和愿意相信"做足了功课。

T. A. 库依布(Knopf. T. A)提出了一个文脉要素理论。库依布1975年在《流言、人种、暴动》④一书中对在美国因种族歧视导致的暴动事件中的流言进行了研究。她从社会学的角度指出:与种族歧视有关的流言的核心是白人与黑人之间的敌对关系。产生这种相互误解的敌对关系则是种族歧视流言传播的中心要素。在这种场合,流言是白人和黑人双方持有的充满敌意的观念的结晶,是敌意在事实上的确认,这就使深层流动着的情感和动因得到强化。社会构造、政治风气以及易于流言产生的机会等,全都是决定流言主题有效的文脉要素。其中的流言大多是黑人反对警察、白人反对黑人的感情的反映。

库依布进一步从一般的社会学理论层面指出:我们在如何吸取经验中的意义这件事上,绝大部分人会被现实中的文脉所左右。社会这种织物的纤维具有各式各样的形式和色彩,它们会对我们的精神构造形成影响。一个很明显的要素就是社会的、政治的土壤。她还指出:流言渗透的效率与其从发生地远去的距离大致成反比关系。此外,流言在与其有关的人际社会圈中更易于扩散。⑤

六、流言的社会关系论

在中国学术研究中多见一种现象,那就是同一个研究者,在同一篇文章中,以不同

---

① 〔美〕奥尔波特、普斯特曼:《谣言心理学》,刘水平、梁元元、黄鹏译,辽宁教育出版社2003年版,第95页。
②③ 同上,第77页。
④ Knopf. T. A, *Rumors, Race, and Riots*. New Brunswick, New Jersey: Transaction Books, 1975.
⑤ R. L. ロスノウ、G. A. ファイン:『謡言心理学—流言からゴシップまで』、岩波現代書選1976年、ページ97—99。

的视角关注同一事项。这类文章在表述上与其说是论文，不如说是读书笔记。他们可以同时行走在几个不同的研究范式中，以"蜜蜂采蜜"的方式，汇总成自己的"研究"成果。在对于谣言文章的搜索和研读中，我们发现同样还是这些人，他们在主张"信息内容论"观点时，也会借用"社会论"视角，也完全支持"社会关系论"的观点。这种现象说明文章只归纳观点而忽视学理性推演关系上的正确性，学术批判自然也就无从谈起。

常读这样的文章，对于年轻学生来说不见得是一件好事。年轻学生们如果把这样的"论文"当作模板而难以跨越各种范式，就很难构建起属于自己的研究框架和逻辑关系。尤其是对实用性研究来说，如果对一定的范式应该对应的一定的实验处在无知状态，必会误导了自己以及他人。话说回来，与观念先行、哇上为是的所谓科研相比，对外开放、自由的读书笔记必定有其正面的意义。

比如陈新汉之前指出过"社会谣言是具有独特内容的信息"，此观点接近信息内容论视角。同时他也认为，谣言通常是社会自发的产物，社会谣言的本质是社会评价活动。因此，社会谣言与社会舆论在本质上是相通的。社会谣言不怕压，因为社会谣言本身就是社会挤压的产物；往往是越压，社会谣言就越多，流传就越广、越快。显然这个论述给人的感受是他是站在"社会论"视角上的，之后他又提出了"社会谣言是群体协调一致的有效媒介"的说法，并进一步指出个体背离群体的程度越大，所感受到的压力越大，其参与社会谣言流传的可能性也越大。① 这应当属于"社会关系论"研究范畴。

在社会关系论视角下，与之相近的观点还认为：谣言是公众应付社会生活的一种应急状态，是解决疑难问题的不得已形式。② 谣言也是公众对现实生活中的恐惧、压抑和对社会的不满、对未来的彷徨的一种折射。③

此外，在传统社会政治生活中，人们的言论受到过分干涉，人们无法充分表达自己的意见，使得人们在街头巷尾、书摊茶馆、家庭等私下场合发表评论、表达意见、发泄不满、传播谣言，就是所谓的"大道难言小道言"。④ 因此流言这样一些现象的产物是作为大众传播不通畅、不自由的替代品；⑤是社会信息不够透明；⑥信息不对称。⑦ 公众知

---

① 陈新汉：《关于社会谣言的社会评价论思考》，《华东师范大学学报》1996年第3期。
② 陈力丹：《舆论学》，中国广播电视出版社1999年版，第103页。
③ 邓国峰、唐贵伍：《网络谣言传播及其社会影响研究》，《求索》2005年第10期。
④ 沈远新：《政治谣言：界定、生存机制及其控制》，《探索》2000年第1期。
⑤ 乔晓征、朱力：《谣言在群体性突发事件中的发生机制》，《江苏警官学院报》2007年第1期。
⑥ 汤凌飞：《信息时代社会谣言现象解析》，《陕西行政学院学报》2008年第4期。
⑦ 李国武：《谣言实现的社会机制及对信息的治理》，《社会》2005年第4期。

情权的法理缺失导致了流言这种特殊传播现象的出现。① 人们有时通过传播谣言加强人际关系或协调社会关系。这也是出于一种自我定位的需要，在与他人的比较中，对自身进行评价。② 当周围的人都相信某个谣言时，一个人很难不随波逐流，以证明自己与周围人的一致性。③

以上这些观点没有实验作为基础，且多为对国外及前人文献、观点等二手资料的理解和引用。运用中也大多注意与中国社会的现实状况相对应，力图据此给出自己"合乎情理的解释"，最终目的还在于明白如何控制流言。愿望可嘉，问题不避：因为观点未经实践检验，他人观点在多大程度上适用？此外，用推理的方法，导出控制论方法也未尝不可，又因只在推理上是正确的，得出的结论未经验证，对于它是否能指导实践也还是个未知数，观点的社会价值也会大打折扣。这些质疑，既是针对上述国内学者的观点提出来的，也是为下面学习国外理论所做的提示性铺垫。

A.J.鲁斯（Roos. A. J.）提出过幻想的流言理论。鲁斯在第二次世界大战中乘坐军用船时听到一个流言，为了释明这个流言的原委，提出了集团行动中存在原本无意识力的主张。对于这一点，他是这样叙述的："乐观主义的宿命论中始终存在这样一种幻想，'我身上什么事也不会发生，如果发生了什么，送命的一定不是我，是旁边那个家伙'。"④这种想象的意念或流言是面向所有个人的愿望而产生的。但是，这样的意念或流言，与其说是关注不知不觉中降临到个人的灾难，还不如说是在为战胜共同的敌人而强化集体意志方面更有作用。

荣格的"一般性流言的理论"是以个人的欲望与自我防卫的反应为基础的。他认为，在某种场合，与个人的要求相比集体的要求更易被强调。幻想的流言与一般性流言不同，其前提中常伴有强烈的且兴奋异常的情绪活动。在荣格看来，这种情绪活动含有源自古代的"观念原型"，所谓观念原型说的是潜伏在人的个性当中的东西，它是无意识中存在着的文化遗产部分。因此，它经过了几个世纪的文化传承。例如莫名其妙的死这种原始的观念原型，在民谣、传说中就是个反复出现的主题。又比如飞碟存在的流言，同样可以视为是观念原型的投影。飞碟存在的流言的成因是世界局势中的集团化威胁与不安形成的困局，希望通过超自然力量来消除它成为一种普遍的愿望。这类流言因为是"心境的表现"，所以在梦中也常出现。⑤

---

① 程粉艳：《流言传播的社会机理——非常态传播的个案研究》，《当代传播》2002年第5期。
② 丁鹏：《谣言的传播机制及战时消解》，《西安政治学院学报》2007年第1期。
③ 周文蓉：《试析谣言的产生、传播对策》，《黑龙江史志》2008年第18期。
④ Roos, A. J. "The Scuttle Butt Afloat: a Study in Group Psychology". *Archives of Neurology and Psychiatry* 50(1943), pp. 42—74.
⑤ R. L. ロスノウ、G. A. ファイン：『謡言心理学—流言からゴシップまで』，岩波現代書選，1976，ページ95—96。

R. H. 特纳和 L. M. 基利安(Turner, R. H. and Killian, L. M.)提出了"流言的过程理论"①：人们传播过程的流言，在结合度松散的集体中，针对某一问题，从获得集体认可到问题被解决为止，也有寿命短促的情况。特纳和基利安认为：流言会在欲使某种行为正当化的场合被利用。表现为集体中的人们具有的共同意念和情绪非常强，某一集体态度或者集体行动对其行为正当化提出要求时，人们对既有意念和情绪进行确认及重申时会利用流言。

当事件或犯罪产生，疑问和想象会从各个方面行动起来，对于这种状态要从集体的层面进行归纳时，同样，当孤立的个人面对危机，因为不安而手足无措，急于想知道接下来还会发生什么时，积极地再行构建对应状态的活动就会开始。暴露在危机中的人，与雷鸣声中的家禽群一样，一旦进入亢奋状态就会"丧失言语层面的稳当性"。在特纳和基利安这样的心理学家看来，稳当性的丧失自身也是传播的过程，流言基本上采取的就是丧失了稳当性的言语形式。

T. 西布塔尼认为，流言是由认知活动与传播活动两个部分构成的一种集团性相互行为。② 流言是由受困于一种暧昧状态中的人，尽其智慧试图对现状进行解释时扩散开去的。在西布塔尼看来，流言有近似自然淘汰的过程，其中最适合的流言会存活下来。在集体谋求一致认可的意见时，人们会在认为集体会认可的方案中，排除掉最不充分和可能性最少的流言。人们为了能够一致行动，必须对各种印象进行比较，进而确定方向。因此，流言的传播是为促进集团的批判能力、解决预期问题的相互行为。它是对应变化状况的一种手段，在人们预计现在的秩序难以维持时，对社会加以控制、促进的手段。

"象征性互动理论"的创始人是 20 世纪初的美国社会心理学家 G. H. 米德。20 世纪 60 年代以后，美国学者 H. G. 布鲁默、T. 西布塔尼等学者进一步发展了这一理论。象征性互动理论把人看作是具有象征行为的社会动物。象征性互动理论有三个基本前提：

1. 人是根据"意义"来行动的；
2. 意义是由人来"解释"的；
3. 意义是在"社会互动"的过程中产生的。

因此，意义、解释、社会互动是象征互动理论的三个主要概念，同样，这三个概念对于考察社会传播和人与人之间的信息交流也同样具有重要意义。它表明：

---

① Turner, R. H. and Killian, L. M. *Collective Behavior*. Englewood Cliffs: Prentice—Hall, 1957.
② Shibutani, T., *Improvised News: A Sociological Study of Rumor*. Indianapolis: Bobbs—Merrill, 1966.

1. 人们在传播过程中建构意义,意义在人类行为中具有重要性;

2. 自我概念在传播中的重要性,个人对自我的认知是在与他人互动的过程中形成的,一旦形成这种认知,人们的这种自我概念便会是相对稳定的;

3. 个人和社会是密切相关的。①

布莱克 R. H.(Blake,R. H.)的"社会化激奋理论"②认为:人这种动物对于自己所处的境地,具有一种天然与当然的知晓欲望。如果他通常利用的信息源不能很好地运行,他就会依靠自己,或者通过他熟悉的人们,自行对所面临的状况进行解释。集体性激奋处于非常高的状态时,对信息量的需求会比到手信息量还要大。反之,集体性激奋处于较低的状态时,对信息量的需求会比实际到手量还少的情况下就会得到满足。

用 T. 西布塔尼的话来说就是:能够对数百万人产生影响的大事件一旦出现,哪怕最有能效的通讯机构的信息,也不可能使急速膨胀的信息需求得到满足。这种现象从抽象的角度来看,是与社会交换相关联的。信息传递是与信息需求相对应的,意在实现相应的价值或报酬。陷入一种非常兴奋的心理状态中的人们,会为一定目的的信息交换支付溢价。

从社会化交换的视角看来,流言会使传者与受者双方在动机上形成最佳互补。换言之,传者的欲望可以通过流言的传播得到满足,受者的欲望也可以通过接受流言而得到满足。流言是人与人相互行为进程的借喻,作为交换的一个概念被利用。从中我们可以十分清楚地看出,人类不是一种完全合理的动物。③

个人化的获取社会信息的方式是人与社会在信息交换层面上的基本关系。尽管个人只能相对于社会而言,但社会仍是由个人组成的。之所以组成社会,是因为个人不可以脱离社会而独立存在。任何美好的社会,只有个人以美好的状态贡献于社会,社会才可能最利于个人生存。这应该是最理想的人与社会的关系,同时也是一种交换关系。

在这样一种个人与社会的交换关系中,个人首先必须完成个体相对于社会的基本定位。不是社会融入个人,只能是个人融入他所对应的社会。存在的问题是,在完成个人定位时,除了个人发出的信息可以确定是个人的,个人接受的社会信息却很难分清它是社会中某个团体发出的,还是能代表社会的某一个人发出的。换言之,因为社会是相同意志的众人的总和,所以社会信息也具有个人性的一面。我们与个人交换信

---

① http://baike.baidu.com/subview/4547716/4547716.htm.
② Blake,R. H. "The Relationship between Collective Excitement and Rumor Construction". *Rocky Mountain Social Science Journal* 6(1969),pp. 119—126.
③ R. L. ロスノウ、ファイン著,南博譯:『うわさの心理学』、岩波現代書選 1976 年、ページ93。

息,也就是与社会交换信息。机械的认识可以把大众传播媒体信息看作是社会的信息,把个人的社交媒体中的信息看作是个人的信息,然而它们无一例外地代表着一个群体、一个社会在发声,因此也才有理由对个人的发声表现出惧怕。社会和个人两类信息是一种矛盾共生、互联互补、互为佐证的关系。社会也正是由这样两大类且多种多样的声音构成的。这就难怪个人在需要大众媒体的信息的同时,也离不开个人层面的信息。

我们发现,人其实是一种信息杂食动物。1978年中国全国的纸质报纸有186种,到2013年尽管处于衰败之中,还有1915种,是1978年的9.3倍。对过去来说,"少即是多"。我们的老一辈就是通过有限的报纸了解政府的看法,获悉中央的方针政策。人类历史发展的任何一个阶段,与今天信息泛滥的时代相比,无一不是信息匮乏的。当每一位决策者都面临同样的信息量而不得不作出决策时,收集到所有他可能收集到的信息,与收集过程中所遗漏的相比,这就是多,而这些信息中难免会有流言。

对今天来说,"多即是少"。对此我就有过一个切身的体会。1992年留学日本期间,需要完成一篇题为"日中之间相对报道中的错位现象研究"的论文。为了解以往所有相关文献资料情况,我去了日本的国会图书馆,以"日中关系"为关键词查阅资料。这是我第一次接触到网络检索终端,利用系统资料库进行信息检索。每一次检索在屏幕上可显示20个文档,同时在屏幕的最下端还有一个提示:"若不够,请按'继续'键。"如此即可方便地得知系统中共有多少相关资料,大喜得我不由得反复按下"检索"键。当文档显示过万时,我已耗时超过1小时;当文档显示超过2万个时,我刷过的屏已达1000屏;当文档显示接近3万个时,我发现后面竟然排着不下20人,其中不少人投以很不耐烦的目光。在众人不耐烦的"社会"压力下,第一次触屏只好就此作罢。之后还不死心,又尝试检索过3次,每一次都接近3万,但因耗时太久影响他人而不得不作罢,最终也不知道日本国会图书馆中与"日中关系"有关的文档资料总数是多少。之后我把关键词外延一再压缩,才得以掌握所需的全部资料,而这个所谓的"最小"是以仅靠我个人在"286系统"电脑下能够完成分析工作而定的。这次检索让我明白,日本国会图书馆内拥有的海量相关文献资料,对我来说接近无意义。即便是数据库系统信息处理能力正是今非昔比的快速;个人移动存储能力在排除知识产权限制情况,甚至可使我拥有全部资料,也还有问题:在既定的时间要完成研究,仅过目这海量的资料时间就不够。有海量资料可供利用,我却只取一瓢,这样的研究不仅不科学,而且注定是在浪费自己的生命。因时间、条件局限,这种情况下"多即是少"的现实,使人在利用信息过程中,已经失去了辨别真伪最起码的可能性。

所有可能到手的信息,无非是认识、理解和分析社会的各个方面的素材。人在利用这些素材的过程中,无从知道有多少被作为材料使用过;其中许多或许只是作为认知的旁证、条件和环境的背景被利用。我接触过很多日本新闻传播学前辈,他们利用报纸媒体上信息的共同之处是:对同一消息,在接触超过 5 个以上不同观点之前,不能接受也不作任何评论。在这个过程中,除了力求掌握全面信息,一个重要任务就是明确和主动协调自我与这个社会问题之间的关系,以便形成自己的认知。

在传统媒体环境中,被动收受社会信息的价值基础不仅旨在吸取,更在于个人主动调节自己与社会问题之间的关系和定位。因为被动,所以力图收受所有的相关信息。作为对冲信息的小道消息和流言,也难免会在收集范围之内。

时至网络新媒体时代,能够主张自我、反应诉求的"自媒体"为个人主动获取信息、体现自我定位、发挥能动性提供了条件。因为主动性在握,新兴媒体在展现自我、实现分享心理要求的过程中,其价值又不仅在于满足了分享的需求,同时也加速了人际传播,乃至让流言走入殿堂。

互联网的出现,对认知的影响之一就是:被动得到信息的人,变成了主动搜寻信息的人。人与信息的关系被 180 度地改变了。这既是因为信息太多,媒体为在竞争中凸显自己不得不细分信息市场,即便如此,仍不能降低信息利用的成本,支持受众有效利用信息导致的革命性结果,也因在过多的信息面前,得益于计算机信息检索技术的支持,信息利用的成本得到大幅降低,受众在接触媒介的过程中包含了对信息的拥有。这是一场变革,是技术推动的结果,更是社会愿望拉动的结果。

信息传播途径从被动地等待大众传媒,走向所有受众都是传者、是媒介舞台中的主持人。过去因媒体异质性信息稀缺,形成信息实质上的供给小于需求,导致绝对性信息稀缺。在互联网信息检索技术支持下的今天,所有的信息需求者都可以是信息供给者,信息媒体的范围被打破了,相伴而来的是寻求各种精神层面认知与传播的需求,以及应对需求巨大变革的补缺等一切信息活动,从无到有,花样百出,层出不穷。

多样的精神需要给大众媒体提出了前所未见的要求,整块铅版化的媒体,从传播程式到供给机制;从选择意识到责任意识,不仅难以应对,甚至无法适应。这也就为已然开通了的信息高速公路发挥其巨大通达作用创造了条件。在这条与需求同带宽的信息高速路上,无人能够驾驭"车流"。惊慌中传受双方把形形色色的"人力车"及"时空穿梭机"当作异端来看待。这也就是为什么流言渐多,且人们对其越来越不适应的原因之一。

形成传统信息途径的局限性的主要因素,除了思想观念以外,还有官僚与行政化思维。其特征是以"我"为正宗的文化。正如"我"在"我们"中只是一份子一样,以"个"替代"们"这个原则本身,虽是一种良好意向,但因其不能代表被替代者们的意识,甚至忽视被替代多数的意愿,这就促成了流言流动。过去流言没有物理载体,所以人会称"不多见",今天有了自媒体,个人信息获得了不亚于大众媒体的传播能力,才出现了流言多的惊呼。今天的传统媒体之所以难以影响受众,主要问题不在于其技术与内容,而在于其与受众的对立化存在关系。之所以出此言,是因为举国上下的大众媒体都会对其上级以及广告主声称自己对其受众具有强大的影响力,其中根据不在受众,不来自受影响者方面,只出自传者基于物理条件和社会地位的推理。

官僚与行政化思维的另一个特征是不能没有"管理"的行政意识。从一开始的"民可使愚之,不可使智之"的文化观念,就为管理预留下了一片天地。这片天地反映在民众身上就成为权威性基础。大众媒体的权威性首先来自它的行政级别,而不是来自大众的普遍认可,但又回避不开大众的评价,此夹缝就是一个断层,这个断层为街谈巷议留足了余地。流言从来就是社会夹缝、断层的填充物,它不仅可由下而上诠释管理信息,也可能会对自上而下的管理信息进行过滤和解释。

七、流言的社会心理论

流言是个人心理状态的表现,社会心理视角对流言的认识较多集中在人的心理方面,又认为谣言的受众与传播者是一体化的。① 同时强调:人类对信息的需求是一种基本的精神需求。在面对突发的重要事件,且缺乏可靠信息来源的条件下,人们只能依靠谣言的传播来满足这种需求。从众心理往往导致谣言的猖狂得势,在这种累积的心理效应的带动下,人们产生一种一致性的反应,逐渐对谣言趋向认同。②

另外,"无论谣言是否真实可信,当其传播形成一定规模后,个体会认为群体的'真实'就是客观的'真实'"。③ 在这种"社会心理趋同性面前,个体受别人影响而使自身独立性与自主性降低,成为流言传播的参与者。④ 在主观真实的驱动下,"某种心理需求也可能成为谣言产生和传播的动因"⑤,甚至只要是"大家关心的问题"⑥都可能形成流言。这基本上是一种"受谣者对谣言信息的心理认同"⑦,是"利益共鸣"⑧。此外,

---

① 邓国峰、唐贵伍:《网络谣言传播及其社会影响研究》,《求索》2005年第10期。
② 周文蓉:《试析谣言的产生、传播对策》,《黑龙江史志》2008年第18期。
③ 丁鹏:《谣言的传播机制及战时消解》,《西安政治学院学报》2007年第□期。
④ 程粉艳:《流言传播的社会机理——非常态传播的个案研究》,《当代传播》2002年第5期。
⑤ 王国宁:《从传播学角度看谣言及其控制》,《新闻研究资料》1991年第□期。
⑥ 李香平:《信息时代:群体突发事件如何应对——对广东非典型肺炎引发民众恐慌的思考》,《青年研究》2003年第3期。
⑦ 李军林:《网络谣言的成因及对策》,《传媒观察》2008年第12期。
⑧ 沈远新:《政治谣言:界定、生存机制及其控制》,《探索》2000年第1期。

反复和强调是流言对人心理的冲击方式,也正如卡普费雷在其《谣言》一书中所指出的,"重复的力量"。①

上述研究,从人的心理需要到对流言真实性的主观认定,再到强调重复的力量,这几个方面都把矛头指向了人的心理因素。不可否认,人的心理因素可以促成流言的传播和利用。问题是导致这种心理因素形成的原因是什么?如果不是另有原因,那就应该通过试验加以证实。换言之,心理因素研究应该是结论,它们无一例外都有原因需要追究,且要能经得起检验,具有普遍性,也才具有理论价值。接下来让我们考察几位国外学者的研究成果供借鉴和参考。

(1)巴纳特·哈特(Hart. B)提出的"心理复合理论"与"群体本能理论"。1916年作为精神心理学者的巴纳特·哈特在他的《谣言心理学》一书中给出了一个理解流言的关键,他指出:话语在人际传递时就会发生变化,其变化不只是由于传递者意识性操作的原因,起作用的还有来自传递过程内部无意识力的要素。其一是歪曲(perversions),其二是群体本能(herd instinct)。歪曲是通过传播形成的。哈特在对歪曲的证言(法庭上的证言中常有歪曲现象)的实证研究中,发现其中包含三个构造:第一是选择性注意,指的是我们从知觉材料中仅汲取那些我们感兴趣的信息;第二是选择性想起,指的是我们会从感情上压下那些使人感到有威胁的材料,会对在感情上令人满足的东西进行夸张;第三是接收到的提问中所具有的暗示力。以上三个构造的动作结成的"心理复合"(psychic complexes)规定了性格,构成了影响。②

心理学家巴克浩特(Buckhout R.)于1974年进行过相同的试验。他在141人的面前,用摄像机拍摄下了大学教授被袭击的情节。之后,巴克浩特为了将从视频里看到实际经过的人与自认为见到经过的目击者们进行比较,把他们的证言进行集中,发现关于攻击者的记忆完全是错误的。六个星期后他出示了六张面部照片,让他们指认其中谁是攻击者,有相当多的人出错。然而,在法庭上的目击者证言对犯罪来说,被朴素地推定为具有根本不容置疑的正确性的印象(简直是人体摄像机的样子)。巴克浩特和他的共同研究者们认为:证言中含有的歪曲与流言传递中可以见到的歪曲非常相似。

被视为流言影响力的另一个基础要因就是"群体本能"促成的行为。哈特为了理解流言,运用了弗洛伊德式的概念,意指它指代的是文明的无意识力,用于促进个人与

---

① 〔法〕让-诺埃尔·卡普费雷:《谣言——世界最古老的传媒》,郑若麟、边芹译,上海人民出版社2008年版,第90页。
② Hart, B. "The Psychology of Rumor". *Proceedings of the Royal Society of Medicine* (*Section on Psychiatry*), March, 1916。

他的伙伴们的和谐。群体本能被视为是人性的基本实在,在使思考合理的作用中,尽管量少,却具备左右潜在意见或信念的强大力量。这种群体本能一旦苏醒,其抵抗的冲动会压倒合理的精神。平时当场就能识破的无稽之谈会让人听起来会感到很真实,从而成为有传染性的流言。"群体本能"一词如今使用的机会甚少,在费斯廷格的"社会比较理论"看来,人为了知道自己是否遵循了集团的规则,会主动对自己的看法、信念进行自检。群体本能也一样,社会比较的基本动因和与他人保持和谐都是一种欲念。①

哈特和巴克浩特一样,他们都认为干扰目击者真实叙述能力的因素如下:

①状况的决定性因素,即插曲细节具有的重要性、观察的时间长度以及物理环境上的因素。②感觉的不确定性。感觉通常不可能是准确的,尤其是受人的生物性局限、观察者的情绪状态及其心理预期等的影响时,不确定性只会更高。③忽视和消除细部的心理倾向(如图 5-3)。④顺从群体的心理压力。它会影响观察者的视觉和判断。

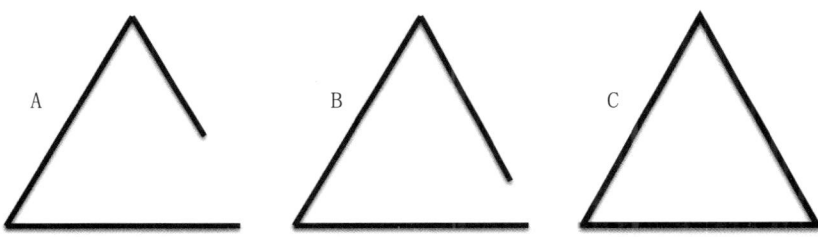

图 5-3 要求观察者凭借记忆照 A 图画出三角形。一个月后观察者心目中的三角形为图 B,三个月后,观察者心目中的三角形变成图 C。这个试验揭示出观察者有忽视细部的心理倾向。

(2)卡尔・I. 霍布兰德和沃尔特・维伊斯(Hovland, C. I. and Weiss, W.)的"假眠效果理论"②。最初进行研究的是耶鲁大学的社会心理学者卡尔・I. 霍布兰德(Hovland, C. I.)和沃尔特・维伊斯(Weiss, W.),他们的试验是对信赖度高低不同的信息源发出的信息的影响进行比较。在接收者接收信息之后立刻对其进行查验,那些从信赖度高的信息源获得信息的人的反应(线 A),与从信赖度低的信息源得到信息者的反应(线 B)相比,呈现出与信息一致的更积极的态度。但是,一个月后假眠效果显现出来,即认同可信赖信息源信息的积极的数量在减少,相反的数量却在增加(如图

---

① R. L. ロスノウ、ファイン著、南博訳:『うわさの心理学』岩波現代書選、1976、100—103ページ。
② Hovland, C. I. and Weiss, W. "The Influence of Source Credibility on Communication Effectiveness." *Public Opinion Quarterly* 15(1951):635—50.

5-4)。霍布兰德和维伊斯认为,这一现象表明,在一定期间内信息源与信息内容会形成分离。从信赖度低处获知信息,一开始接收者不接收其内容,随着时间的推移,会有忘掉信息源,而一直记取着信息的倾向。与此同时,两种人都会不同程度地对原有信息的认知度进行人为的修正。

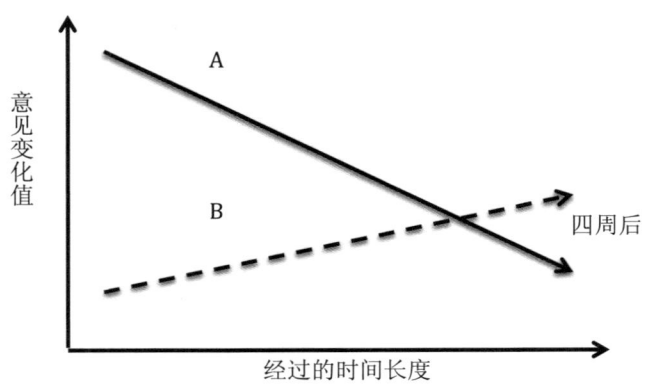

图 5-4 四周后假眠效果呈现出来的变化

其他的研究者认为:在信念体系不开化的地方,遵循信息价值而决定动作是一件相当困难的事,此外信息被信息源的品质左右的情况也很少。①

(3)费斯廷格的"认知不协调理论"②。不协调产生于同时存在的正反两个观念。例如:①我讨厌流言。②我喜欢听有趣的流言。从这二者当中产生出了不协调认知。由这两个矛盾的观念而产生出的不和谐,与其他诱因具有同样机能,当我们意识到出现认知的不协调时,为了减少这种不协调,必须有所作为,如同我们空腹时为了减少由于饥饿导致的不快就不得不吃点什么一样。

认知不协调理论的要义是:当个人面对新情境,必须表示自身的态度时,个体在心理上会出现新认知(新的理解)与旧认知(旧的信念)相互冲突的状况。为了消除此种因为不一致带来的紧张与不适感,个人在心理上倾向于采用两种方式进行自我调适:其一为对新认知予以否认;其二为寻求更多新认知的讯息,提升新认知的可信度,借以彻底取代旧认知,从而获得新的心理平衡。

费斯廷格的"认知不协调理论"是通过 1934 年印度地震后关于居民行动的报道,在为有幸寻找矛盾行动的妥协点的时候得到的。与人们理当尽快忘掉不愉快的事件这种快乐主义的推论相反,震后很长一段时间预言惨事的流言仍在灾区流传。而必然

---

① R. L. ロスノウ、ファイン著、南博譯:『うわさの心理学』、岩波現代書選 1976 年、ページ77—78。
② Festinger, L. "A Theory of Social Comparison". *Human Relations* 7(1954):117—40。

到来的破坏和夸张灾害的流言,则在地震受害最少的地区盛传。费斯廷格的说明是:流言是试图形成不协调的认知的妥协。地震幸存者与没有承受地震灾害的人们,都在承受着地震威胁的心理恐惧,对此又因为没有任何具体的根据,由这两个对立的观念(自己没有受害,但却极为不安)形成了心理上的不协调,有关地震的流言里为减少心理上的这种不快感而制造出来的根据。[①]

(4)荣格的"流言的精神分析理论"[②]。荣格基于他的这个理论认为,普通的流言要扩散,只要具备"人的好奇心和谋求感动的心愿"就足矣。此外,流言也是人们发泄不安和敌意时的表现。我们知道,即便是在不知缘由的情况下,流言也可能成为卸掉恐怖和不安的触媒。用精神分析理论的观点来说,流言是一种防卫机制(减少来自不安的威胁的机制)为了缓和过剩的不安导致的不快心理压力,给自我以安心。

荣格的精神分析理论的支持依据来自于对一位年轻女性做的零碎的与性相关的梦,及对其在教室里形成的流言进行的分析。那个梦和流言表述的是学生和教师间爱与恨这两个极端感情的关系。荣格分析:梦是对已经出现了的事情的最初的表现,如同向火药库里投进去的火花。[③] 因为这样的话题在任意一所学校里,都可以认为是最能撩拨半大孩子的好奇心。

随着人的成长,在奉献与索取的交换关系中,不安会逐渐多起来。各种不安通过大众媒体来源于社会生活:为迎合规模化大众对报道的喜好,对个性化者施加压力;为追求刺激与利用率,捕风捉影的流行与时尚对从众者形成压力;过量的信息供给,形成"过犹不及"的信息饥渴压力;一边倒的歌颂与批判,形成意识性压力等。从这个意义上来说,只要处于非主流状态,只要心理有不平衡,不安与压力就总是存在。因为大众传播是为大众的,势必会令小众感到压力。任何来自传媒的不安,不可能指望传媒为你消除,这也就为流言的传播留足了空间。

前面我们已经提出过这个问题:导致流言需求的心理成因是什么?在国人研究成果中,我没能找到答案。以上国外学者的研究成果,在一定程度上回答了这个问题。

哈特基于选择性注意、选择性想起所接收到的信息中所具有的暗示力提出的"心理复合",以及"心理倾向试验",最后构成了"心理复合理论"与"群体本能理论"。它们解释了流言的形成机理。

---

① R. L. ロスノウ、ファイン著、南博訳:『うわさの心理学』岩波現代書選、1976、90—91ページ。
② Jung, C. G. "A Contribution to the Psychology of Rumor". *Collected Papers on Analytic Psychology*. 2ed ed. London: Barlliere, Tindall & Cox, 1922. 以及: "A Visionary Rumor." *Journal of Analytical Psychology* 4 (1959): 5—19。
③ R. L. ロスノウ、ファイン著、南博訳:『うわさの心理学』岩波現代書選、1976、89ページ。

奥尔波特和普斯特曼则揭示了"重要性和含糊性"在流言传递中的作用和价值。

卡尔·I.霍布兰德和沃尔特·维伊斯的"假眠效果理论",源于对信赖度高低不同的信息源发出的信息,在时间流动中影响的变化进行比较的试验,揭示了流言的变化规律。

费斯廷格的"认知的不和谐理论",是通过1934年印度地震后关于居民的行动的报道,在为有幸寻找矛盾行动的妥协点的分析中得到的。

荣格则对梦进行分析,得出他对流言的"精神分析理论"。

他们的共通点是有试验,有特定的分析对象,经研究后得出相应的理论。因此这些理论尽管有局限性,但在其所关注的点上,结论是严谨而科学的。此外,这些理论还有一个共性,就是都超越了流言本身,到达了形成流言的本源。它不特定于人,也不回避环境因素,而是直指普遍存在的心理共性,是现象向本质的接近。因此它们具有不朽的学术价值,令后人难以否定。

流言是对现实进行寓意(自我解释),是心理娱乐,也是心理防卫上的需求。当现实照进心理后,或多或少都会存在的认知不和谐,就会进一步构成流言及其传播的动因。此外,无论出于释义、娱乐、防卫,还是随之而来的认知不和谐等因素,人对信息的消费都具有显著的自发的目的性。这也是人的能动性反应在行为上的必然结果。如果加上重要性和模糊性,以及相关性与紧迫性这些基础要因,他们的存续、走向决定着流言的存续和走向。

如果说流言乃至谣言具有强大的影响力,它绝不是来自流言本身,而是被各种心理本能所赋予的。因此,对各种心理需求的缘由进行明确,应当是流言影响力研究的根本。具体来说,即便是由于精神紧张,为了趋利避害的心理需求,流言也只是一个火星,构成爆燃的关键还是那个早就存在的"雷"。

在流言与心理需求之间是否也存在着一种供求关系?显然,只有对应才会产生效果,只有需求才能促成供给。这也正如奥尔波特所言:一个美国公民一般不会传播关于阿富汗骆驼市场价格这种谣言的,因为这个话题对他没有任何重要性。[①] 而这种"对应"是否基于积累效应和趋同效应,甚至是从众心理呢?

情况可能多种多样,但有一点基本可以明确:"流言是影响力的核心动力"的说法是站不住脚的。现实中,个人心理不得不对接社会意识,才使流言在所有希望对接者身上产生出结果,这应是重要性之所在。

在流言传播中,对流言信息质量的认识,取决于对其数量的认知;把流言重复传播

---

① 〔美〕奥尔波特、普斯特曼:《谣言心理学》,刘水平、梁元元、黄鹂译,辽宁教育出版社2003年版,第18页。

的次数,作为其可信与否的判断根据,这些不过是流言影响力形成中的促成条件。在"从众"一章中介绍过的"阿希试验"说明了群体中的"一致性"对个人来说既是一种压力,也是一种个人的心理追求。流言之所以能通过重复产生力量,就是因为个人对群体一致性的追求。

本书在前面提出过如下公式:

流言的影响力＝重要性×模糊性×相关性×紧迫性(≥1)

基于对城市日益拥堵的公交现状的分析,我发现了可供借鉴的一般规律,它与信息传播中出现流言的问题有相似性。在一般道路交通系统中,从流通状态这个角度考察交通时,可以发现道路交通畅通与否取决于道路交通利用者数量的多少。一般会在早晚上下班时间出现堵车,称之为"早晚高峰"。这个时间里道路交通利用者数量最多。早晚高峰道路交通流量的大小,又取决于交通方式、城市布局和生活时间的布局,即城市生活方式。以北京为例:朝九晚五的时间规律,加上生活与工作区域从城市规划开始就被分割开来,迫使人们不得不依靠城市公共交通工具,日复一日地进行潮汐式全城通勤大移动。城市生活方式还取决于交通工具的选择与公众工作的相关性,其中还包括公众对距离、速度、安全、便捷、实用和便宜等关联性要素的要求;如果再加上兴趣、偏好,如有人就认为自驾车出行才时尚、快捷,就更能使道路交通在某些枢纽点上形成超级拥堵,使"首堵""交通成本太高""生活品质下降"等成为社会问题。

分析中,我们发现有两个"波动"现象存在。一个在点状拥堵问题出现之初,人们为提高出行效率,开始争相购买私家车,希望用更多的金钱换回宝贵的时间。这次波动实质上不见得给自己赢得了多少时间,却实实在在地让全社会的通勤时间由于堵车点现象加重而普遍延长了。第二次波动出现在道路交通管理方式上,认为人多车多是因为道路不够,因此一方面新修更多的道路,另一方面出台了分号限行措施,进行管制。其中尤其是分单双号限行方式,最能使道路畅通,使拥有私家车的优势得以体现,从而促成了第二波购车热潮。此次波动实实在在地让城市汽车拥有量来了一个大提升。这两轮波动让疏堵成大拥堵加重的原因,最终促成私家车限购政策的出台。

在现象的分析中,我们发现了"通畅与沟通波动理论"。它在一定程度上能对流言现象予以诠释:社会常态发生变异,如事件、状况显现时,因对变异的关注度提高,使相关信息需求量大增。常态流动的信息对应机制就是增大供给,这就形成第一次波动。相对于这时的需求来说信息总显得不足,外加媒体信息同质化现象,受众对信息供给速度、数量和质量都不会满意,产生信息不畅感。问题要解决,搜集新信息会促使人开启所有的信息渠道,产生第二次波动。为流言形成市场的同时,各种解读、解说、解释的流言必然会被收集。在事件的重要性、关联性、紧迫性与信息变化波动幅度成正比的作用下，本属于人自主应对策略的变化，被他人认为是流言的影响力。

在整个过程中，起初是因通常渠道的信息供不应求，人们出于信息饥渴而提高了对信息的需求；它刺激大量信息出现，信息渠道不再畅通，进一步促使人更积极地搜集信息，导致有效信息不足在意识上被再次放大。两次放大形成的波动提高了流言的影响力，即便如此，也未必能缓解公众对信息的饥渴感。伴随着事态的新进展，下一轮波动促成了，从而导致社会问题产生。

从克制流言影响力的视角来看，问题的关键在流言本身吗？显然不在。首先在于社会常态的变异。这包括两个方面。一是源于外界因素导致的客观常态的变异。如尼泊尔地震，自然灾害导致社会常态被破坏，同时危机仍然潜伏在被困游客身边，急于寻求避险出路、获取相关信息是一种本能。二是在于内心对社会常态的认知出现了变异。仍如尼泊尔地震，因中国政府出动包机，为中国公民架起了唯一的生路，之后却被过度解读为"中国公民免费乘机"，在一般国民心目中引起的"合乎目的性"的认识，才衍生并形成"免费乘机"流言。这个流言实质上反映的是能克服所有困难的救援，包括因地震可能给中国游客造成金钱、证件等可预料的困难。

此外是事件相关者对信息需求量的增加。实在没有更多客观信息时，人们开始收集主观信息，恰好"免费乘机"是一个能令当事人满意，同时也能使国内人满足的信息。尤其是在自然灾害面前，真实的信息再多也不可能出现"灾害已毕"这样的信息。即便有人发出这样的信息，因无证据自然会被人当作"谣言"对待，积极利用主观信息就成为一种自然现象。

随着时间的推移，所得信息事与愿违，或因信息不畅形成信息饥渴，甚至毫无进一步的危机征兆等都有可能增强危机感，强化紧迫感，提高对与任何信息的重要性相关的认识。试想，如果我们仅从信息这个方面入手，可以解决人们的这场心理危机吗？显然不可能。可信息却是解决问题的征兆，形成众人翘首以盼的需求。

假设我们通过专家和地震研究部门发布"大灾已经过去"的通告，因无人能证明通告的可靠性，也无法相信某些科学推论的可信性，甚至形成逆火效应，灾难中最快被定性为"谣言"的或许就是这样的通告，又假设我们可以发布更多的其他信息，却总不见实质性救援行动出现，结果会如何？可想而知，这样能形成更大的信息饥渴。

一般来说，信息在成为其佐证的场合，随着事件的重要性认识只向着自我认为正确的方向推进，对信息可靠性佐证的追究就必然会出现偏向。可见，用信息来佐证信息总难做到客观准确。流言是社会的产物，疑惑是社会关系的产物的次生物，这种认识逻辑其实也就在说明这个道理。信息需要有对应的事实才可能具有对应的影响力。"免费乘机"及"谣盐"的破灭，均源于实际对应行动的作用本身。

谣言影响能力研究成果的归纳中,也可见谣言影响力的一般机理:大众有密切关注与己有利害关系的现象的习惯,并以眼前备受关注的事件作为出发点进行分析和评估,这也就是人的所谓"趋利避害"的天性的结果。在天性的驱使下,人会不断更新获得的信息,力求实时反映事态发展状况。这时天性外加认知的偏向对需求的信息有一个明显的指向性——以眼前的信息,防范将来的危机。

在对获得的信息进行分析和评价过程中,来自他人信息的重复量,会形成"群体压力",助长信息的影响力。当重复的信息形成压力之后,会转化为个人对信息的舆论化解释,进而把群体的压力上升为社会的共识来对待。至此,流言也好,谣言也好都已不复存在——认识决定存在。

此外,人有把自然信息当作消费对象的本性,正如恩斯特·卡西尔在《人论》一书中所言:我们应当把人定义为符号的动物。人是符号的动物,自然也就是信息的动物。人不仅消费物质,也消费信息。甚至可以认为,在今天这个知识经济社会中,个人消费信息的能力与数量,与其自身在社会中所处的地位成正比。在大量各式信息中,能辨别真伪,不亲自接触良莠,怎么能练出针对流言的火眼金睛?同理,无菌环境培养不出人的免疫力,正确识别不同信息的能力不可能来自只存在正确信息的环境。由此说来,不辨与不惧流言也是人的本性。如果说流言对人有影响,不如说是接触流言的人使流言对自己具有影响力。

所有的信息接收都是为了传播。过去我们表面上只是一个被动的受众,私下里却难免发挥信息的二传手的作用,差异只在传递数量的多寡、传递面的宽窄。作为信息的动物的人,他的另一个特征就是促使信息流动,因为这是个人影响社会的主要方式。仅仅是为了影响人,意在利他时,即便传递的是"谎言",人们也称它为"善意的谎言";旨在利己时,结论就会是多样的,大多会集中在"谣言"一边。也有一种情况,会出现一边倒的信息传递,那就是当大众媒体站在大众的对立面,不代表也不反映大众的意愿时,大众信息对大众媒体信息的对冲(对立)存在就会凸显出来。此时,理性有可能让位于情绪,流言、谣言,莫衷一是。

在我们周围的存在物中,流言或许形同空气。空气中有我们不可或缺的氧,也有并不需要的氮,还有一些成分是有害的,如一氧化氮、二氧化氮等。流言同人相伴而生,恐已超过 5000 年,在漫长的进化过程中,如果不是具有适应和对应它的能力,人类社会恐难发展至今。相反,对人类来说,大众传媒及其信息从大众传媒时代开启[①]至

[①] 以 1660 年德国的《莱比锡新闻》发刊算起传播业出现了 355 年。以 1855 年英国出现"便士报"——《每日电讯报》出现为标志人类进入大众传播时代只有 160 年。

今只走过 160 多年。如果说到人对信息有适应上的问题，只可能是对大众媒体信息，而不会是对流言。所谓传媒素养，早已有之的是对流言的素养，而绝不是对大众传媒的素养。如今生活在大众传媒构建起来的社会中，无视抑或是回避流言的做法始终存在，不仅不可能消除流言，也不利于现代信息社会的建立。当流言获得互联互通的科技渠道，得以放飞之后，产生时间不长的大众传媒才第一次看到了自己之短以及它与大众的关系，或许这才是信息社会的本来面目。

所谓"流言的影响力"，其实并不来自于流言本身。因其始终植根于大众，作用于大众，又因无人能驾驭它，从而使其自显其能。至于说它能量巨大，因无人清楚其产生，也无从估量其规模，也就容易形成虚构甚至夸大性认识。反观"大众媒体的影响力"出于经营自身，以及服务于他人经营的需要，从一开始就难免有被夸大、被虚构的嫌疑。最为直接的例子就是，大众媒体经营者在影响力评估上，始终无视人际传播的存在，一直宣称自己对受众选择信息消费的行为具有影响力，也就等同于对受众意识的影响力。

上述涉及的与流言相关的理论，无一从流言内容出发来研究流言的传播力与影响机理。T. A. 库依布的"文脉要素理论"和 A. J. 鲁斯的"幻想的流言理论"主要是从社会层面的高度来分析流言的形成及影响。正如托马斯夫妇 1928 年在他们所著的《美国的儿童》中所言：如果人们将情境当作真实的，那么其结果将成为真实的。其中有一个永恒的暗示：人们不只对情境的客观方面有反应，重要的是，人们也对情境所具有的意义有反应。这样一来，社会就为流言的存在和影响提供了充足的存续条件。

R. H. 特纳和 L. M. 基利安提出的"流言的过程理论"、G. H. 米德的"象征性互动理论"、R. H. 布莱克的"社会化激奋理论"，则从社会关系的视角对流言进行了研究。他们在个人与社会的交换关系中定位其研究，指出个体相对于社会的基本定位决定了流言会使传者与受者双方在动机上形成最佳互补，使流言成为人与人相互行为的借喻、交换概念而被利用。再加上不是社会融入个人，只能是个人融入他所对应的社会。这样一来，当流言构成了社会存在，个人就只剩下"融入"这一条路可走。这就是流言在社会关系视角下形成影响力的原委。

B. 哈特的"心理复合理论"与"群体本能理论"认为，形成流言的关键在于话语在人际间传递时就会发生变化，除有意识操作的原因外，还有来自传递过程内部无意识的本能要素的作用：一个是忽视和消除细部差异心理，另一个是心理复合导致歪曲。

卡尔·I. 霍布兰德和沃尔特·维伊斯的"假眠效果理论"认为：在一定时间内信息源的品质与其信息内容会形成分离。高品质的信息源不一定保持对其信息的高品质认定，反之亦然。信息被信息源的品质左右的情况也很少，多见的则是人依据自己的固有认知对信息进行修正。

费斯廷格的"认知不协调理论"认为：不协调产生于同时存在的正反两个观念。对此必须表态时，心理上会出现认知冲突。为了消除认知不一致带来的不适感，个人在自我调适时，流言会成为自我认知妥协的支撑点且会被利用。

荣格的"流言的精神分析理论"认为：流言也是人们为了发泄不安和敌意时的表现，于是只要人具备好奇心和谋求感动的心愿，流言就足以实现扩散。

综上所述，流言影响力的主要功能，并不在于流言本身，而在于其所处的社会、社会关系和人的内心取向上。由此可进一步解明基于摆事实、讲道理的"辟谣"为什么会产生"逆火效应"这种无奈的结果。

思考题

1. 流言具有新闻性该如何理解？
2. 流言是否可以被修改和补充？
3. 流言具备能回应人们的情绪、愿望的解释吗？
4. 流言能赋予人或事物什么样的新内涵？
5. 流言怎样才能成为填补空白的谈资？
6. 在新兴与传统两种媒体中，议程设置是如何体现的？
7. 在新兴与传统两种媒体中，舆论领袖形成、影响力及影响效果上的差异是什么？
8. 自媒体中热门话题形成的主要路径有哪些？
9. 为什么"危言耸听的、戏剧性的、低俗的"信息容易抓住人的眼球？
10. 官方、权威的信息为什么会被重视？
11. 同样是对人的延伸，传统媒体与新媒体有何差异？
12. 能否建构群体自发议论的社会基础、环境？
13. 有效避免信息不对称等社会因素的建议有哪些？
14. 如何借力群体思考与防止群体盲思？
15. 是否有合理释放社会公众情绪的可能和渠道？
16. 对社会危机、变革之类应有的态度是什么？
17. 社会公众关注、交流中的热点的关键在哪里？

第六章 宣传的影响力

■ **本章要点**

1. 对宣传应该持一种什么样的认识
2. 宣传与社会控制的关系
3. 宣传与权力的关系
4. 权力的影响力
5. 辅助宣传的各种技巧

一、宣传及其内涵

什么叫宣传?

国内有学者认为:宣传是有目的地传播某种事理以影响他人意识和行为的一种社会活动。[1]

在国外学者中,拉斯维尔是较早研究宣传的一个。在19世纪30年代他就提出,宣传就是通过故事、谣言、报道、图片及社会传播的其他形式,来控制意见。宣传专注的是通过直接操纵社会暗示,而不是通过改变环境或有机体中的其他条件,来控制公众舆论和态度。[2]

此后国外学者的一般性认识认为,宣传是"依据特定的目的,对个人或团体的态度、意见施以影响,诱导其态度、意见甚至行为向着既定的方向发展的,具有慎重计划

---

[1] 郑保卫:《新闻学导论》,新华出版社1990年版,第122页。
[2] 〔美〕哈罗德·D.拉斯韦尔:《世界大战中的宣传技巧》,张洁、田青译,中国人民大学出版社2003年版,第22页。

的传播活动"。①

尽管是为了使他人的思维方式及行动朝于己有利的方向转变,但通常是由极少数人向不特定的多数人进行这种信息传播活动,由于动机和目的不同,宣传与批评、报道、教育等信息活动被认为是有区别的。但在实际操作中,被冠以报道、教育之名的宣传也是存在的。如今在商业层面上对宣传利用较多,是为获取对商品的效能、意义、主张等理解和赞同而进行的告知活动。②

一般来说,宣传具有以下五个特质:③

(1)宣传是对个人心理的驱动。从治理和管理的角度驱动民众心理,其目的是要对其思想和行动形成影响。宗教上通常会在"救济人的灵魂"上产生诉求,商业宣传则把重点放在提出购买的理由上,政治宣传是对特定的思想、行为施加加强性影响。美国心理学家拉斯维尔用注意(attention)、享有(enjoyment)、了解(comprehension)、评价(evaluation)、行动(action)这五个指标来衡量宣传的反应效果。

(2)宣传是瞄准对象的感情诉求。无论是公共、政治或商业宣传,提炼出能瞄准感情的口号、箴言都极为重要。此外,在商业性宣传中,即便只是为了体现理性,除了使用统计数据、图表之外,动用名人、专家出场也较多见。在具体实施中还会从恐惧、名誉、冒险、欲望、同情、自尊、野心、爱心、家庭观念这样一些点切入进行宣传。

(3)宣传是具有信息性的活动。公共、政治、商业宣传,都是针对不同的人群与关注点,能否提出与之相对应的信息,是宣传成功与否的关键。此外,运用什么样的技术手段完成信息的送达,选择面随着新媒体的出现变得越发广阔和多样化。

(4)宣传是对他人进行说服的活动。宣传与教育应有所区别,教育应当点明争论的所有方面,以供受教育者当面进行价值判断并自行得出结论,从而实现教育的目的。教育中有抵触情绪是必然的,同样受教育者也可能被导向一定方向。教育通常也是一个持续不断的过程,期间出现教育者被教育的情况也属正常。宣传则有所不同,宣传者通常是居高临下的,"永远正确"是它的基础定位。无论是在广告宣传还是各种公共关系活动中,通常没有与受众对话的余地。

(5)宣传是具有文化性的活动。随着教育的普及、公众文化程度的提高,文化作为生活的要素显得日益重要。因此在宣传活动中不能不借用被宣传者的文化,使其成为

---

① 见田宗介、栗原彬、田中義久:《社会学事典》,株式会社弘文堂出版,平成9年,p.553。
② 《世界大百科全书(第2版)》,株式会社日立ソリューションズ・クリエイト1998年,https://kotobank.jp/word/宣伝-22693。
③ 归纳于:A・シュテウルミンガア著,高沖陽造訳:『世界政治宣伝史』,岡倉書房1943,J・M・ドムナック著、小出峻訳:『政治宣伝』,白水社・文庫クセジュ。R・H・ロービア著,宮地健次郎訳:『マッカーシズム』,岩波書店1984年。佐藤卓己著:『大衆宣伝の神話』,弘文堂1992年。

宣传内容的要素之一,其中包含简明易懂、感性诉求、娱乐性、快餐等特质。

无论是从公共和政治的角度关注宣传,还是仅在商业与公益的目的上利用宣传,其核心无非是使受者改变态度,使其思想和行为向宣传者所需求的方向转化和发展。又因宣传是一种社会活动,因此,其实质也就是以宣传的方式实现对社会的控制。宣传不仅服务于政治,也能促进消费,自然也能服务于社会公共利益。之所以在此引入"社会控制"的概念,是因为它能更为贴切地反映宣传之所以有影响力的原因。

二、宣传与社会控制

狭义的社会控制,特指对偏离行为或越轨行为的控制,而所谓"偏离""越轨"的标准无一不是由宣传者决定的。其目的是为社会成员提供合乎已被社会认定的规范的价值观和行为模式,同时协调人际关系、约束和指导社会成员的行为。商业宣传的目的就是为了"使人对自己的消费产生不满"。其理由无非是"不时髦了""太土了",至于什么才是时尚、什么才洋气,则由商家来定。在广告语中常见的是:当你有了它,你就有了一切。你若相信,你就被诱导和被控制了,就那么简单。把消费者诱导到自己的消费群里来,使其成为自己品牌的忠实消费者,就是他们通过广告宣传进行从生产到销售、从成本到利润管理控制的全部目的。

对社会控制的一般化认识有过一个转变的过程。"从国家诞生以后,人类的社会控制便进入了自觉控制阶段,其主要特点是国家以法为主要根据、以阶级统治为社会控制的主要手段,而社会秩序更多地是一种人工构建的秩序。"① 如 E. A. 罗斯所言:"社会结构起初全凭武装力量联结在一起,时间逐渐掩饰了赤裸裸的强权,同时道德和精神的影响部分取代了野蛮的暴力。"②

"几乎任何一种形态的社会都有专门从事社会价值观、思想和道德的研究与宣传的职业和相关的从业者,不论是学校、教会、文化团体,还是政府或政党的宣传机构,都以各自的方式和手段,对社会成员进行着思想意识的灌输和渗透,从而使个体的思想意识自觉接受社会思想意识的制约,达到有效控制社会的目的。"③任何社会都会要求其社会成员遵从社会规范,维护其社会秩序,也就是说任何社会都要实行社会控制。在一定程度上,道德的约束力、理论的说服力、文化的归属力、艺术的感染力和科学的影响力等都可以成为控制意识形态的表现形式,都属于社会控制的文化因素。它与政

---

① 周勇、高兴:《社会控制中的文化因素分析》,《湖南大学学报》2015 年第 1 期。
② 〔美〕E. A. 罗斯:《社会控制》,秦志勇、毛永政译,华夏出版社 1989 年版,第 44 页。
③ 周勇、高兴:《社会控制中的文化因素分析》,《湖南大学学报》2015 年第 1 期。

治因素、经济因素一道可用于维护社会秩序的稳定,于是宣传就被提到了议事日程,倍加重视。一般来说,人类社会的文明程度越高,文化因素发挥社会控制的作用就越大、越持久。文化活动不同于经济活动、科技活动那样直接作用于自然物,而是作用于作为社会成员的人,它是通过影响人的意识而影响人的实践活动的,这正是宣传追求的效果。

社会控制有这样几个主要特点:

(1)集中性和超个人性。社会控制总是集中地反映了特定社会组织的利益和意志,都服务于社会组织的总体利益和最高意志。社会控制同时又是以基于个人之上的某种团体和组织的名义,由上而下实施的。宣传通常也是以团体和组织的名义,以"不特定的多数人"为对象进行的。

(2)依赖性和互动性。社会控制依赖于社会实体组织和媒体来起作用,通过社会实体与个人的相互影响而起作用。在社会范围内进行的宣传,无论性质如何,离开可以动员大众的媒体,离开受众欢迎的媒体,是不可能实现的。

(3)多向性和交叉性。控制主体多方面发送信息,之后作为中间环节的媒体又把各种精神因素与众多社会个体相连接,使社会控制成为一个多向交叉和多层联结的网格。在技术层面上是从宣传主体开始,利用所谓媒体组合的方式,使大众从直觉上进入一个虚拟的现实,在感知上产生虚拟对现实的置换,从而产生社会舆论性影响。

社会舆论是实现狭义社会控制的途径之一。所谓舆论就是群体意识,是成员共通的认同感、归属感和责任感的总和。群体意识是群体成员团结的基础,也对成员的行为具有指导和约束作用,它在社会中的外在表现就是舆论。当它代表正确意见时,产生积极的社会控制作用。反之,它起到的就是消极的社会控制作用。舆论有一个特点,即它构成社会环境,与社会成员内心呼应,而后显现其作用。因此舆论由内而外作用于个人,之后形成社会认识进而实现对社会的控制。

这种由内而外的控制也被称为"内在控制"[①],指的是通过社会化的观念和道义的力量来影响人的思想,并借助对社会制度合理化的理论论证,达到人们能自觉根据社会规范控制自己行为的目的。在本书"从众的影响力"一章中,涉及"群体压力"这样一个观点,以制造舆论的手段进行的宣传活动,也可以理解为是在制造自觉从众的环境。而这个环境能否被制造出来,取决于宣传是否能够形成群体压力,乃至社会压力来迫使游离的个人就范。相比基于强权手段的外在控制,应用内在控制形成群体压力的手

---

① 外在控制是依靠社会认可的共通准则,促使社会成员服从其规范的社会控制形式,比如法律控制、纪律控制和行政条例控制等。

段,已然高明了许多,但其强迫性并不输前者。

E. A. 罗斯认为:习俗、舆论、伦理观念等社会意识是一种重要的社会控制手段。内在控制从本质上讲是在迫使社会成员内化一定的社会价值观,自觉地按照符合一定社会规范行为的方式和手段行动。它主要通过宣传的方式形成舆论、信念、习惯、风俗等,使个人与现实社会的信念和价值观相对接,并且在一定程度上转化为个人的行为。具体来说,宣传利用了社会控制手段的两种形成机制。一种是通过社会组织体系有意识、有目的地通过大众传媒广为宣传而形成的,这种自觉形成的舆论是社会成员对社会运行的自觉把握,体现为社会系统的"自为控制"。在传统媒体中常见的议题设置乃至议程设置,就是一种极为高明的调动自为控制的做法。由于淡化了权力在其中的存在感,它比"说教""教化"之类赤裸裸的宣传更有利于群体压力效果的提升。另一种是由社会公众自发形成的,这种自发形成的舆论是社会成员的自我组织和自我调节,体现为社会系统的"自在控制"。① 眼下自在控制较易形成于社会化媒体中。因其一改被动接受为主动参与、关心这些主动因素,易于提高信息到达率及有效利用率(记忆率)。在文明健康的社会环境中,自在控制形成的社会控制,优点在于成本较低,同时社会成员认同度高。

中国政治思想传播往往是通过宣传,利用某种外力唤起知觉,形成外在控制来实现。在这样的宣传中,首推冠以"政治思想"为前缀的宣传最有力。原因就在于其具有的能力:②

思想政治宣传对个体行为的控制具有主动性、积极性、长效性、传导性。(1)思想政治宣传能通过说服教育、启发引导,使个体对道德规范、法律规范背后所蕴藏的社会价值体系产生社会认同并自觉遵从,由被动压服转化为主动信服,体现其主动性。(2)思想政治宣传能通过行为养成、榜样示范等方式,培养社会成员良好的行为习惯和健康的生活方式,自觉摒弃有悖于社会规范的行为方式,体现了其积极性;思想政治宣传能通过陶冶情操、锤炼意志,塑造个体健全的人格,使个体形成坚定的意志品格,树立符合社会发展要求的理想信念,体现了其长效性。(3)思想政治宣传能通过自我教育、同伴教育,培养社会成员的自律意识、合作意识,推动社会成员之间彼此共享教育成果,共同建构和谐人际关系,体现了其传导性。

总之,思想政治宣传是一种激发个体自觉遵循社会规范性要求的巨大精神力量,它通过调动个体的社会情感和行为调控意识,使个体行为自觉纳入社会规范的既定轨

---

① 邵春桦:《大众媒体的社会控制功能对市民社会的影响》,《法治与社会》2008 年第 27 期。
② 杨威:《社会控制视野中的思想政治教育》,《武汉大学学报》2012 年第 3 期。

道,从而实现社会规范体系的个体化和社会化,达到社会控制的目的。

之所以把思想政治与宣传放在一起,还因为长期以来的宣传运动告诉人们,宣传是可以上升到政治的高度、思想的高度来进行的,即便是商业宣传,一旦能与政治思想挂钩,其作用和效果亦不可小视。比如爱国与某品牌直接挂钩的广告宣传在 20 世纪 90 年代就比较多见,之后被制止。中国的现代史上,把思想政治与宣传置于一处,是中国社会控制实践的独到做法。对此可以理解为是宣传借用了政治思想工作的路径来实现对社会的控制,其中包括政治统治路径、社会管理路径和社会心理路径。①

(1)政治统治路径。统治阶级只有将意识形态建设上升到政治统治的层面,才能充分发挥思想政治宣传的社会控制功能。②

那么,什么是政治?政治是集团、社会规定其成员以制定统一的决策而存在的一种意识机能,以及与这种机能相附随的各种现象。更为简洁的表述是:"政治是在权力基础上,国家、集团的意识、政策的决定过程。"③

在中国对政治最为常见的解释是:政治是以经济为基础的上层建筑,是经济的集中表现,是以权力为核心展开的各种社会活动和社会关系的总和。

从以上国内外关于政治的陈述中可以归纳出几个与政治有密切联系的关键词:权力、国家、集团、意识、决策和关系。可见政治其实是在权力基础上,国家或集团意志在大众身上的体现这样整个关系过程。

不过关于权力有一点需要澄清,这里所指的权力,不是国度范围内狭义的权力,而是指学术天地里广义的权力。如政治学家罗伯特·达尔所认为的:权力是指那种让别人做他们不愿意做的事情的能力。它可以来自外部,也可能来自个人或团体内部。世上没有几个人能像陶渊明那样"不为五斗米折腰",这是权力对他不起作用的一种结果;陶渊明所遵从的权力是他内心的期盼。从属于内心的本性选择,是外部权力内心化的结果。其他人对权力的臣服,是不得已而为之的。

至于什么叫统治呢?国外的解释是:利益志向不同的集团或人之间明确可见的从属关系。④ 中国人认为统治是一个人或一个政权为维持其生存与发展,运用权力以支配其领土及个人的行为。⑤ 显而易见,不同定义都把统治与以下关键词相连:人、集团、从属、支配、关系。可见统治不外乎"人或集团之间的从属关系"。

---

①② 杨威:《社会控制视野中的思想政治教育》,《武汉大学学报》2012 年第 3 期。
③ 『世界大百科辞典』第 2 版、株式会社日立ソリューションズ・クリエイト、https://kotobank.jp/word/政治-85844。
④ 《世界大百科辞典》第 2 版、株式会社日立ソリューションズ・クリエイト、见于:https://kotobank.jp/word/政治-85844。
⑤ 汉典 http://www.zdic.net/c/f/152/337309.htm。

当把政治与统治合而为一后,对政治统治路径就可以理解为:以权力为基础,在国家或集团的意志下,从属关系以一定方式在人身上的体现。代入"宣传"这个词后,上述表述就变为:宣传通过政治统治这条途径作用于人时,即包含着国家或集团在权力基础上,以从属关系传输其意志的社会活动。对人来说,这种力量可谓无法抗衡。

(2)社会管理路径。对于管理定义的表述多为:管理是公共权力机构、企业和其他社会组织通过政策、法规、制度等方式,对各种资源进行有效配置,以实现既定目标的活动。① 其中出现的政策、法规、制度这几个名词不可不察:

政策——在中国,政策多指国家或政党为实现一定历史时期的路线而制定的行动准则。② 在现实社会中除有国家层面的政策,还有集团、企业、单位的各方面的政策,如资本运营的、人事的、经营的、销售的等等。它的基本要义不外乎为了实现既定目标而制定的要求人人遵照执行的规定。

法规——法律、法令、条例、规则、章程等的总称。③ 众所周知的是,除国家层面外,行业领域、社会集团、组织内部也可能存在有形与无形的各种"法规",它是在各个层面对团体或个人都具有强迫力的可执行性文本。

制度——是要求大家共同遵守的办事规程或行动准则,同时,它也是在一定历史条件下形成的政治、经济、文化等方面的体系。④ 其强迫性显而易见。

三者相加即为社会管理方式。国家、集团以法规之威严为宣传铺就一条路径,在强力推开的道路上,宣传所到之处,受众之被动、无奈,甚至只能俯首称臣就不难理解。

(3)社会心理路径。思想政治宣传是实现社会控制的一种重要的心理转化机制。它以社会成员既有的心理结构作为对象,通过心理疏导、思想教育、情感熏陶、人格塑造等方式,使社会成员对社会的价值规范体系产生心理认同,从而实现外在社会秩序向内心精神秩序的转化。⑤ 如前所述的 E. A. 罗斯的观点:时间逐渐掩饰了赤裸裸的强权,道德和精神的影响,部分取代了野蛮的暴力。在时代交替转换过程中,过去通过武力实现的社会控制,如今大部分已被意识形式的强力所代替,其中相对"柔软"的也只有心理路径这一条。

通过走心、教化、熏陶及人格塑造等方式,以"四面楚歌"大包围的方式去动摇一颗心,即便铁石心肠也难以不为所动。这也就是宣传为什么具有影响力的又一原因。基

---

① 杨威:《社会控制视野中的思想政治教育》,《武汉大学学报》2012 年第 3 期。
② 中国社会科学院编撰:《现代汉语词典》,商务印书馆 1998 年版,第 1608 页。
③ 同上,第 342 页。
④ 同上,第 1622 页。
⑤ 杨威:《社会控制视野中的思想政治教育》,《武汉大学学报》2012 年第 3 期。

于行为主义的传播学研究把人的传播实践活动简化为"刺激—反应"的行为模式,以有效控制个人与社会为其根本目的。绝大多数发达国家则是通过"国家机器、资本市场、媒体工业来制造'社会共识'"。① 由此可以看出,尽管提法不同,无论是在西方——基于信息传播来实现社会控制,还是东方——基于信息宣传来实现社会控制,均出于国家、集团的目的来追求对社会各个层面的控制。这种本质一致的行为方式,之所以无关中外延续至今,原因无外乎其社会体系均为垂直架构,其中,信息也多呈现由上而下的流动模式,二者的结合才造就出现行样态。

至此,还有一个支撑宣传影响力的要素我们不能不察。这就是在上文中也多次提到的"权力",它体现为宣传中具有的强迫性基础,除去长期以来社会固有意识之外,来自制度的力量也是一个重要因素。

需要再次明确本书所涉及的权力,既不是法律赋予的权力,更不是什么"神授之权"。它指的是"我们为什么不得不这么做"这样一种由外而内,也由内而外,既因感知而动作,也因感受而不得不动作的驱动力,这种驱动力使宣传具有影响能力。

三、权力与宣传

权力定义众多,但焦点都被放在"控制他人的能力",包含"使他人产生合自己目的的能力"上。通常权力被认为是影响他人行为的能力。政治学家罗伯特·基欧汉以及约瑟夫·奈认为:权力是指那种让别人做他们不愿意做的事情的能力,权力也可以视为对结果进行控制的能力。② 这个定义的特点是以外力的方式或手段来改变他人的意志,进而实现自己的目的。"就经济或政治上制度化的权力而言,它们可以说是具有支配性的。"③

福柯的权力④定义是:"权力不是一个机构,不是一种结构,也不是我们具有的某种力量,它是人们给特定社会中一种复杂的战略形势所起的名字。"它包含以下五个被福柯称之为"定理"的内容:

(1)权力不可能为人们获取、把握或分享,人们不能把握它或让它溜走;权力的运用来自无数方面,在各种不平等的与运动着的关系的相互影响中进行。

(2)各种权力关系并非处于其他各类关系之外,而是存在于这种关系之中;它们是

---

① 文芳、王瀚东:《控制的"宣传模式"与自由的"理想社会"——论乔姆斯基"宣传模式"的思想渊源》,《学术论坛(理论月刊)》2011年第10期。
② 〔美〕罗伯特·基欧汉、约瑟夫·奈:《权力与相互依赖》,门洪华译,北京大学出版社2002年版,第12页。
③ 〔美〕约翰·菲克斯:《解读大众文化》,杨全强译,南京大学出版社2001年版,第173页。
④ 〔法〕米歇尔·福柯:《性史》,张廷琛等译,上海科学技术文献出版社1989年版,第91—93页。

种种关系之中的分裂、不平等和不平衡的直接后果。

（3）权力来自下面，从权力关系根源上说，也就是统治者与被统治者之间不存在全面彻底的二元对立。二元对立不可作为普遍模式——社会肌体由高及低、由大而小，并非每一个层面都存在这种二元对立。

（4）权力关系既是有意识的，又是非主观的。任何权力的运用都有一系列目标和目的。

（5）哪里有权力，哪里就有阻力。可以这样说，人们始终处于权力"之内"，"逃避"它是不可能的，权力问题上没有绝对的外界。权力关系的存在依赖于多方的阻力；在权力关系中，它们充当对手、攻击的目标、支撑物或把柄的角色。这些阻力在权力网络中到处存在。

从福柯的论述中我们可以发现，他所关心的不是我们为什么如此，而是我们为什么会如此，这就是福柯称之为"权力"作为的结果。

宣传在社会各个层面上存在，它们不可能只因内容的"信凭性"而实现其目标，它们一定是在由已知的社会同一性的惯性所构成的权力作用中起作用的。比如"好中学—好大学—好工作—高收入—好生活"就是当今社会普遍的认识。处于这样的话语机制中，大多数家长都只能迫使自己的孩子"好好学习"。若孩子学习不好，也就意味着这个孩子不可能有一个好的人生。这就是福柯在权力定理中所言的："来自无数方面，在各种不平等与运动着的关系的相互影响。"它如同一座大山，从学龄前开始就真实地压在家长们的心上，也压迫着整个基础教育系统。这也就是福柯说的："各种权力关系并非处于其他各类关系之外，而是存在于这种关系之中。"在家长与学校合谋构建的社会中，教师的教学与孩子的学习，无一不是在泯灭天性，削足以适应社会这只"大履"。这也如福柯的权力定理所言："从权力关系根源上说，也就是统治者与被统治者之间不存在全面彻底的二元对立。"教师与孩子在教育这件事上都处在不得已而为之的状态中。他们的作为"既是有意识的，又是非主观的"。随后每个孩子或多或少存在的厌学、逃避行为，既是一种反抗，也"充当对手、攻击的目标、支撑物或把柄的角色"。学好与学不好的后果，恰好为社会普遍认识充当佐证，从反方面回应并支持权力作用的合理性。

对福柯而言，终极权力是知识的权力，社会控制是通过对知识或事实的控制来完成的。这与 400 多年前西斯·培根写的"信息就是权力"[1]这种把权力要素指向知识与信息的做法，有异曲同工之妙。知识的传播即权力还体现在信息的传播上，它既是

---

[1] 〔美〕罗伯特·基欧汉、约瑟夫·奈：《权力与相互依赖》，门洪华译，北京大学出版社 2002 年版，第 259 页。

权力在社会分配中的部分表现,同时知识的权力也必须尽量在两个纬度上行使。首先,真实控制"现实",使实在变成可知的事物,使得作为一种推理建构来创造它成为必要,这种建构的专制性和不适当都尽可能地被掩盖了。第二种努力是要让这种推理建构的真实性被那些其利益也许不必通过接受它而被服务的人作为真理接受。① 从受众一方来看,有一种近乎普遍的成为常理的认识:在掌握话语权力者的面前,受众因为无识而无能。这也是知识是权力基石的另一方面的补充,同时也对人构成影响。

四、权力性影响力

从福柯的权力观来看待宣传的影响力时,显然其价值不在于宣传的影响力为什么如此,而是宣传的影响力为什么会如此。在福柯看来,阻力与权力互为从属关系,权力因有作用力对象而成其为权力。话语对它所指称的事物的排斥与压制,也是权力的重要运作形式。对某些事物的压制,也就是剥夺它声张的权力。宣传的作用力被称为影响力还源于此,源于成为压制的权力。

此外,也没有必要反对把对人具有的作用能力称为权力——影响力的认识。这种影响力亦称"强制性影响力"。它往往是在人与人交往中,由社会赋予个人的社会地位,构成了诸如职务、地位、资源支配权等使它具有影响和改变他人心理和行为的能力。对人的影响带有强迫性和不可抗拒性,以外部推力形式发挥作用,而被影响者从心理和行为上都表现为被动服从。这种影响力也有由传统因素、职位因素和资历因素构成的部分,并使他人产生相应的服从感、敬畏感和敬重感。②

权力性影响可以分为社会权力性影响和个人权力性影响。

社会权力性影响是社会主体以其所拥有的社会资源对国家、社会和人的影响力、支配力、强制力。社会资源包括物质资源与精神资源,还包括各种社会群体、社会组织、社会势力。这些社会资源可以用来形成某种统治和支配社会的力量。

个人权力性影响主要是指所谓专家的权力形成的影响,它是因具备某种能力而形成的影响力,比如通过自己在特殊领域里具有的专长来影响他人,这种权力有时源于信息和专业特长,有时也会来自于专业体制给予的地位。

常识告诉我们,人们往往愿意听从在某一领域拥有丰富知识的人的忠告,这种人被称为专家。专家之所以受人尊重,不仅是因为他们拥有较一般人多的专门知识,还

---

① 〔美〕约翰·菲克斯:《解读大众文化》,杨全强译,南京大学出版社 2001 年版,第 159 页。
② 非权力性影响力,指领导者依靠个人较高的素质和外显的行为活动,形成某种影响或改变下属及他人心理和行为的能力。与权力性影响力相对应,亦称自然影响力。构成该种影响力的基础要素有人格、才能和情感等,它使受影响者产生相应的敬爱感、敬佩感和亲切感。

因为他们的地位已被社会以制度的方式予以承认。如某人是"院士"等,这就使他们具有了不可替代性,不可替代形成的稀缺就是一种资源,占有这种资源,也就是拥有了一种权力。

此外,一个在纷繁无序及危机混乱中清楚应该做什么的人,往往容易获得其他人的信任,这也是一种资源,也是一种权力。权力可以靠自身赢得,也可以是外界赋予的。一般来说,"领导"是外界赋予的,"意见领袖"则可以自己赢得。值得玩味的是,明明是上级任命的,却往往要解释为"实至名归",是自己赢得的。这种心理现象表明,权力是需要一定的合理性作为根基的。相比之下,实至名归的权力指的是:受影响者因愿意受人影响而赋予了影响者影响自己的权力。因此这种权力具有更强的影响力,皆可归于信任与遵从。

人们总是愿意服从那些他们认为最棒的人,这又是一种心理现象。现实中,当人得病的时候,他们最容易服从医生;在医生中,他们更愿意服从更高级别的医生,甚至是更高级别医院的医生。对医生如此,对长官、法官、领导、教授也是如此。但凡有职位级别者的认可中,几乎都能体会到这种心理倾向。这些被认可者也只有在他人的认可中,才能找寻到"尊严"和"成就感"。这何尝不体现出权力存在于影响者之中,足见权之力量也是被影响者赋予的。在"愿打与愿挨打"这二人当中,是愿挨打者赋予了打人者打人权力的正当性。推而广之,借权力而宣传,才使宣传有了影响力,但它的力量离不开被影响者的存在和诚服。

在反感宣传的认识中,有一种观点认为宣传之所以常在,是因为利用宣传的权力机器尚在,一旦这台机器不存在了,宣传也就会自动消失。事实上,从古至今,无论在哪种意识形态的国家中,尽管君主更来迭去,宣传始终存在。它不仅只为商业进行宣传,还体现着一种政治制度的存在形式。其中原因在福柯看来,支持宣传的权力并不局限于政府、国家机器、君主等的看法。所谓"领导权"只是权力形成的一种效验,并不是权力本身。因此那种认为可以夺取政权或者摧毁权力机器的想法是幼稚的,因为即使真的摧毁了权力机器,也还是触动不了权力,权力关系的网络马上又会原封不动地以新形式重现。试想"万般皆下品,唯有读书高"的认识,何曾因为朝代更迭而失去了市场?从历史长河中反观可见,读书与好生活的话语关系,从来就不是产生于实在的权力机器,而形成于由下而上的对读书与好生活这两点的联系的认可。其中既有主观目的性,也是对中国客观现实的反映。因此,关于"书中自有黄金屋"的宣传,从来不需要权力机器的鼎力支持,也从来不缺由对将来的欲望与对现实的不满的反差构成的话语机制的支撑力——权力。

五、硬权力和软权力与宣传的影响力

罗伯特·基欧汉、约瑟夫·奈在他们的《权力与相互依赖》一书中提出了两种权力观,指出:"我们可以区分两种不同的权力:行为权力和资源权力。前者指的是你想要获得结果的权力;后者指的是拥有通常同你想要获得结果的能力相关的资源。行为权力可以划分为硬权力和软权力。硬权力指的是通过惩罚的威胁或回报的承诺迫使他人去做他本来不想做的事情的能力。无论是经济胡萝卜还是军事大棒,长期以来诱使或强迫他人就范一直是权力的核心手段。在硬权力背景下,信息不对称就是权力不对称。'买的没有卖的精'揭示的就是买卖关系中,弱小一方对强权一方的无可奈何的心态。另一方面,软权力是一种通过驱使他人为自己做事,并获得预期结果的能力。它可以通过说服他人遵从或使他们同意那些能够产生预期行为的准则或制度来发挥作用。软权力可以依赖某人的观念或文化的吸引力,也可以依赖塑造他人偏好的标准或制度议程设置的能力。"[①]

他们认为无论软、硬权力都是为了达到自身目标的能力。从目标导向这一点来看,权力与宣传在本质上有一致性。这或许就是二者能够实现结合的思想基础,尤其是在软权力方面,都把诉求点放在影响别人选择的能力上。如通过文化、意识形态及制度来起作用,也通过"威胁—推动"和"奖励—拉动"的方式进行作用。用推动力来影响他人的权力,运用的是"硬力";用拉动力来影响他人的权力,施展的是"软力"。以硬力支持的权力通常是与具体资源相关的硬性的可直接支配性环境和条件;软权力指的是与诸如文化、意识形态和制度等抽象资源相关的认同他人偏好的间接影响性环境和条件。

在软权力支持下,宣传有以下几个方面的拉动力可供利用:

(1)突出的政治个性。政治可以理解为是在权力基础上,国家或集团意志在大众身上的体现。以往大众媒体拥有覆盖范围大、多信道传播信息、占有信息资源等条件,在信息资源稀缺的情况下就能成为政治依赖的对象。随着信息传递成本大幅降低、有电脑即传者时代的到来,大众媒体的政治意义也随之大幅降低。信息革命极大地增加了社会各关系间的联系渠道,使得政治更接近于互为条件和对象的复合相互依赖模式。正因如此,传统媒体的政治地位今不如昔在所难免。今天,在以效果为导向要求下的政治面前,"我们必须询问这样的问题:谁有能力吸引他人关注他或他传播的信息?引起他人关注是信息成为政治资源的必要条件"[②]。

---

① 〔美〕罗伯特·基欧汉、约瑟夫·奈:《权力与相互依赖》,门洪华译,北京大学出版社2002年版,第263页。
② 同上,第262页。

(2) 可信赖的品格。正如罗伯特·基欧汉和约瑟夫·奈所言：信息传递成本的低廉意味着，作为一种权力资源，传递信息的能力不再像昔日那样重要，但筛选信息的能力变得更为重要。政治斗争更集中于创造信任，而不是控制信息传播的能力。如此看来，信息接受者一方的社会价值，随着他们筛选信息的能力的提高、辨别可信赖度的素养的提高，决定着信息权力的价值的高低和被利用的程度。这种位置从媒体向受众转移，说明信息的价值正由媒体说了算，转变为效果说了算。随之而来的是媒体的可利用性降低。不仅其政治价值在降低，就连其商用价值也一同受到威胁。

(3) 自由发送可信赖的信息。从商业角度上看，信息革命通过降低信息传递成本和信息使用者的交易成本，极大地成就了市场和商业信息的价值。然而当与政治相关之后，自由发送信息的能力则可以提高说服的能力，前提是能够获得和确保信任。如果某人能够说服他人采用自己提出的价值观和方法论，那么他是否拥有硬权力就变得不太重要了。与之相关的就是信息发送者是集团还是个人，是组织还是团队，这些已不再是能否采用的前提。今日，社会化媒体中的"意见领袖"个人的社会影响力大到超过机构媒体的事实就是例证。

对于之前以硬权力支持的信息传播机构而言，尚有余地可以发热：

(1) 联系就是相关。当每一个拥有电脑的人都是台式出版者，每一个拥有调制解调器的人都能够以低廉的成本与地球上遥不可及的地方的人交流时，进入以往由媒体和出版商组成的信息市场的障碍大大减少了。但是在硬权力支持下的大众传播手段在某些方面的观念上仍然存在着与信息相关的重要市场准入壁垒，其生产的文化内容对软权力的形成还有重大影响的可能。

(2) 虽然信息传播成本趋于低廉，但新信息的收集和生产仍需要巨资，激烈竞争使获取新信息的成本往往高于平均成本。拥有信息收集体系规模化布局能力的媒体集团，显然比新兴媒体企业有更强大的信息收集和生产能力。在某种情况下快捷的追随者往往比第一批吃螃蟹的人做得更好。比如，中国最早一批的互联网企业，初期虽然获得了巨额的风险投资，但还是难免昙花一现的结局。

(3) 初创者往往意味着是标准制订者，也是基础结构的设计者，这种系统路径依赖的发展反映了初创者的优势。然而初创未必是从天上掉下来的，很多仍是基于对元技术的更新。问题只在于是否如福柯所言："不同的时期，知识型构是不同的，而且不同时期纵使在时间上前后相连，知识型构却未必互相联系。换句话说，从一个时期进入另一个时期，不是由于发展，而是由于'转型'，不是由于'延续'，而是由于'断裂'。"[①]

---

① 〔法〕米歇尔·福柯：《性史》，张廷琛译，上海科学技术文献出版社 1989 年版，第 5 页。

在旧温床上故步自封,致使缺乏晋取能力者,恐怕难逃被抛弃的命运。

(4)在社会关系发展的某些节点上,尤其是在行政和市场两条腿走路的现实情况下,借行政之实,走市场之虚,还是与之相反,行政支持多源于硬权力关系,市场效果就可能来自软权力关系。当社会认可偏向读取硬权力关系时,传统媒体的历史仍不至于失去利用价值。从中国对于世界的重要性,再就目前中国在国际上的可信度来看,代表硬权力关系的官方媒体,仍然有其市场。

六、宣传的技巧

显然,宣传离不开它赖以存在的基础,但仅此也未必能实现宣传的目的。因此,通过长期的实践与社会心理学分析,人们认定了一些可以称之为可用于说服的技巧,可供宣传借鉴。

(一)成功开端法

成功开端法的原意是:foot-in-the-door technique,简写为 FITD 技巧,即以较小的说服要求开始,被接受之后再逐渐提高要求的说服技巧。关于这个技巧的有效性研究,最早见诸 1966 年弗瑞德曼和弗雷泽[①]的研究成果。这个技巧对应的假设是:人一旦接受了小的要求,对随后而来的较大要求接受起来会容易一些。

1974 年英国学者 Pliner、Hart、Kohl 及 Saari 对住在伦敦郊区的居民进行了验证研究。首先要求他们做的是在募捐活动中为募捐者带纪念章这样一个极小的工作,之后要求他们为抗癌协会进行捐款,显然这比前一个要求提高了许多。结果与没有小要求在前的对照组相比,试验对象所捐款数是对照组的 2 倍,这个技巧的效力得到了认可。同样的验证研究,Schwarzwald、Bizman & Raz 于 1983 年也进行过。先前的小要求是在支持建设精神障碍者修养中心的请愿书上签名,两周后提出了为精神障碍者捐款这样一个大的请求。结果在接受过小请求的人中,有 92% 的人接受了后来的大请求,相比之下,没有小请求而直接面对大请求的对照组中,只有 53% 的人接受请求。但是,当把大请求换成要求"无偿献血"这样一个更大的请求时,这个技巧却显得无力了。这是什么原因呢?之后进一步的研究发现,这个技巧是有适用限度的。

求证是这样进行的:就能源危机的话题准备了 5、20、30 和 45 个问题,分 4 组进行了电话调查,之后合为一组准备了 55 个问题进行电话调查。结果见表 6-1 所示:最初

[①] Freedman, J. L. & Fraser, S. C "Compliance Without Pressure: The foot-in-the-door Technique". *Journal of Personality and Social Phsychology*, 4(1966): 195—202.

要求在 20 以下较低水平,及 30 以上过高水平者,对之后的要求的反应效果显然不及 20—30 中间水平者。说明之前的小请求如果过小,或者随后的大请求过大都会直接影响其效果。

表 6-1　要求程度与回应的关系

最初要求的水平(问题的个数)	回应随后要求者的比重(55 个问题,%)
45	74
30	74
20	35
5	38
控制组	31

此外,还发现这个技巧的实施效果与两个要求间隔的时间在 2—10 天范围内没有显著关系。[1]

从理论上来看,成功开端法依靠的是什么理论呢?较为集中的认识是源于"自我知觉理论"的机理导致的效果。自我知觉理论认为,个人与他人知觉具有类似的规律和机制。因此个人可以通过自己的行为及其发生的反应来反观自己的态度、情感等内部状态。自我知觉来自主体对外部社会环境的评价、规范和规定,而不是主体自身。研究表明,自我知觉开始于个体对自己身体表现的认识,而后才认识到自己的人格特质,反映的准确性随年龄的增加而增加。良好的自我知觉有助于个体正确了解自己的能力,进而提高自己的活动效果,树立良好的自我形象。[2]

也有人提出解释这个技巧的理论还有"认知的不和谐理论",以及"社会判断理论"。虽然"自我知觉理论"也未能全部揭示这个技巧的机理,其他理论在某些方面也有道理,故深入研究还在继续。但就目前的结论来说,"自我知觉理论"仍是最有说服力的解释。

(二)退步说服法

退步说服法实际上被称为:low-ball technique,直译是低水平技巧,意指以上佳条件促使人作出决定,如同投出一个容易接住的球让人接,之后以各种理由撤去上佳条件,甚至附加上难以接受的条件,选择者因为已作出接受或承诺,即便上佳条件不存在了,也使反悔成为一件难堪的事,不得不维持原来的态度或承诺。

---

[1] 榊博文:『説得学——交渉と影響の理論とテクニック』、おうふう(株),2012,248ページ。
[2] 林崇德、杨志良、黄希庭编:《心理学大词典》,上海教育出版社 2003 年版,第 1778 页。

契尔迪尼等人1978年做过相关研究,对学生提出"早上7点钟来参加试验"的要求,当时承诺来的人占全班的31%,实际7点钟出现在教室的人只占全班人数的24%。与此相对照,最初只向学生提出"来参加试验"的要求,当时承诺来的人达到全班人数的56%,之后追加了"早上7点钟来"这个本不受欢迎的条件,结果早上7点钟实际到达人数只比承诺少了一人,实到人数占到全班人数的53%。

产生这种结局的原因是存在着一种社会规范的压力:一旦表了态,之后能否言行一致,就变得极为重要。

与之相对应的还有一种退步说服法,即首先提出一个谁都难以接受的过高要求,使人拒绝,之后,再提出一个小而实在的要求,这样一来就可能达到自己的目的。对方因为受你显著让步的影响而不得不接受你的要求。这是由于让步中呈现出了一种"回报性"认知。这种认知认为:对于从他人那里接受的利益、便利等,自己必须同类、同程度地予以返还,这是一种社会规范。正是它能促使被要求者也不得不做出让步。作为提出要求的人,因"自我表露"而促使对方以同程度的自我表露予以返还,它是对接受表露者的一种压迫,使其不得不还。宣传中若用此法,其影响能力就是出自"自我表露"形成的社会压力。

(三)飞去来器技巧

飞去来器技巧指的是可以对这样一种现象加以利用:一旦与对手持相同意见,对手立刻会把自己的意见向着完全相反的方向加以改变,即有意持有与对手相同的意见,促使对手向相反方向改变自己意见来实现影响的一种说服人的方法。因形同飞去来器的飞行现象而得名。

日常生活中可见,当与自己认识相同的人以一种强烈的方式向自己主张其观点时,自己会完全不需要理由地动摇起来,进而对他所说到的认识进行反向思考,使自己的想法向着相反方向发生变化。这种现象不管在谁的身上或多或少都曾有过。

不管在人的心理上,还是在身体上,个人与他人之间需要有一定的距离,对于个人来说这是一种感觉上的正常需要。当个人的认识与他人或集团的意见完全一致时,个人就会有失去个性、独立性而造成不快的感觉。对于自我意识强烈的人,在进行说服工作时,飞去来器技巧会有它的使用价值。

需要注意的是,当对手的意见表现得比较极端时,说服者的意见也需要较为极端才有可能实现预期的效果。换言之,如果自己的意见不能在程度上与对手的意见相当,就不一定会有好的效果。此外,还需要注意语言的选择和使用,根据对方的态度、意见、确信程度、自我相关性和话题的重要性,以及自己的说服推进的方向,以此判断出是以极端强烈的方式加以表达好,还是以不太极端、中庸的方式进行表达好。这些需要随机应变地来进行。同时,自己与被说服对象的关系如何,也不可不察。比如对方的性格,与自己的亲密度,以及当时的情绪、气氛,都会影响被说服者的反应。

(四)合成攻击法

合成攻击法指的是瞄准被说服者身体的、心理的、社会的弱点,合成式地进行指责,使之产生强烈的自我意识,利用自己生成的克服意识达到说服的目的。其中的关键在于被说服者的自我意识中是否认可被指出来的"弱点",以及是否会对这些"弱点"产生自责。

这种说服方式利用的是人的"恐惧"意识,如对体态臃肿的恐惧,对疾病的恐惧,对不合时宜、不合群等的恐惧。以这些弱点为基础,再把这些弱点与导致的结果进行联系,以摆事实、讲道理的形式,最终以一种无形的社会压力来说服人。

在中国这种手法多见于对中老年人进行的商业宣传中。此外,如以肥胖作为攻击点的宣传中,会摆出一系列"胖就……"的恶果,如没有人爱你、晋升无望、职位不保、失去健康等。此时,说服是作为一种救援的方法,或解决问题的对策被提出来,当之前的"弱点"被接受并成为问题被重视之后,对宣传所提出"对策"和"方法"就不可能设防了。

(五)成功事例说服法

成功事例说服法指的是说服者利用或真或假的成功事例,与被说服者的愿望进行对接,并使之对实现的可能性深信不疑的方法。这种方法在使用中大多有(小概率)个案支持,初期多利用诱惑力较大的表述,如"简单地就可以暴富""根治顽症""不费力地实现瘦身""爱拼才会赢"等。从负面来说,传销组织爱用这种方法征招新人;从正面来说,它多见于官样化的榜样宣传中。

这种方法依据的是人们心目中都容易存在着的"替代性学习"机能。在关于从众的一章中也提到过。班杜拉提出来的"替代性学习"也称为"观察学习理论",其中揭示其实质是通过对学习对象的行为、动作以及它们所引起的结果进行观察,获取信息,而后经过学习主体的大脑进行加工、辨析、内化,再将习得的行为在自己的动作、行为、观念中反映出来的一种学习方法。替代性学习成功的关键在于这个成功事例与自己的差距。这一点在第四章中有所提及:一个自己认为难以达到的成功榜样,只会在比较后让自己更感到微不足道而失去信心;相反,一个自我感觉可以达到的成功榜样,意味着如果我努力也能取得同样的成就,会鼓舞和激励自己为此去奋斗。

(六)E-A-P-H方法

这个方法的全称是:Even a penny would help technique,现实目的即以极小的要求施以他人,让人觉得这不是一个大不了的请求从而能够接受,积少成多的社会效果才是这个方法的核心。在此后的检验中其效果也被承认。

实际情况是这样的:当有人请你捐出2元钱时你会做何反应?加之对方如果是慈善团体时,更多的猜想都失去了必要,大多数人都不会拒绝捐出2元钱。试想如果你拒绝捐献这2元钱,定会感到被人指责"吝啬""小气",而倍感心情不爽。这个方法就是利用了人们的这种心理作用来实现其目的。

这个方法若用于实际筹款,得到的总承诺量,以及每个人的平均兑现额度太小是它的不足之处。但它的意义在于能使承诺者的人数实实在在地增加,当人数总量增大之后,捐2元钱的意义就不只在于此,而在于众多善举会转变成社会意向或者民众意愿,进而影响政策的制定与决策的实施。

(七)相互让步法

相互让步法可以说是一个极为常见的以心换心的方法,英文中是这样称谓的:door-in-the-face technique。见于 Chertkoff & Conley1967年所得到的研究成果中[①]。他们揭示的是这样一种心理认知:对于给自己让步者,理当对其让步。从积极的角度来说这叫做"有来无往非礼也!"若从消极的角度来看就应对上了中国民间用于劝人的一种说法:"拿人手短,吃人嘴短。"

《影响力》一书的作者罗伯特·B.西奥迪尼对这种相互让步的情况有过如下叙述。有一天我正在街上走,迎面走来一个十一二岁的小男孩。他先做了一番自我介绍,然后问我要不要买几张下周六晚童子军杂技表演的票。我对这一类的事情向来没有兴趣,因此婉言谢绝了。"既然是这样",他说,"要不要来一点我们的巧克力?一块只要一块钱。"我当即买了两块。但我马上就觉得有点不对劲,原因是这样的:(A)我不喜欢吃巧克力;(B)我不喜欢随便花钱;(C)我站在那里,手里拿着他的两块巧克力;(D)他拿着我的2块钱走掉了。[②]

这是一种以互惠为认识基础的相互让步法,揭示了你对我仁,我必对你义的心理。这与本书"人对人的影响力"一章中涉及过的内容相关,可参照阅读。因我先行对你

[①] Chertkoff, J. & Conley, M., "Opening Offer and Frequency of Concession as Bargaining Strategies". *Journal of Personality and Social Psychology*. 7(1967):185—193.

[②] 〔美〕罗伯特·B.西奥迪尼:《影响力》,张力慧译,中国社会科学出版社2001年版,第51页。

"自我表露"了,自然就该轮到你表白了。因为他人对我们做出了让步,我们也就有义务做出让步,这就构成了一种互惠基础上的"礼尚往来"。正所谓:我们有义务回报我们所得到的恩惠。

这个技巧的理论基础是社会行为中的"互惠规范"。社会规范是大多数社会成员所认可的行为参考标准,旨在调节社会成员的行为,促成良好的社会关系。人们遵守社会规范的行为可以出自服从,也可以是内化的结果,即把社会规范转化到自己的价值观中去。比如公共场所大声喧哗,违反社会规范,不被认可;尊老爱幼符合社会规范,被认可。它虽然对个人行为有重大影响,但由于个体差异巨大,每个人的行为不总是一样的,因此社会规范只在社会背景相当者之间容易产生作用。

由于对方降低了要求,做出了让步,使自己承受了应该做出相应让步的心理压力。这是一种由自己内心发出,要求自己不得不承受的压力。

还有一种解释是从"社会判断理论"来进行说明:首先出现的大要求,起的是判断引线的作用,它使之后的小要求显得更小,所费时间、费用、劳务等成本也显得微不足道,进而易于达到第二个要求的目的。此外,还有从"罪恶感"的角度来进行论述的。

(八)权威法

在集体主义文化环境中,权威法认为:当人们认为某人有权威时,大部分人都会遵从此人的要求去做一些事情。这一论断往往是正确的,即使此人的命令有违他们的内心时亦能如此。因为这种文化认定权威是外界赋予的,也可以是他努力赢得的,这就是形成和遵从权威的道理。

在本书的从众一章中介绍过米尔格拉姆电击试验,请参照阅读。米尔格拉姆在耶鲁大学设计了这个实验,就是为了测试一个普通的被试者,在一名权威的指令下,会在一名学生身上施加多大的痛苦。即使参与者感受到如此强烈的道德不安,甚至那位被提到过有心脏病的学生大叫:"让我出去!我的心脏受不了!放我走吧!"多数情况下只要权威继续命令,仍有整整80%的被试者继续施加电击。实验显示了成年人对权威有极大的服从意愿,几乎可以去做任何尺度的事情。

权威通常被视作有威信、有专业知识、有令人叹服的资格或是别人不具备的优势,进而能对他人的态度和行为产生更强有力的影响。权威性被用于宣传主要的功能就在于人们有时深信生活中确有人智慧过人,能给出正确的结论。众人讨论有助于避免失误,但若其中无正确观点,讨论再多也是枉然,正所谓:有智者在,越讨论越正确;仅愚者在,越讨论越愚蠢。盖儿·希尔在一篇题为《群体与个体表现:N+1是否大于1》的文章中论述了这种现象。希尔总结了50年来关于个体和群体表现的研究。她不仅讨论了二者在判断与决策上的表现,还涉及了创造力和解决问题等方面。她的结论是:群体通常胜过其中一般的个体,但是群体通常不如其中最优秀的个体。①

这就是为什么人们会认为在某种情况下,利用权威的心理效应可以促使他人快速作出决定,从而实现自己宣传的目的。还因为人们不可能有条件去评定每种情况下的每个要素,为了根据有限的信息作出决定,这就使权威法能够用于宣传。

(九)单面呈现法,两面呈现法

世间任何事情都具有多个方面。意为:事物总是由多方面呈现出它的外貌;有好的一面,也有不太好的一面,甚至还有很坏的一面。在说服人时,是只呈现一个方面好呢,还是两个或几个方面都呈现出来好?1949年以霍夫兰为代表的一些古典传播行为研究者对分成三组的约600名二战士兵,就德国投降之后,与日本的战争还会持续多久的话题,分前后两次进行对话之后再提问。

与第一组进行的对话在对日战争将是一场持久战的议论中持续了15分钟。在这个对话中"一边倒地强调了日本的资源及其他有利点"。第二组对话还是围绕"对日战争将是一场持久战"展开,对话"不仅涉及日本的长处,还包含了日本的弱点",以及美国的长处等,即正负两个方面都有涉及。与第三组进行的对话,是作为参照系的人为控制组。

如此对话的结果,对起初就认为对日战争是一场持久战的人来说,"单方面呈现"问题的对话具有相应效果。对于认为战争很快就要结束的人来说,"两面呈现"问题对话的效果要更好。归纳起来可以认为:要使对话者的态度向着他本来的方向发展的话,"单方面呈现"更为有效;如果要使对话者的态度发生反向变化的话,"两面呈现"较为有效。②

进一步分析还可以看出,单面呈现法和两面呈现法的效果与对话者的受教育水平有显著关系。对受教育程度高的人,"两面呈现"效果较好;反之,对受教育程度低的人而言,"单面呈现"的效果更好。

对宣传影响力的反思,归纳起来可以看出其中并没有属于宣传独有的基础理论,也不存在仅属于宣传专用的技巧。它无非是利用了人心趋向与群体保持一致,以实现心理协调的目的这样一种趋势,辅之以权力性外力,其中的政治,上可及国家的大政方针、政策,下可至单位的中心工作和首要任务。比如改革开放之初最大的政治就是发

---

① 〔美〕斯科特·普劳斯:《决策与判断》,施俊琦译,人民邮电出版社2014年版,第186页。
② Hovland. C. I. ,Lumsdaine. A. A. & Sheffield. F. D. 1949. *Experiments of Mass Communication*. Princeton:Princeton Univ. Press.

展经济。对于企业来说,过去是以提高产能为首要工作,而今,可能是以绿色可持续发展转型为重中之重,这些一旦被提高到政治的高度来理论,就具有了超出其外延的支配力。从这个意义上来看,政治可以是对必要性、重要性、紧迫性、危险性等从全局的高度行使的认识性指代行为。受之于政治的关照,有利于调动全体人员意识、态度和行动的投入。史实告诉我们,服务于战争的宣传具有"不战而屈人之兵"的功能,而服务于市场营销的商业宣传,能形成"莫名其妙"的市场灵气,不仅有益于促进销售,还有利于形成欲望——市场经济源源不断的动力。

不可否认,借助政治意识、权力这些外力是宣传的一种手段,我们知道长此以往效能必然降低。可持续利用的不是对硬权力的依赖,而是对软权力的有效应用。基于人的心理倾向、生理反应和社会认知的技巧,正是调动了人心对环境、对故事、对正反信息、对权威、对进步和让步意识、对事实说服、对成功事例等易于接受基础上形成的技巧的认可。所以说宣传不是方法,而是对一系列方法利用的结果。这种结果一定不会形成只随己愿而违背人心的效果;只有以公共利益为中心,才能实现其正面效果。推而广之,宣传只可以是顺水的船,绝难成为逆流的舟,其中的影响力可想而知。

思考题

1. 宣传在认识上的是是非非给人的启示是什么?
2. 简述宣传在服务市场经济中的管理学意义。
3. 简述官方、权威性现实在支持宣传中的重要性。
4. 简述社会化媒体在宣传活动中的作用变异。
5. 简述信息的客观真实应该是宣传技巧效用的前提和保证。
6. 简述宣传在构建文化环境中的客观价值。

第七章　文化社会环境的影响力

■ **本章要点**

1. 不一而终的文化定义
2. 人与文化的关系
3. 文化环境决定论的意义
4. 不同国家文化对人的影响
5. 如何认识文化的影响力

一、文化与人的关系

如阿伦森所指出的，如果缺乏重要的情境信息，大多数人会直接从个人人格因素中去寻找行为的原因。这就是所谓："人们常把注意力放在鱼身上，而不是鱼所在的水里。"[①]以往由于未能充分认识文化及其他环境的力量，我们倾向于将复杂的现象过于简单化地归结到人身上的一点上来进行理解。在此需要阐明：人格固然重要，但它仍不是人的"中央处理器"的全部。虽然人格地处高位，但它取代不了文化和人性的支持（如图 7-1）。如若不然，从众一章中提到的"社会规范"就不会如此强有力地对人格产生主宰作用。同样，如阿希实验中那样，出于社会、群体的压力而明知故犯地选择的例子，就充分说明了社会文化对个人具有极大的影响力。

霍夫斯泰德把这整个环境分成"人格、文化和人性"三个层次。

尽管如此，从图 7-1 中我们还是很容易就发现，人格是一套特有的心理程序，作为基础的人格特质，一部分通过个体独特的基因组合遗传下来，另一部分通过后天习得

---

① 〔美〕E. 阿伦森等：《社会心理学》，侯玉波、朱颖译，机械工业出版社 2014 年版，第 7 页。

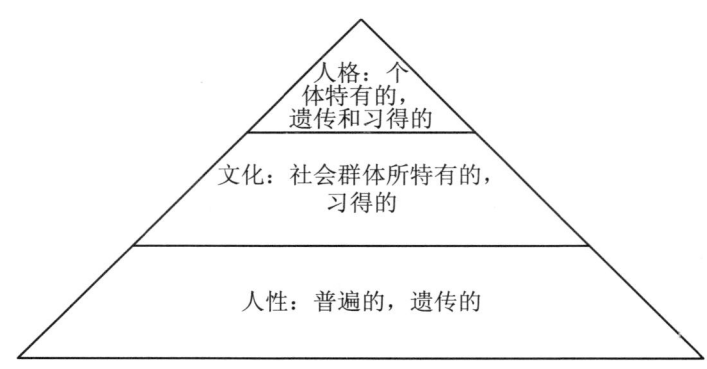

图 7-1　霍夫斯泰德心理编程的独特性：三个层次

而来。显而易见，它仍然包含以文化为基础的成分。图中提及的人性可谓人皆有之，它代表了心理软件中的普遍层次，是从基因中遗传而来的。它们与人之间存在的关系，用兰德曼的表述是："人作为文化的创造物是社会的，人作为文化的创造者是个体的。"① 换言之，个体的人创造了文化，文化创造了社会的人。这也进一步明确了文化不是人格的全部外因，以及人与文化的互动关系的问题。

　　文化是一个易于感受却难以定义的存在。这是因为特定的文化是由特定的人创造的，而普遍的文化又是人生存的环境。这也正如米夏埃尔·兰德曼在他的《哲学人类学》中所言："严格地说，人并不生产文化（culture），而是生产各种文化（cultures）。"② 这就是为什么人不生产普遍意义上的文化，只能生产特定区域、民族的文化。因此本书所涉及的文化，只局限于特定区域的文化来进行思考，我们姑且把它称之为特定的或狭义的文化，使之有别于普遍的或广义的文化。之所以如此，只因在特定的文化中，比如某个民族的文化、某个国家的文化，文化对人的影响关系才能成立和显现。

　　在人创造特定文化的关系情境中，存在这样一种认识："文化没有人去实现它就不会存在，但是人没有文化也将是虚无。"③ 从中不难看出人是通过文化来作用其他人的，人与人之间有这样一种关系存在。此外，人生活于特定的文化环境中，接受它的影响，因此可以说没有文化也就没有人格。

　　特定文化塑造了个体特定的价值观，影响到他的身份认同、性别角色、心理态度与气质倾向。"如果一个富有艺术天才的欧洲人在日本长大，他就会以日本风格绘画。

---

① 〔德〕米夏埃尔·兰德曼：《哲学人类学》，张乐天译，上海译文出版社1988年版，第220页。
② 同上，第221页。
③ 同上，第219页。

我们不同的过去使我们互相区别。在人塑造了文化之后,每一种文化反过来又塑造着人;所以,人通过塑造文化而间接塑造自己。"①

1877年人类学家博厄斯(F. Boas)在他的《原始人的心智》一书中指出:人类行为的习惯不是遗传因素,而是文化因素。他认为,人类之所以有各种不同的行为模式,不是由其生物特性决定的,而是由各自独特的文化背景决定的。博厄斯明确提出了"文化决定论",认为:人是文化的产物。这个理论批判的是弗洛伊德的泛性论与生物决定论。"文化创造的范围和深度比从前人们所相信的要大得多。在人类生活中,较少的东西建筑在自然支配的基础上,较多的东西建立在由文化所塑造形式和惯例的基础上。"②

在博厄斯的弟子们的大量贡献面前,文化决定论不断得到丰富,同时也确立了博厄斯学派——文化决定论学派的学术地位。后来的两个女弟子玛格丽特·米德(M. Mead)和鲁斯·本尼迪克特(R. Benedict)认为:人的行为是由文化决定的,个人与社会并不是弗洛伊德宣称的那样水火不相容。个体在其特定的文化背景下被塑造成具有特定文化性质的存在物。玛格丽特·米德通过对原始部落萨毛的田野研究出版了《萨摩亚人的成年》《三个原始部落的性别与气质》,其中明确提出:人类心理和行为是特定文化的产物。

在米夏埃尔·兰德曼看来,"每个人类的个体只有作为个体的文化媒介中的一个参与者,才能成为人类的个体;只有文化媒介的支撑才使个体直立;只有在文化媒介的气氛中他才能呼吸。文化媒介的支撑作用交织于个体之中,就像构成他的主观性的血液。可以说,他必须是理想充满生活的实在。"③这段话似乎意识到了网络新媒体将撑起个体媒介的一片天似的,道出了个人自媒体的重要性。今天,个人因为有了自媒体"才成为人类的个体",才成为"直立的个体",也才"能呼吸"。作为文化媒介的自媒体,在个体身上交织分布的支撑性存在,构成的是主观性的血液,使理想充满生活。对个人来说,属于个体的媒体等同于属于个体的血液系统,它在生命里的重要性,是能把"主观的血液"载满"理想"的氧原子,以充实我们的机体,维系我们的生命。因此,米夏埃尔·兰德曼总结道:"人是文化的存在。"

英国人类学家爱德华·泰勒在《原始文化》一书中把"文化"定义为一种复杂体,包括知识、信仰、艺术、道德、法律、风俗,以及一切从社会上可以通过学习获得的能力与习惯。

---

① 〔德〕米夏埃尔·兰德曼:《哲学人类学》,张乐天译,上海译文出版社1988年版,第225页。
② 同上,第214页。
③ 同上,第219页。

赫斯科维茨在他的《文化人类学》一书中对"文化"做了更为广泛的定义。他认为文化是除了自然原生态之外一切人工创造的环境，所有由人添加上去的东西都可称之为文化，它是被一个群体的人共享的价值观念系统。

克利福德格·尔茨强调，文化是一个社会的全部生活方式，包括它的价值观、习俗、象征、体制及人际关系等。

而约瑟夫·A. 德维托则认为，文化是某个群体特有的生活方式，是通过传播活动在代际间传承的东西。他着重指出了传播在文化传承过程中的重要作用。

吉尔特·霍夫斯泰德将文化比喻为人的"心理程序"，即个人内在的思维、感情和潜在的行为模式。他认为："文化通常是一种集体现象，因为它至少部分地被现在或过去生活在相同社会环境中的人所共享，而这种社会环境正是人们习得文化的地方。"① 他进一步指出文化是后天习得的，而非与生俱来的。它源于个体所处的社会环境，而不是个体的基因。在这一点上霍夫斯泰德的观点与博厄斯学派的观点是一致的。此前，文化一直被归因于遗传，因为以前的哲学家和其他学者不知道还有什么地方可以解释人类群体中各种文化模式之间非常稳定的差异。所不同的是霍夫斯泰德把文化比喻为"心理程序"。

在吉尔特·霍夫斯泰德看来，文化差异是通过几个方面表现出来的：符号、英雄、仪式和价值观。霍夫斯泰德把它描绘成洋葱的几层皮（如图 7-2）。

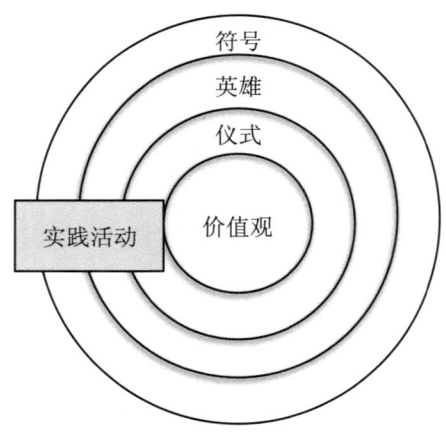

图 7-2　不同深度层次的文化表现

每个社会群体都会持有一套共同的心理程序，这套心理程序构成了这些人的文化。文化就是一套不成文的社会游戏规则，这些规则由社会成员们传递给新来者，并

---

① 〔荷兰〕吉尔特·霍夫斯泰德：《文化与组织》，李原、孙健敏译，中国人民大学出版社 2012 年版，第 4 页。

在他们的头脑中生根发芽。①

总而言之,"我们不仅是文化的建设者,我们也被文化所建设;个体永远不可能仅仅通过他自己而被理解(认识),相反,只有通过支撑和影响他的文化先决条件才能被理解(认识)"②。这就是对文化之所以有影响力的最基础性的认识。基于此,对国家文化的提法就不难理解了:在国家的名义下适时地管理,造就出一个国家的文化;一个国家的文化又影响着这个国家公民的行为和示范、态度和认识。

二、文化与沟通

每个中国人都清楚,在沟通中违背某些不成文的常只——文化,沟通的效果可能适得其反。比如要给人留面子、要注重合作、不要争强好胜、不要自负。但是在其他国家、民族文化中这些"要"和"不要"就可能不存在。由此我们发现,在人与人的沟通和交流中,特定文化的性格起着极其重要的作用。换句话说,文化可能影响到沟通交流及其效果的各个方面。比如文化会影响到你自己说话的内容;影响你和朋友、家人交谈的方式;文化还可以在一个群体行为中,影响你对群体和个人孰轻孰重的判断;文化还影响你谈话的话题,影响你用于沟通信息和劝说别人的策略。此外,文化还会影响你如何去利用媒介,以及你对媒介的信任度。③

处于某一文化中的人,多少都会具备一些对本文化的批判和否定的态度,甚至有人会刻意要摆脱自己的文化,力图进入自己认为更先进的文化圈。20 世纪 60 年代的日本就曾经宣称过要"脱亚入欧",之后流行起了改变自己的肤色、头发的颜色,甚至在眼睛里置入隐形镜片,力求拥有欧洲人眼球的颜色。事实上,所有这些努力所能改变的只是外表,当置身欧洲后很容易就会发现,背叛了本文化的人,不意味着就能进入希望进入的文化。所以有一种说法:当你出了国,你才知道国家全都背在你的背上,民族文化的烙印永远如影随形。

要反对自己的文化传统和价值观是很困难的。但重要的是,我们要认识到文化只是影响而不决定我们的价值观和行为。随着媒体的进步、技术的发展以及互联网的普及,它们在构建新的文化、增加文化之间相似性的同时,也在强化着文化之间的差异。

在跨文化传播理论的研究中,有一种理论认为:你的语言影响你的想法和行为,因为不同文化间的语言是不同的,所以人们的思维方式和行为方式也是不同的。这种理

---

① 〔荷兰〕吉尔特·霍夫斯泰德:《文化与组织》,李原、孙健敏译,中国人民大学出版社 2012 年版,第 37 页。
② 〔德〕米夏埃尔·兰德曼:《哲学人类学》,张乐天译,上海译文出版社 1988 年版,第 224 页。
③ 〔美〕约瑟夫·A. 德维托:《人际传播教程》,余瑞祥、汪潇等译,中国人民大学出版社 2011 年版,第 39 页。

论叫"语言相对假设",这种观点被认为过于极端,因此后来的人们把这个假设修改为:你所使用的语言有助于你去突出你看到的内容和你谈话的方式。尽管它指代的只是作为文化一份子的语言,但仍可以看出文化的决定性能力和差异。

对此,在吉尔特·霍夫斯泰德所著《文化与组织》[①]一书中可以详细地看到国家文化是怎样一个复杂而差异巨大的存在。

霍夫斯泰德沿用了"国家文化的维度"的分析范式(方法),先把文化分为五个方面,再看其中每一个方面中不同国家文化上的差异。因为,文化影响到人们的态度、认识以至行为,所以,通过人们的态度、认识和行为就可以反观他们所持有的文化。这五个维度分别是:高和低权力距离、个体主义和集体主义、阳刚和阴柔、不确定性规避、长期导向和短期导向。对于这些差异,作者明确指出,他们只是存在程度上的不同,因此,讨论的只是文化差异的程度而不是绝对差异。以下主要介绍和讨论霍夫斯泰德五个维度当中的前三个,以及奇瓦·孔达的"内在归因与外在归因说"。

三、权力距离

权力距离最初被提出来是希望反映上下级之间的情感距离。由此可以看出这里所言之"权力"与本书宣传一章中所提到的权力是一致的,它不是制度范围内狭义的权力,而是指文化层面上广义的权力。如政治学家罗伯特·达尔所认为的,权力是指那种让别人做他们不愿意做的事情的能力。权力也如福柯所指的是来自无数方面,各种不平等与运动着的关系的相互影响。因它同时也能反映出一国群众中人们之间的依赖关系,而被用于对国家文化的研究。

在"低权力距离"国家文化中,下级对上级的依赖性较小,上下级之间的感情距离也较小。但是在"高权力距离"国家文化中,下级对上级有较大的依赖性,具体还会表现为偏爱型依赖和抵制这种依赖两种现象,也可以称之为积极性依赖和消极性"依赖"(抵制)。高权力距离在一定程度上揭示出了社会性"犬儒主义"在这类国家文化中绵延不绝的根源。

霍夫斯泰德通过调查首先圈定了权力距离指数,以此反映不同国家在权力距离这个维度上的"得分",并形成了各国文化在权力距离维度上的排行:

[①] 〔荷兰〕吉尔特·霍夫斯泰德:《文化与组织》,李原、孙健敏译,中国人民大学出版社2012年版。

表 7-1　74 个国家和地区的权力距离指数（节选①）

国家/地区	分数	排名	国家/地区	分数	排名
马来西亚	104	1—2	葡萄牙	63	37—38
危地马拉	95	3—4	乌拉圭	61	39—40
菲律宾	94	5	韩国	60	41—42
俄罗斯	93	6	中国台湾	58	43—44
罗马尼亚	90	7	西班牙	57	45—46
塞尔维亚	86	8	巴基斯坦	55	48
苏里南	85	9	加拿大魁北克	54	49—50
墨西哥	81	10—11	日本	54	49—50
阿拉伯国家	80	12—14	意大利	50	51
中国内地	80	12—14	南非	49	52—53
印度尼西亚	78	15—16	匈牙利	46	55
印度	77	17—18	卢森堡	40	57—59
新加坡	74	19	美国	40	57—59
克罗地亚	73	20	加拿大	39	60
斯洛文尼亚	71	21	澳大利亚	36	62
瑞士（法语）	70	22—25	德国	35	63—65
巴西	69	26	芬兰	33	66
法国	68	27—29	瑞典	31	67—68
中国香港	68	27—29	新西兰	22	71
哥伦比亚	67	30—31	丹麦	18	72
土耳其	66	32—33	以色列	13	73
泰国	64	34—36	奥地利	11	74

通过这个排行表，我们在大的方面可以较为容易地去探讨自己所属的国家文化，探讨在权力距离这一个维度中与其他国家之间存在的差距，从而体会各国文化影响力的差异。在小的方面可以了解在一个国家、组织或机构中上下级之间的依赖关系。

比如在家庭这个人生的最初环境中，在高权力距离的文化环境中，人们更希望孩子服从父母；有时在孩子中间甚至会出现年幼的孩子要服从年长的孩子的要求。用我们在家庭中常常能听到的话来说，就是："要听话！听爸爸妈妈的话。"孩子以听话表现出对长辈的尊重，对长辈的尊重被社会视为美德。这种行为被一代一代地传承下来，也成了家风或社会文化。孩子因为听话会得到奖赏，反之则会被谴责。从家庭中习得的这种美德，反映到社会，便成为"听老师的话，听领导的指挥"等等。与此同时，一个

---

① 根据霍夫斯泰德《文化与组织》书中内容整理而得。

潜在的功能就是在客观上抑制了孩子的独立,因为"听话"当中潜含着所属关系。又因为孩子是父母的"私有财产",远期指望他们为自己养老,中期指望他们功成名就,为家庭争光,近期要孩子实现父母未能完成的学习愿望。"好男儿志在四方"的说辞,敌不住"父母在不远游"的古训。

同样是在家庭这个人生最初的环境中,在低权力距离的文化环境中,孩子一旦有行为能力就会被平等对待。霍夫斯泰德进一步说明:父母教育孩子的目的是要让孩子尽可能地自理。孩子们受到鼓励去主动尝试;他们可以反驳父母,并在很小的时候就学会说"不"。当孩子逐渐长大,他们开始像朋友一样或者至少是平等地对待父母,一个成年人绝对不会在作出某个重要决定前去征求父母的同意。此外,人们对待他人的方式并不取决于其年龄或地位,正式的尊重或抵触都很少见。对独立的需要是成年人心理软件的主要成分。父母会为自己的年老体衰做好准备,而不是依赖孩子们去抚养他们,也不希望同孩子们一起生活。

在成长的必经之路——学校里学习的时期,在高权力距离文化环境中,教师与学生之间的不平等是家长与孩子之间不平等的延续,也满足了学生心中业已生成的对长辈的需要和依赖。教师理应有师道之尊严;学生学习以教师为中心,教师只管教,学生只管学;教师教的一定是正确的,学生以教师所教为楷模。霍夫斯泰德明确指出,在高权力距离文化环境中,"教育是高度个人化的,特别是在高校一些学术前沿的研究项目中,人们并不认为教师传授的是客观'真理',而是把它视为教师的个人智慧。……一个人的学习质量在很大程度上取决于老师的优秀程度。"[1]作为教师,此言有入木三分之感。

相反,在低权力距离文化环境中的学校,教师被认为应该平等对待学生,学生的要求也是如此。年轻教师因与学生的年龄差距小,更受到学生的欢迎。教育过程以学生为中心,创新精神受到奖励;学生的学习方法因人而异,自我寻找。学生可以用与老师争论的方式表达自己的不同意见。当孩子犯错时父母常常会站在孩子一边来反对教师。教育过程不会受到感情的影响;学校传授的是真理或事实,而不取决于某个教师。学习的效果取决于是否建立起双向交流的渠道。整个教育体制以学生相对独立的需求为基础,学习的质量在很大程度上取决于学生成绩的优异程度。[2]

在高权力距离的教育文化中,体罚曾一度是合理的,是师道尊严的表现。所谓"严师出高徒"对应的"棍棒出孝子"就是那个时代的普遍认识。但是在低权力文化距离环

---

[1] 〔荷兰〕吉尔特·霍夫斯泰德:《文化与组织》,李原、孙健敏译,中国人民大学出版社2012年版,第56页。
[2] 同上,第57页。

境中,体罚被认为是虐待儿童,父母也可能因此向警方投诉。

电影《刮痧》情节

2002年上映的中国故事片《刮痧》,描述了一个发生在美国圣路易斯的故事。许大同来美奋斗八年,事业有成、家庭幸福。在年度行业颁奖大会上,他激动地告诉大家:我的美国梦终于实现了!但同时,自己五岁的儿子丹尼斯闹肚子发烧在家,爷爷因为看不懂药品上的英文说明,便用中国民间流传的刮痧疗法给丹尼斯治病,这就成了一次意外事故后许大同虐待孩子的证据。法庭上,一个又一个意想不到的证人和证词,许大同百口莫辩。而以解剖学为基础的西医理论又无法解释以阴阳、脉络和精气为基础的中医理论。面对控方律师对中国传统文化与道德规范的"全新解释",使许大同最后终于失去冷静和理智。法官宣布剥夺许大同的监护权。其父亲也决定回国,为了让老人临行再见孙子一面,许大同从儿童监护所偷出儿子丹尼斯到机场送别。受到通缉的许大同带着儿子逃逸。父子分离、夫妻分居、朋友决裂、工作丢失……努力多年以为已经实现了的美国梦,被彻底粉碎。最终,一家能否团聚取决于如何让西医文化理解中医文化。

表 7-2 不同权力距离的社会之间主要文化差异(节选①)

低权力距离社会	高权力距离社会
人与人之间的不平等应该尽可能降低	人与人之间的不平等符合预期
应该通过关怀来连接社会关系	应该通过各种限制来平衡社会地位
父母平等对待子女	父母教育子女要服从
子女没有赡养老人的义务	子女有赡养老人的义务
学生平等地对待老师	学生尊重老师,不仅限于课堂
教师是传授客观事实的专家	教师是传授个人智慧的导师
教学质量取决于沟通及学生的优秀程度	教学质量取决于教师的优秀程度
教育政策关注中等教育	教育政策关注高等教育
上下级关系讲求实效	上下级关系带有感情色彩
职权分散非常普遍	职权集中十分普遍
管理者经常征求下属意见	管理者只告诉下属要做什么
理想的老板是足智多谋的开明人士	理想老板是仁慈的专制者,或者是"慈父"
体力劳动与脑力劳动地位相同	白领比蓝领工作更加体面

---

① 根据霍夫斯泰德《文化与组织》书中内容整理而得。

低权力距离文化环境中不太重视权力的象征,即使你没有在别人姓名前加上头衔也不会引起严重问题。只有在把医生、警官、教授只称作"女士"或"先生"时会有问题。但是,高权力距离文化环境中人们更依赖权力的象征,比如姓名后要加上诸如总裁、主席、局长等这些头衔。尤其是在正式活动中致辞时,省略对方的头衔是严重的失礼行为。

互联网技术的发展,使依靠地位、所属关系拥有、占有和支配信息的权力地位受到了挑战,我们有理由认为互联网的普及和使用,将使社会层级朝着更为扁平化的方向发展。与此同时,权力距离之间的差距也将会缩小,毕竟互联网思维是出自低权力距离文化环境。同样源自低权力距离文化环境的传统媒体技术,由于它沿袭的是大工业生产的意识,与其形影不离的排他性、垄断性始终就指"权力"外显模样,因此不可能指望它缩小权力距离。也正由于它长久以来围绕争夺市场控制权的斗争,铁板化了市场及其发展空间,阻碍了新力量的发展,这才导致以去中心化、人人更加平等为特征的互联网的出现。

四、个体主义和集体主义

文化的另一个维度是个体主义文化和集体主义文化,二者之间的差异表现为价值观的不同,体现在行为上。个体主义指的是人与人之间松散联系的社会,人们照顾自己及其核心家庭。相反,集体主义指的是这样的社会:人们从出生起就融入到强大而紧密的内群体当中,这个群体为人们提供终身的保护以换取人们对于该群体的绝对忠诚。① 在目标认识方面,个体主义与集体主义在选择工作上的主要差异见表7-3:

表7-3 个体主义与集体主义在选择工作上的主要差异(节选②)

	个体主义		集体主义
个人时间	拥有一份能给自己和家庭留出足够时间的工作	物质条件	有良好的物理工作条件及工资收入
自由度	有相当大的自由度按照自己的方式完成工作	技能的运用	在工作中能充分运用自己的技术和能力
挑战性	拥有挑战性的工作,从中获得个人成就感	培训和发展	利用培训机会,以提高自己的技能、学习新技术

---

① 〔荷兰〕吉尔特·霍夫斯泰德:《文化与组织》,李原、孙健敏译,中国人民大学出版社2012年版,第80页。
② 根据霍夫斯泰德《文化与组织》书中内容整理而得。

加拿大学者麦克·彭自 1971 年起就在亚洲生活和工作，期间他邀请了 10 位香港和台湾的华人学者一起用汉语研究至少十种华人的价值观，进行了一个"华人价值观调查（CVS）"，在 23 个国家实施，其中每个国家 100 名对象，男女各 50 名。其中有一个维度让学生们回答：下列哪些价值观尤为重要？来自个体主义文化国家的学生认为最重要的前三个是：容忍他人、与他人关系融洽和非竞争性。而来自集体主义文化国家的学生认为最重要的是：孝心、女性的贞洁和爱国。由于被调查对象是来自世界 23 个国家的华人，因此他们的回答未必与当今国内调查对象完全一致。比如对于女性的贞洁就不在中国政府提倡的核心价值观之列。

关于个体主义文化在本书的第二章中有所论及，可供参阅。归纳起来，如果说集体主义是社会化农业生产发展的结果，它重视的是群体角色，那么个体主义就是社会化工业生产发展的产物，它突出的是个人作用。随着生产对效率和效益无止境的追求，随着生产规模不能扩大化就意味着"失败"，随着密集型劳动逐渐消失，连出自农耕文化的集体主义也大有被个体主义所取代的架势。尽管如此，早已存在的这两种文化的差异，还是形成了它们之间格格不入的差别，深深地影响着不同的社会群体和个人。

记得 20 世纪 90 年代中期回国工作之初，我曾向杂志社投出过一两篇论文，其中的人称代词是"我"，尤其是在结论部分，直接写了"我认为"这样的字眼。

编辑找到我提出："用'我'表述不妥，应该用'我们'"。

没有其他人参与写作，为什么要用"我们"？

回答是："大家都这么用，这是惯例。"

就这么一个人称用法，我要是不同意改动，论文能不能被刊出就成了问题。此事令我唏嘘：留学几年连中文都忘了该怎么写了，真见识到了什么叫现代的邯郸学步。这就是一种在不同文化中移动之后显示出来的文化不适应症，也可称之为轻度的文化休克症，让人能感受到文化的巨大压力。

它表明无论在个体主义还是集体主义文化环境中，你随时需要明白自己应该扮演的角色。霍夫斯泰德指出：我们生活的第一个群体是我们所生长的家庭，但不同社会有着不同的家庭结构。在大多数集体主义社会里，儿童成长期间所生活的家庭是由许多因有密切关系而生活在一起的人组成的。他们三代同堂，或者四世同堂，这样的家庭被文化人类学者称之为"扩展型家庭"。孩子们在成长过程中，学会把自己看成是"我们"这个群体中的一分子，这种关系不是后天形成的，而是与生俱来的。[①] 除了"我们"与"他们"的区别以外，还有"内"与"外"的差异。这是自我所属关系定位的基础，是

[①] 〔荷兰〕吉尔特·霍夫斯泰德：《文化与组织》，李原、孙健敏译，中国人民大学出版社 2012 年版，第 79—80 页。

个原则性问题,不能有错。"我们"指代的是"内群体",与之对应的"他们"指代的就是"外群体"。中文中的"老外"指的是外国来的人,日语里的"外人"同样指代的是外国来的人。分清楚本国人与外国人在集体主义文化中一直是一件重要的事,因为内部群体关系被认为是一种可以相互依赖的关系,反之,则不能依赖。

世界上另一部分人生活在个体主义文化社会里,这个社会中的个人利益高于群体利益,他们社会化的过程不是要成为组织的一员,而是成为独一无二的人。充分发挥自己的潜能达成目标、实现自我。个人尝试公开表达自我,并不断通过与他人比较来确定自我的存在。这些内部品质构成了"我"。在这个文化中最小群体也是家庭,文化人类学者称它为"核心家庭"。这是因为这样的家庭是由父母和子女两代人构成,在这种家庭里成长起来的孩子,很快就学会了把自己作为"我"来考虑。这个"我"与其他的"我"的划分主要是在人格上,而不是在家庭中人与人的相互关系上。孩子一旦能够自立,就应该脱离父母。在这种社会里,一个健康的孩子,无论在心理上,在实际生活中,还是在心理层面上,都不会依赖某个群体。[①]

需要声明的是,个体主义文化与集体主义文化不是相互排斥的东西,只是各有侧重而已。随着互联网进一步推动国际化、全球化的发展,甚至在个体身上也只能说是哪一种文化占主导地位而已。在个体主义文化中,成功的标准在于你在多大程度上超越了你的同伴,因出众而自豪。在集体主义文化中衡量成功的标准是你对整个组织的贡献,你因为能成为这个组织的一员才获得了成功,因能成为成功组织的成员而感到自豪。

奇瓦·孔达指出:在集体主义文化社会中(如日本、中国、印度),个体的社会化是努力建立与他人和谐的关系,关注个体与他人的联系,不断调整自己以适应社会环境的需要,并尝试融入社会群体当中。自我被看成是与他人相连的,是社会网络的一部分。一个人的行为、想法和感受是通过与他人的关系互动体现出来的,个体对自我的认识建立在他们的社会关系上,而自我最重要的部分来自与他人的关系互动中。[②] 在此基础上他提出了"独立自我"和"关系自我"的概念来进行表述,上述特征就是"关系自我"的典型。

"独立自我"的特点集中表现为个体的社会化过程是要成为独一无二的人,表达自己的想法和欲望,努力完成个人目标,自我实现,充分发挥自身潜能。在公开表达这样的自我时,通过与他人比较来确定自我的存在。正是这些内在品质构成了"自我",并

[①] 〔荷兰〕吉尔特·霍夫斯泰德:《文化与组织》,李原、孙健敏译,中国人民大学出版社2012年版,第80页。
[②] 〔美〕奇瓦·孔达:《社会认知》,周治金、朱新秤译,人民邮电出版社2013年版,第377页。

赋予其意义。

"关系自我"关注社会职责和责任，尝试了解他人的想法和指责，最大限度地去满足集体的愿望。在其中，个体把集体的期望置于个体期望之上，人们把依照个人的愿望行事看成是缺乏"情商"、幼稚和不成熟的行为。在集体主义文化中关系不仅是实现个人目标的手段，几乎没有关系不能解决的事情，因此在未雨绸缪中，关系本身也就成为一个目标。"为朋友两肋插刀"展现的是"他人的期望就是自己的期望"，与之具有交换关系的自然是"自己的期望就是他人的期望"。

霍夫斯泰德在关于个体主义指数调查的74个国家中，得分第一的是美国，得91分。前五名中还有澳大利亚（90分）居第2位、英国（89分）居第3位、加拿大（80分）居第4位和匈牙利（80分）居第5位。

列最后五名的也就是集体主义文化国家，他们分别是危地马拉（6分）居第74位、厄瓜多尔（8分）居第73位、巴拿马（11分）居第72位、委内瑞拉（12分）居第71位和哥伦比亚（13分）居第70位。

中国香港得25分，居第53位；中国得20分，居第56—61位；中国台北得17分，居第64位。在这项调查中得分靠前者即为个体主义文化国家，反之为集体主义文化国家。

阅读资料

一人获奖背后的声音

对于美国将拉斯克奖仅颁给屠呦呦一人，张剑方说他"很难办"。"美国人给中国人一个奖，这是好事。当时西方不承认，现在承认了，只要承认是中国发明的，我就高兴。但另一方面，我觉得只颁给一个人，有些不合适。美国的颁奖制度跟我们不一样。我们的颁奖制度是先征得基层同意，然后一层层上报，先报到市里、省里，再报到国务院。这次美国人颁这个奖，事先国家科委、卫生部可能都不知道。"

"这个奖不是我报的，也没有征求我的意见。我还是赞成国家科委批的发明单位获奖。"张剑方说，"我希望中国医务工作者不但能得这个奖，还能得诺贝尔奖。屠呦呦可以得奖，她有一定的贡献，但我不赞成她一个人得奖，我赞成国家科委批准的发明单位都应该得奖。如果只是她一个人得奖，整个523项目组的人都不会同意。"

"有人说争论反映了中国人的劣根性，其实不是这么回事。中国人得奖我很高兴，但是只是屠呦呦一个人得奖，感觉不公平。"施凛荣说，去年底他与张剑方联名向诺贝尔评奖委员会写信表达了这样的观点。

来源:何涛"揭秘青蒿素研制史"《广州日报》2011年9月29日报道节选

在奖项面前,集体主义文化的态度大多如此,在上述报道中得到了集中体现。之后由于屠呦呦于北京时间2015年10月5日获颁诺贝尔医学奖,关于个人得奖的"争议"再次泛起。事实上,但凡此类争议,大多数利益相关者会认为这不是当事人一人之功,因为这是一个集体主义文化的国度。只是由于世界性的各种奖项,对所有发展中国家来说都极具吸引力,得到国际社会的认可也是集体主义文化的一个指导性指标,接受不接受只在集体的一念之间。只是不知,这种令人纠结的事多了,会在多大程度上对集体主义文化构成冲击。

需要指出还有:集体主义也有两种,一种称为"社会的集体主义",另一种称为"内群体的集体主义"。内群体是以"我们"来加以区分的,冠以"我们"的群体即为内群体,相反就为外群体。可见,内群体是个比社会群体更小的群体。在大集体中有小团体的现象就属于此。其实大群体的文化和小团体的文化还存在差异,除了对核心价值观趋于一致以外,小团体的文化会比社会群体的文化更加具有限制性,会要求成员有更大的奉献和付出。如歃血、金兰、结拜之盟中的成员身上就背负着更大的责任和义务。

三国时期在桃园三兄弟之间的约束力在今天可能已成笑谈或被抛弃,但作为文化的典型,尤其是在"团伙"当中,影响始终存在。

霍夫斯泰德在其《文化与组织》一书中有一段叙述令中国人不得不接受:"如果一个20人的大家庭里只有一个成员有工作,而其他人没有,那么挣钱的人要把他的工资拿出来养活全家。同理,一个家庭可能会集中所有的积蓄去支持一名成员接受高等教育,希望他日后找到一份高收入的工作,那时他的收入也会被共享。"[1]这表明对群体忠诚是集体主义家庭的重要文化,因此,孩子们从小要学会服从。

不是所有的国家文化都可以分清楚是"个体"的还是"集体"的。过春节和过圣诞节,尽管程式、时间和内涵不相同,但都是集体主义文化特征。借两个节庆实现家人团聚,在人心里流动着的温情是一致的。仅仅是为了回家过这个节,举国大移动在不同国度的不同时间,年复一年地上演。很多人到家之后就了却了心愿,之后所谓在家过节的时间里,其实与家人相聚的时间可能还不如与朋友相处的时间长,即便如此,无论长辈还是晚辈大多不会有怨言。这是因为回归比相守有更重大的社会意义。

集体主义文化对于人的影响有一个现象十分典型——面子,指的是与周围社会环境的正确关系,它是集体主义中特有的文化。香港社会学家何友辉做过专门研究,他这样定义"丢面子":一个人,当他本人或者与他关系密切的人的行为未能达到其相应的社会地位对他提出的核心要求时,就丢了面子。汉语中有"丢面子",也就有"给面子"。对面子的重视是生活在极其重视社会关系的社会中所产生的结果,是从社会环境的角度来下的定义。

表7-4 集体主义社会和个体主义社会的主要差异(节选[2])

集体主义社会	个体主义社会
人们出生于扩张型家庭或者其他内群体,群体始终提供保护,成员以忠诚作为回报。	成人之后人们只照顾自己和核心家庭
孩子们学会从"我们"的角度考虑问题	孩子们学会从"我"的角度考虑问题
应该始终保持和谐,避免直接冲突	直言不讳是人人诚实的表现
朋友关系是事先确定的	友谊是自愿的,并且应该受到呵护
资源应该与亲人共享	资源归个人所有,即使孩子也不能共享
高情境的沟通方式	低情境的沟通方式
过失会导致自己和群体蒙羞或丢面子	过失会导致负罪感以及丧失尊严
新娘应该年轻、勤劳和忠贞;新郎应该比新娘年纪大	婚姻伴侣的标准并不是事先设定的

---

[1] 〔荷兰〕吉尔特·霍夫斯泰德:《文化与组织》,李原、孙健敏译,中国人民大学出版社2012年版,第92页。
[2] 根据霍夫斯泰德《文化与组织》书中内容整理而得。

两位美国的心理学家赫滋尔·罗斯·马库斯和北山信夫认为,许多亚洲国家也有个人主义的概念,但它指的是个体与个体之间。在不同的文化中人们对自我的体验是不同的。其解释是,个体主义文化鼓励独立的个体,而集体主义文化则鼓励相互依赖的个体。

在从众一章中我提到了著名的"阿希实验",他证实了群体中存在的社会规范会形成巨大的压力而作用于个人,致使70%的人放弃正确选择而屈从错误。即便如此,从20世纪50年代之后在许多国家进行的重复实验,还是发现"服从错误判断的被试者比例与该国的个体主义指数呈负相关"。

此外从霍夫斯泰德的《文化与组织》一书中对其他学者研究成果的归纳中可以发现,文化甚至会影响到个性、面部表情、走路的速度、消费的形式、读书的数量等方面的差异。①

在个性方面,保罗·T.科斯塔和罗伯特·R.麦克卡尔通过对33个国家的可比性样本在开放性—僵化性、责任心—不可靠性、外向性—内向性、随和—暴躁、神经质—情绪稳定性这五个维度上的平均得分进行研究,其中外向型与个体主义指数之间的相关程度最高。外向型对应的人格特征是热情、善于社交、自信、充满活力、易激动和乐观。

在关于表情方面,大卫·松本对15个国家进行了"对面部表情所传递的情感进行辨认"的研究,在15个国家进行了同样的实验,个体主义指数与观察者正确辨认出"快乐"的比例之间存在正相关关系,而与正确辨认出"难过"的比例之间存在着负相关关系。对此现象的解释为:个体主义文化鼓励大家把快乐的情绪表露在外而不鼓励大家共享难过;集体主义文化则刚好相反。同样,个体主义指数与自我评价的乐观情绪之间也存在高相关性。

在关于走路的速度上,伯特·莱文在对31个国家进行的调查中,走路速度被证明与个体主义指数显著相关。个体主义文化中的人们往往走得更快。对此的解释是:这是自我概念的一种生理表达——个体主义文化中的人们更为积极主动以便事情有所进展和有所成效。

在消费形式方面,荷兰学者瑞克·德·穆伊对欧洲15国进行了比较研究,发现消费者行为数据与个体主义指数之间存在着许多有意义的相关关系。与集体主义国家文化的人相比,个体主义国家文化的人更喜欢住在相互分离的房子里,而不喜欢公寓。他们更倾向于拥有花园和供休闲使用的旅行车。他们更喜欢从事一些自己动手的活

---

① 〔荷兰〕吉尔特·霍夫斯泰德:《文化与组织》,李原、孙健敏译,中国人民大学出版社2012年版,第98—101页。

动,如粉刷墙壁、贴壁纸、做木工活、改造电器、修理管道等。在所有这些例子中个体主义指数比国家财富更能解释国家之间的这些差异。这些现象表明了一种生活方式,即人们试图依靠自己而不是别人。所以,植根于个体主义文化的麦当劳服务方式进入中国这种集体主义文化环境之后,不得不让服务员来为顾客收拾餐后垃圾,因为在中国,人们更愿意让别人来为自己服务。

在读书方面,个体主义文化国家的人们读书更多,他们更愿意依靠媒体而不依靠自己的社会关系来获得信息。

在健康的重视方面,个体主义文化国家的人们更关心他们自己,也更重视自己的健康。而集体主义文化国家的人都相信,即便有病,在家可以靠家人,出门还有集体或国家管着。

表7-5 集体主义社会和个体主义社会之间的主要差异(节选[①])

集体主义社会	个体主义社会
避免使用第一人称"我"	鼓励使用第一人称"我"
相互依赖的自我	独立的自我
表现沮丧是受到鼓励的,表现快乐则不被鼓励	表现快乐是受到鼓励的,表现沮丧则不被鼓励
走路速度慢	走路速度快
消费模式表现出对他人的依赖	消费模式表现出自助的生活方式
社会关系是信息的主要来源	媒体是信息的主要来源
个人和公共收入中用于健康的比例较低	个人和公共收入中用于健康的比例较高
在课堂上学生们只有被允许时才提出问题	学生们在课堂上独立自由地提出问题
教育的目的在于学会如何做事	教育的目的在于学会如何学习
文凭可以使个体进入更高社会地位的群体	文凭会提高经济价值和个人自尊
职业流动率很低	职业流动率很高
员工是自己人,追求的是内群体的利益	员工是经济人,只有当雇主利益与个人利益一致时才会追求雇主利益
管理是对群体进行的管理	管理是对个体进行的管理
人际关系重于工作任务	工作任务重于人际关系

五、内在归因与外在归因

奇瓦·孔达在他的《社会认知》[②]一书中这样指出:内在归因与外在归因指的是在寻找出错的原因时,主要是从内在特质进行考虑,还是从外在情境进行考察。个体主

[①] 根据霍夫斯泰德《文化与组织》书中内容整理而得。
[②] 〔美〕奇瓦·孔达:《社会认知》,周治平、朱新秤译,人民邮电出版社2013年版。

义文化认为对于人的行为的决定因素在于这个人根深蒂固的人格特质,因为个人是独立自主的个体。集体主义文化则把人的行为看成是由社会角色和人际情境决定的,因为个人只是群体的一部分。

在集体主义文化环境中,人们下意识地对问题的解释大多有:他打了人,是因为他受到了挑衅;她骂了人,是因为她受到压抑,需要发泄;他饮酒驾车,是因为朋友盛情难却;他随地吐痰,是因为空气太脏;她乱扔垃圾,是因为别人都乱扔等。所有这些做法甚至构成了情有可原、法不责众这样一些说法或公众认识,对后人的行为形成社会支撑。在这当中,环境不仅决定着人的行为,还构建着新的环境。

在个体主义文化中进行的关于人的行为与其人格特质的关系研究中,他们有无数的成果支持:人格能通过特质很好地被理解和体现出来,同样也运用特质来理解他人的行为。这就是历史悠久的"人格决定论"。难怪有人发现在英语语言中,如果你仔细检查一本词典,就像 Allpost 和 Odbert 在 1936 年所做的那样,你将会发现有 4000 多个不同单词表示人格特质。[①] 例如:他在餐后没有给小费,因为他是个吝啬鬼;她帮助老太太搬东西过街,因为她是一个乐于助人的人。人格特质理论在一般的人格理论中具有核心作用,它集中代表了个体主义文化理论的一种基本认识。虽然我并不赞成内在归因的基本观点,更愿意接受的是环境决定论的观点,但这并不妨碍我以这种种思维定势对个体主义文化具有的代表性而利用它们。

美国人和印度人对于社会行为的解释就截然不同。从表 7-6[②] 中可以看到,美国人更倾向于利用内在特质来解释个体行为,而印度人则更多地使用社会情境来解释个体行为,尤其在对偏差行为的解释上,这种现象更明显。美国人的内在特质解释是情境性解释的 3 倍,而印度人的情境性解释是内在特质解释的 2 倍。

表 7-6　美国人和印度人解释不同行为时归因方式的差异

依据	偏差行为		亲社会行为	
	美国	印度	美国	印度
特质	0.45	0.15	0.35	0.22
情境	0.14	0.32	0.22	0.49

达瓦·孔达在其书中列举了米勒研究过的一个例子:她刚获得了博士学位,在完成课题的过程中撰写了许多论文。她想从中选出四五篇来发表。但是她的导师却在她的这些论文中将自己署名为第一作者,而她只能是第二作者。她很伤心,因为荣誉

---

① 〔美〕奇瓦·孔达:《社会认知》,周治平、朱新秤译,人民邮电出版社 2013 年版,第 302 页。
② 同上,第 382 页。

一般只属于第一作者。

印度人并没有将这个行为解释成导师品质恶劣,而是利用社会角色关系来进行解释:她是他的学生,单靠自己的力量是没有办法发表论文的。这种情况在中国也多见,其解释也与印度人相似。而美国人只会解释为:这个导师是一个自私的人,他只考虑个人利益,品质恶劣。

这种研究表明,文化差异影响对行为方式的解释,还影响对问题的归因。美国人倾向于描述可以用内在特质来解释的行为,而印度人的行为可以用情境因素来解释。

为了验证这种结论,米勒在他研究的第二阶段加入了新的试验组,即如果条件允许的话,美国人能像印度人一样利用情境因素来解释行为吗?具体做法是:由试验者给美国人阅读一些实例,这些行为都是先前印度被试者利用情境性因素进行解释的(但是不给美国被试者呈现相关解释),在听完所有的实例后,要求美国被试者对行为进行解释。结果显示,即使美国被试者被暗示利用印度人的情境归因方式来解释行为,他们仍然倾向于用人格特质来解释行为;36%的美国人使用人格特质归因方式,17%的美国人使用情境归因方式。也就是说,美国人在解释社会行为时更多地采用内在的人格特质归因方法,印度人更倾向于将行为原因归为情境因素。这些差异源于深层的文化差异,即对个体的认知,以及对个体与社会的关系的不同理解。

即使是对一些臭名昭著的杀人行为的解释,两种文化之间也存在着显著差异。

[资料]

这里1991年发生于美国依阿华大学的真实故事。中国留学生 Lugang 1984年通过李政道主持的中美物理学交流计划选拔,1985年本科毕业后以交换学生身份公费赴美攻读博士学位,就读于爱荷华大学物理与天文学系。1991年,他在通过答辩,获得该校太空物理学博士学位之后,竟开枪射杀了三位教授和副校长,以及和他同时获得博士学位的同胞 Linhua。枪杀五人之后,他本人也饮弹自尽。血案震惊了中美两国。媒体的报道中多有 Lugang 是因为毕业时未能获得最佳论文奖并面对巨大的就业压力,最终酿成悲惨血案的推论。

受该事件的影响及引起的反思,由美籍华裔导演陈士争执导,影星刘烨与美国著名演员梅丽尔·斯特里普领衔主演了《暗物质》(*Dark Matter*)这部电影。影片主要讲述了一位来自中国的杰出天体物理学博士正在努力攻读博士后。他研究发现了"暗物质"这一可以为他赢得诺贝尔奖的大发现,但他的导师却出于个人目的阻挠其发表,并且不让他顺利毕业,最后博士选择了极端暴力手段进行报复。该片片名"暗物质"可谓一语"多"关,它既指明了该学生的研究领域,又将该事件的恶劣影响以及校方的不当管理公之于众。学术界的明争暗斗、种族的融合与偏见、人性的执着与脆弱,这些看不见摸不着却真实存在的东西,就如同物理学中的"暗物质"一样,与我们形影不离。(影片的叙事中运用情境性思考的特点显著。)

1994年,米奇尔·摩瑞斯和彭凯平考察了发生于1991年的这起由中国留学生实施的谋杀案。[①] 这名中国留学生由于奖学金失利,没有得到助教工作就杀了他的导师和其他几个人。二人比较了美国两家报纸对上述事件的描述,一家是英文报纸《纽约时报》,另一家是在美国出版的中文报纸《世界新闻》。研究者根据内在人格特质和情境性归因方式对关于这个事件的描述进行编码。结果显示,英文文章更多地关注杀人犯的人格特质(如他是脾气火爆的人)、态度(如个人认为枪是申冤的重要方法)、心理问题(如趋使个人成功的一种内在不安感和不信任感)等。中文文章更多地是在描述人际关系(如与导师相处不融洽)、现实处境(如他最近被解雇了),以及社会问题(如杀人犯能够很容易地买到枪支)。总之,前者关注内在人格特质,而后者关注情景性因素。

在后续的研究中也出现了同样的模式。这项试验是在密歇根州立大学进行的,研究人员让中国留学生和美国本土学生对上述杀人犯的行为原因进行判断。总的来说,美国学生主要关注的是杀人犯的内在特质,如杀人犯的病态人格,而中国留学生则主要关注情境性解释、美国文化和现实处境(美国的个人主义价值观和暴力电影、经济衰退等)。

上述结果可能由于研究对象来自不同国家、使用不同的语言、受不同的社会制度的制约而受影响,只对这些进行比较似乎力度不够。或许,两种文化背景下的个体对人性的态度没有差异,只是由于对问题的含义及意图的理解差异导致解释不同。对此,摩瑞斯和彭凯平又进行了一次实验,他们制作了两套动态卡通,分别描述的是社会事件和物理事件。

社会事件描述的是一群方向一致的鱼与一条蓝色鱼的关系,例如,在某个动画中,蓝色鱼游向鱼群并跟随这个群体;在另一个动画中,鱼群游向蓝色鱼,然后再分开各自游。

物理事件描述的是一个球体飞过足球场的过程,例如,其中一个动画表现的是这个球体速度逐渐减慢的过程,就好像受到了外力的作用。

让中美两国的高中学生观看这两套卡通片,然后让他们进行等级评定,蓝色的鱼

[①] 〔美〕奇瓦·孔达:《社会认知》,周治平、朱新秤译,人民邮电出版社2013年版,第384—385页。

(社会情境)和球体(物理情境)的运动在多大程度上受到了内部因素和外部因素的影响。对鱼来说，内部因素包括饥饿，外部因素可能是受到其他鱼的影响；对球体来说，内部因素可能是内部压力的作用，外部因素可能是有人踢了球。通过这个方法可以对社会事件和物理事件进行跨文化比较，它还有个优点，就是两种文化下的成员都是对同样的情境进行解释。

结果，对社会事件的解释具有跨文化的差异：平均来说，中国学生更倾向于外部因素解释，美国学生更注重内部因素解释。对于物理事件的解释，中美学生间没有出现差异。此外，中美学生对于所呈现的问题的理解是没有差异的，对因果关系的认识也没有差异。但是，他们对社会事件的解释是不同的，因此，可以假设他们对于社会事件的看法是有本质区别的。

综上所述，在个体主义文化环境中成长起来的人将个人的社会行为归因于内部的、稳定的人格特质；而在群体主义文化环境中长大的人则认为个人的社会行为取决于人际关系、角色、处境和文化环境。这个结论有助于发现文化作为环境对人的影响力。在文化环境的影响下，个体主义者不自觉地重视内部因素，集体主义者也会本能地强调外部情境的重要性。

六、阳刚和阴柔

霍夫斯泰德在《文化与组织》一书中提出"阳刚"与"阴柔"这两个概念来表述文化时，还摆出过一对基础认识："骄傲行为"和"谦虚行为"。他认为骄傲行为即可理解为"阳刚气质"，谦虚行为可以理解为"阴柔气质"，这就构成了阳刚和阴柔这样一对文化指标。之所以有此二分法，原因在于社会有男女之分，生理差异导致社会区别认知。男女差别认识可以说是一个能成立，却不具有普遍可落实性的现实存在。比如，在日本几乎找不到女总裁，但在中国比比皆是。这就意味着从阳刚和阴柔的角度来看待人，其实是由社会文化所决定的，仅此就能看出文化的影响力。

从文化的阳刚和阴柔的字面上，我们还可以看出，它们包含着一种对个人与外部关系的重要性的认识。霍夫斯泰德指出：从工作选择角度来看，阳刚气质更看重收入、赏识、提升和挑战；阴柔气质则看重管理者、合作、居住地区和雇佣保障。此外他还进行了这样的界定：当情绪性的性别角色存在明显不同时，男性被认为是果断的、坚韧的、重视物质成就的，女性被认为是谦虚的、温柔的、重视生活质量的，这样的社会被称为阳刚气质的社会；当情绪性的性别角色互相重叠时，即男性和女性都被认为应该谦虚、温柔和关注生活质量时，这样的社会被称为阴柔气质的社会。

根据霍夫斯泰德对IBM所作调查得出的数据,从国家"阳刚—阴柔气质文化"调查得出的指数排序来看,斯洛伐克得分最高,甚至超出了100,为110,这表明这是一个具有极端阳刚气质的国家。紧随其后的是日本(95分)。排名前10的国家除了以上两个外,从高到低还有匈牙利、奥地利、委内瑞拉、瑞士、意大利、墨西哥、爱尔兰,中国、德国和英国并列第10名得66分,这些国家可以认为是典型的具有阳刚气质文化的国家。得分最低的国家可以认为是阴柔国家文化的代表,他们分别是瑞典(5分)、挪威(8分)、荷兰(14分)、丹麦(16分)、斯洛文尼亚(19分)、科斯达黎加(21分)、芬兰(26分)、智利(28分)、爱沙尼亚(30分)和葡萄牙(31分)。居于最中间部位的国家有:印度(56分)、孟加拉国(55分)、阿拉伯国家(53分)、加拿大(52分)、巴基斯坦(50分)、巴西(49分),新加坡的国家文化气质阳刚与阴柔相间。此外,英国的得分与中国相等,而美国得62分居第19位,明显偏向于阳刚气质。[①]

在分析性别与气质文化之间的关系时发现,从最具阳刚气质(强硬)到最具阴柔气质(温柔)的国家,男性和女性的价值观都朝着更为强硬的方向变化。这种现象在一定程度上反映出老年人为什么显得固执一些、更任性一些。这种变化在最具阳刚气质文化的国家显得尤其突出,例如在日本和奥地利,男性表现得非常强硬,随着年龄的增长,女性也表现得颇为强硬,但两种性别之间的差异仍然显著。北爱尔兰学者理查德·林恩在42个国家的男女大学生中收集了对待竞争和金钱的态度的数据。总体而言,男生在竞争性方面得分要高于女生。荷兰的学者埃弗特·范·德福利尔特对数据进行了分析,发现男性和女性的得分比率与阳刚气质指数显著相关。该比率在挪威最低,在德国最高。随着年龄的增长,人们往往会呈现出更多的社会导向,而更缺少自我导向,即阳刚气质会降低。到了大约50岁,男女之间本来存在着的差异也会完全消失。如图7-3。

1993年日本的华歌尔公司在亚洲的8个首都城市针对年轻的在职女性进行调查,询问其所偏爱的丈夫和固定男友的首选特征。在阳刚气质的文化中,人们认为丈夫应该是健康的、富有的和善解人意的;男友则应该拥有个性、激情、智慧和幽默感。在阴柔气质文化中,女性对男友和丈夫的特征偏好几乎没有什么差别。如果我们把男友看作爱情的象征,把丈夫看作是家庭生活的象征,那么该调查结果意味着在阳刚气质的国家中,人们经常分别对待爱情与家庭,而在阴柔气质的国家中两者倾向于一致。美国人类学家玛格丽特·米德曾观察到:在美国,男孩如果事业失败,就会成为缺乏魅力的性伴侣,而女孩如果事业成功,结局同样如此。在日本,如果一位女性拥有自己的

[①] 〔荷兰〕吉尔特·霍夫斯泰德:《文化与组织》,李原、孙健敏译,中国人民大学出版社2012年版,第126—127页。

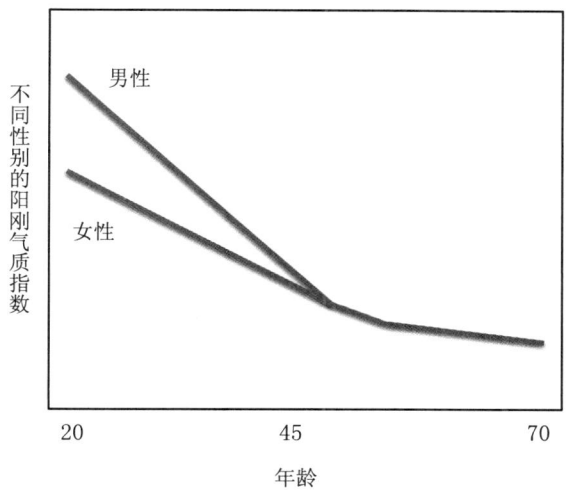

图 7-3　不同性别和年龄的阳刚气质指数得分

事业,那么其婚姻几率将会降低。① 这些发现在一定程度上揭示了在具有阳刚气质文化的国家中,出现剩男、剩女的原因。见表 7-7。

表 7-7　阳刚气质社会和阴柔气质社会的主要差异(节选②)

阴柔气质社会	阳刚气质社会
人际关系和生活质量都很重要	挑战、收入、认可和提升很重要
男性和女性都应该谦逊	男性应该果断、坚韧和雄心勃勃
男性和女性都应该温柔并注重人际关系	女性应该温柔并注重人际关系
在家中父母共同处理客观事务和感情问题	在家中父亲处理客观事务,母亲处理感情问题
男孩和女孩允许哭,但不可以打架	女孩可以哭,男孩不可以;男孩应该出手还击,女孩则不该打架
丈夫应该像男友一样	丈夫应该健康、富有和善解人意;男友应该风趣幽默
同性恋被认为是一种生活现实	同性恋被认为是对社会的威胁
管理方式:直觉和共识	管理方式:决断和进取
通过妥协和谈判来解决冲突	通过"强者获胜"的方式来解决冲突
以平等为基础进行奖励	以公平为基础进行奖励
更喜欢小型组织、企业	更喜欢大型组织、企业
工作是为了生活	生活是为了工作
偏好更多闲暇时间	偏好更多金钱
职业对两性来说均可有可无	职业对男性是必须,对女生则可有可无
农业和服务业更有优势	制造业和大型化工业更有优势

---

① 〔荷兰〕吉尔特·霍夫斯泰德:《文化与组织》,李原、孙健敏译,中国人民大学出版社 2012 年版,第 137 页。
② 根据霍夫斯泰德《文化与组织》书中内容整理而得。

续表

阴柔气质社会	阳刚气质社会
福利社会理念；帮助有需要的人	绩效社会理念；支持强者
宽容的社会	严厉的社会

仅仅就学校这样一个社会区域，由文化决定的行为和表象在两种文化气质不同的国家环境中显示出显著的差别：①

1. 在具有阴柔气质的文化社会中，老师更愿意表扬较差的学生以示鼓励，而不会公开表扬好学生。无论是奖励优异的学生还是老师，都不流行；实际上"优异"是阳刚气质的一个术语。

2. 在具有高阴柔气质文化的国家中，中等水平的孩子被视为标准。在具有高阳刚气质文化的国家中，最好的学生被视为标准。这些国家中的父母期望孩子能够努力成为最好的学生，而在荷兰，"班级中最好的孩子"会招来别人的讪笑。

3. 在具有阳刚气质的文化环境中，学生会努力使自己受到全班注目，并公开与他人竞争。而在具有阴柔气质的文化环境中，过分自信和追求卓越很容易受到别人的奚落。优秀并不是什么值得炫耀的事情，反而很容易招致嫉妒。

4. 在具有阳刚气质文化的国家中，学校考试不及格是一场灾难，在日本和德国这样的高阳刚气质国家里，没通过考试的学生甚至会自杀。而在具有阴柔气质文化的国家里，学校考试不及格没什么大不了的，在这种文化中，年轻人的生活往往与学习成绩的关系不那么密切。

5. 在具有阳刚气质的文化中，教师的聪明才智、学术地位以及学生的学习成绩是最主要的因素。在具有阴柔气质的文化中，教师的友善和社会技能以及学生的社会适应能力扮演了更主要的角色。

荷兰营销专家马瑞克·D. 穆伊研究了16个欧洲富裕国家的消费者行为数据，发现了一些与阳刚气质和阴柔气质有关的生活消费方面的差异：

1. 在具有阴柔气质的国家中，家庭中更多的食物是由丈夫购买的，在购买一辆新车时，阴柔气质国家中的丈夫会考虑配偶的意见。在具有阳刚气质国家中，这往往是男性的独自决策，而轿车的引擎动力在决策中极具重要性。而在具有阴柔气质的文化中，轿车拥有者通常并不重视他们座驾的引擎动力。

2. 具有阳刚气质文化的国家，通常比具有阴柔气质文化的国家拥有更多的双轿车家庭；在具有阴柔气质文化的国家，更常见丈夫和妻子共用一辆轿车。

---

① 〔荷兰〕吉尔特·霍夫斯泰德：《文化与组织》，李原、孙健敏译，中国人民大学出版社2012年版，第142—146页。

3. 在具有阳刚气质文化中更常见到人们购买彰显身份的物品。人们购买更贵的手表和珠宝，认为洋货比本国货更能显示身份和品位。

4. 阴柔气质文化在家庭用品上花费更多钱，更多的人假期里会使用他们的房车。他们还会花更多的钱用于自己动手的木工活，用于制作自己的服装；他们拥有更多的咖啡器具，通过保证家里随时备有现成的咖啡，来保证与人交往。

5. 阴柔气质文化中的人更愿意读小说，而阳刚气质文化中的人则愿意阅读其他作品。在文化层次上，阳刚气质的读者更关注数据和事实，阴柔气质的读者则对事实背后的故事感兴趣。①

霍夫斯泰德为文化提出了五个维度的理论，并用这五个理论来认识和把握文化。除了上面集中介绍的其中三个以外，还有"不确定性规避"和"长期和短期导向"两个维度。建议直接阅读他的著作。

本书之所以介绍它们，不是为了推行其理论，当然不排除在一定程度上有一致认识，而是为了说明文化具有一种无形的力量，它能在无意识中左右人们的意识和行为。对此，霍夫斯泰德把它比喻为"心理软件"十分恰当。

然而问题不止于此，我们止不住会追问：文化为何具有这种力量？

对此我的回答是：由于文化构成了一个我们赖以生存的环境，作为一种先于我们的存在，引导着我们。如博厄斯所言：人是文化的产物。虽然人也在创造着文化，但是对于后人来说那也只是前人的功绩，是后人赖以生存并完成社会化过程的环境。它以信息、模仿对象、现实榜样等各类无形的方式，存在并作用于后人；当然，它们也会以规则、管理和行政等有形的方式，存在并施加于人。因为文化就是我们赖以生存的全部生活方式。

阿伦森把人比作鱼，把环境比作水的做法，恰到好处地显示了环境与人的关系。在此文化就如同水，是环境，人就如同鱼，是文化的依赖者。如果没有人去实现文化，它就不会存在，但是人没有文化也将是虚无。

有一种认识把文化分为两类，一类叫精英文化，也被称为高雅文化；另一类叫大众文化，也被称为通俗文化。时至今日，尽管新技术导致新媒体有取代传统媒体之势，但却丝毫不影响大众文化源于大众媒体；因为新兴媒体不是脱离精英，而是在使精英大众化。由此推演开去，今后的文化就只是大众的文化。照理应该给大众媒体，包括新兴媒体以更广大的市场和天地？且慢！大众的文化何时脱离过精英文化的引导？大众的文化最终也多有上升为精英文化的要求。换言之，过去是以精英文化为基础构建

---

① 〔荷兰〕吉尔特·霍夫斯泰德：《文化与组织》，李原、孙健敏译，中国人民大学出版社2012年版，第146—147页。

社会环境,今后可能是以大众文化组建环境,大众文化与精英文化不过是从不同视角对一种文化进行的解读而已,将永远存续。

生存在这两种环境中的人,本质几近相同,但结果却有差异。如同在一间课堂里听课,因为嘈杂或分心等因素,你对课上教师所讲内容困惑不解。这时,教师停下来问学生有什么不明白的地方。想到自己会因为提问而显得愚蠢,还会感到羞愧,你就没有吭声。因没有人举手提问,这样一来,你会以为只有自己一个人没听懂。你最终的结论是,提问会暴露出自己不懂,这会显得难堪,所以要保持沉默;别人沉默一定是因为他们都听懂了,所以不需要提问。如果每个人都像这样推测,就会出现没有一个人听懂、没有一个人提问,也都认为只有自己一人没听懂的局面。如果大家都是这种不想为人所知的反应,那样的现象就是大众无知。过去由于私下超距离的交流渠道太少,大众媒体与公众之间的对应关系,就如同上述课堂上的教师与学生的对应关系一样,只有老师一方的感觉与所有学生不一致:以为学生们都听懂了,也就没有必要再解释了。大众传媒也以为自己是高明的、正确的,是受到受众认可和欢迎的。长此以往,对教师来说,不仅教学水平不见提高,学生的光阴也被耽误了;对传媒来说,不仅传播的能力和水平不会提高,而且可能失去传媒自身发展的市场和机会。

真正的坏处是,有可能因此产生出"由下而上"和"由下而下"两种范畴的文化,形成两张互不交集的皮。处于这两张皮状文化中的人,多有被分裂的人格——见人说人话,见鬼说鬼话。当有一种力量出现,它有可能整合这两张皮时,其影响能力自然大于之前任何一张皮的作用力。由此可以这样认为:即便传统媒体工业已然使大众文化有取代精英文化的趋势,新兴媒体的出现,使公众在其文化社会中全面实现互联互通,原先的一个分裂人格的文化环境,或将被一个统一人格的文化环境所代替,这是一种向好的方向发展的趋势,因而影响力巨大。

■ 思考题

1. 对文化与文明该怎样理解?
2. 以国家区分文化的局限和不足。
3. 简述作为环境的文化认识在对区域、民族、团体、组织文化认知中的价值。
4. 简述跨文化传播、宣传、交流中,难以回避的问题。
5. 简述人与文化的关系。

第八章 关于媒介理论的研究

■ **本章要点**

1. 将受众研究作为新的出发点
2. 两种研究范式的启示
3. 对个体主义和人际关系的反思
4. 对从众、流言和宣传的再认识
5. 归结在文化上的影响力

以媒体变革来体现的时代发展,主要有两个方面,其中最主要的方面是受众的死亡,或者说以往的受众已经开始消亡,取而代之的是能体现独立意志的人的出现。有思想的人比有嗅觉的人更有社会价值,如同在信息处理过程中,获取信息的天线的价值不及信息的中央处理器的价值一样。曾几何时,能为头上装备雷达,灵敏地获知八方信息者,是何等地吃香,他们甚至获得了"信息领袖"的学术地位,这无疑是传统媒体不断壮大的附生物。这并不是因为信息短缺,而是因为信息通道不畅通,才让世间有了靠信息交易而生存的机会和人。不畅通的信息通道在不断壮大自己的同时,不断提高自己的市场地位,只会进一步强调信息流通的社会地位和重要性。其结果大多只会一方面压制信息生产的积极性,另一方面用不断复制的信息和编辑翻新旧有的信息来充斥过度建设起来专司信息流通的大众传媒业,乃至大众传媒工业。

普通人成为媒体的主人。只因为主人这个名义太诱人,它直指人的本性和内心——因为他也能发声,也有人聆听,也有了人的反响。为听觉而存在的发声,为视觉而存在的表情,都有了存在的全部意义。宏观上的感受不亚于大海中的求救得到了反应,沙漠中的呼喊有了人的回音一样,那是生命的呼唤。微观上的感受如同一个盲人见到了光明,一位聋哑人听到了乐音,那是完整人生的期盼。我竭尽可能地遣词造句,但还是无法清楚地表述一个人从奴隶变为将军的感受。人是群体的动物，也是信息、符号的动物，成为一个完整的人，不仅需要接受，也需要传播；不仅需要在亲人中传播，也需要在社会里传播。这是对群体的、信息的、符号的动物最本质的要求。之前这方面是欠缺的、不够充分的，也是不完整的。

新媒体的出现，在一定程度上让人的机能完整性得以向前迈进一大步。"自媒体"道出的是自己的媒体的心愿。"社会化媒体"说出的是冲出了市场细分区隔的人，挺直了被困在沙发里、压缩成土豆的体魄，从面对传统媒体只能喃喃自语的孤独到通过网络展示出自己的态度。当这个世界出现了越来越多的声音，就会有越来越多的思想展现出来，也就有创新发展的可能。我们不可能拒绝全部丑陋，也不应该在拒绝丑陋的同时屏蔽创新的思想。只要这个社会的道德向善，人心就不至于死，丑陋自然就不可怕。因为丑陋带给人的只是没落，绝不是希望和出路。

一、关于媒介受众的理论研究

至今为止，我们耳熟能详的媒介研究多属于"行为范式"。其中以媒介为中心，通过衡量信息对大众的刺激——反应效能关系为主干来构建研究框架的现象，在中国极为多见。这种研究的思想基础之一的线性思维，将信息置于媒介与受众这两端之间来分析。这种研究范式构建起来的研究方法，十分有利于媒介主导下的传播学研究。其中最为典型的产物就是以媒介利用率为中心衡量传播效果的做法，这种媒介利用率用于电视中称作收视率，对于文字媒体而言则叫作阅读率，对广播而言叫作收听率，就连网络出现之后也想用点击率把它收编于队列当中一并对待和处理。因此在电视广告经营中，收视率成为了"通用货币"。

20世纪90年代，西方有人为了追求收视率的精准化，尝试在入户电视收视记录仪中装进摄像头，通过直接观察公众在家的真实收视行为，回答"是什么样的人，在收看哪个频道"这样一个问题；由此就能把收视率提升到具体是什么人的收视率这样一个更为精准的高水平。可想而知，这种做法直接影响了公众在家中行为的隐私，遭到社会的一致反对。因此，人们知道了传统媒体效果调查的底线。这也就为之后新兴媒体出售自己称之为更精准的效果数据埋下了伏笔。

然而问题不是精准与否就能解决的。即便之后为了使媒体的利用率更能深入反映媒体的实际利用情况，比收视率更为深入的指标在事后调查的辅助下也被提取了出来，如：到达率和有效到达率。理论上说，这些数据更能反映媒体的实际被利用情况。但从实际使用情况来看，由于它是人们事后追加进行的抽样辅助调查，相对于收视率样本量来说，它是一个更小规模的对总体的反映，失真及失信的可能性都存在，所以在媒介实际经营中利用极少。相反，人们更愿意利用的是市场占有率(share)、千人成本(CPM)等环比性数据。在说明自身价值的同时，需要绕开不可比性的现实，得失几乎相当。

随着时代的变迁，市场经济深入发展，最为活跃的主体显然已不是媒体，虽然企业也略显活跃，但受众始终是最不受约束的、最为活跃的存在。实际上无论中外，经营者和研究者往往重视交易、忽视受众；为赢得资金投入，自觉地把效果观测和研究置于广告主的视角下。与之对应的是，以往传统媒体对覆盖范围的追求，使媒体可用资源总量远远大于可流通内容的总量，媒体资源日益过剩。大覆盖面媒体不得不把自我价值定位于品牌服务层面，这就使得商家真正追求的销售服务找不到对应的大媒体。大媒体用品牌价值来掩盖自己短板的用心不仅未能拯救自己，反而因为商品品牌竞争最终要与销售量的竞争对接，不能服务商品销售的品牌竞争，失去了大部分需要销售支持、需要由小变大企业的广告资源；同时也为新兴媒体的所谓精准促销的生存发展拓展了空间。

以上这些现实还都只限于经营方面，由于研究范式所限，看问题的眼光只在与媒体相关的几个面之间移动，不同之处只在于寻找出了不同的定位点。受同样的影响，在对受众市场的认知方面，不得不放弃子弹理论，但却不接受受众主导的观点。至今，"大众媒介具有强大社会(受众)影响力"的观点，还深深植根于传统媒体人的心中，至于影响力从何而来，回答又会回到覆盖率、媒体利用率、市场占有率、千人成本等上来。至于为什么覆盖率高就支持了影响力？利用率高对媒体影响力的贡献是什么？市场占有率除去能说明该媒体的市场位置之外，还反映了媒体影响力的什么？在与受众的关系中看千人成本时，是高好呢，还是低好？这些似乎都是一言不能尽述的问题，需要太多的注脚。这就是这个研究范式必然导致的结果。

至于媒体内容是否为大众所需、所接受，历来不被看作是个问题甚至被忽略。此外，对媒体资源的开发从不"计划生育"，以致大大超出了市场的供求关系的平衡点。既忽视信息内容，又忽视供求关系，还想让每一个"超生"的媒体都过上小康日子，不是个梦又会是什么呢？我们的传统媒体已然走在了一条不归路上：不是不能归，而是总在回避问题，找不到归途。寄希望于中国经济总能大发展，寄希望于广告支出总会与指标一同上升，寄希望于不断上涨的社会零售价格总有消费者埋单。市场经济发展法则给我们以教训，新兴媒体的出现已经为我们揭开了第一课的序幕。

国家新闻出版广电总局发展研究中心新媒体所所长吕岩梅认为,现在的广电媒体面临着"4个流失":

一是受众流失。近5年来,观众收看电视的时长不断下降,2015年上半年观众每天收看电视时长156分钟,比2011年同期下降12分钟。截至2015年6月底,全国有线电视用户数2.3亿户,比去年年底减少515万户。

二是广告收入增势放缓。2014年,网络广告市场保持同比40%以上的增长,收入达1540亿元,而同期广电的广告收入增长只有6%。

三是人才流失。2014年以来出现了广电历史上最大的人才出走潮,从地方到中央,全方位、高层级。

四是话语权流失。这是以上三个流失的直接结果。

东方卫视新闻部主任周炜坦言:"电视新闻人对移动端有一种心理上的恐惧。怎么办?总不能等死。互联网移动端为什么可以风起云涌?道理很简单,互联网、移动互联网能够及时掌握受众偏好数据,使信息到达及时、有效。"

"有人说未来是没有新旧媒体之分的,未来所有的媒体都是互联网媒体。"周炜说。
2015年10月31日《中国青年报》

如前所述,尽管媒体构成了一个虚拟的世界,但当人们真正具备了与之对应的媒体素养之后,人们便不会满足于受制于媒体的信息生活。当媒体把"分子化"的受众用于挣取广告主的投入,并完全依赖广告费生存时,客观上就已背离了受众的需求。相比之下,早年收费作为报纸经营的主要手段,还能赋予媒体一定自主与自由的空间。由于媒体相信,受众的免费利用行为能创造出围绕媒体作息的生活习惯,它定能成为无穷尽开采利用的媒体资源,使大众媒体的基业万寿无疆。基于此,媒体甚至把经营方向上升到媒介产业、文化产业的高度来把握。如此自信,只因为至今为止中国的大众媒体仍然脚踩两只船,一只踩在广告市场里,另一只立于政府财政里,一直处在有人管、有保障这样一条路上,曾经左右逢源,衣食无忧。另一方面,大众媒体的市场一层是大众,另一层是政府机构,这样两个本不在一个层面上的关系力量,也使大众媒体在处于充满不稳定因素的生存环境中,无法同时应对两个市场。因此,对此进行的所谓理论研究,就难免只有利益,而无科学。

理论应该是什么?应该是反思的结晶、判断的指南和思考的工具。它不能停留在诠释现象上,也不应成为目标的仆人,更不能作为结果的解说员。当现实发展到前无古人的境地时,理论要担负起开拓者的角色,理论的突破决定着实践的可能性。事实上,传播理论中不仅关于受众的东西太少,关于市场的也不算多。不知道是因为"传播"本来就不关受众的事,但传播一旦离开了受众就不成其为传播,还是因为受众历来就是被动的对象,不能与传播同台而论。须知只有受众才是最为自由变动的因素,始终只把受众当作交换关系中的砝码、道具一样对待,结论难免错误。其实,受众不是单纯的被动存在,而是始终处于构筑信息意义的主动地位,哪怕这个"受众"只是政府、企业。在新兴媒体出现之前,我们对此忽略得太多、太久。

在对于受众的认识中,一般认为是新兴媒体把受众"分子化"了,其实不然。随着传统媒体普及率的提高,媒体的实际利用由家庭化走向个人化,对观众的称谓也从"大家好"变成了"您好",这才使受众的分子化性格暴露出来。需要指出的是,社会的分子化进程,只能取决于社会分工、价值评估体系和劳动分配制度。

社会"分子化"现象现今更多是作为结果,而不是作为原因被运用,结果在真正原因被忽视的同时,还建构起了一个"碎"家族,如:碎片化信息、碎片化媒体、碎片化注意力,乃至碎片化社会等。这种"以果为因"的做法,不仅无助于理清概念边际,反而使概念被泛化,最终只会淡化这个概念的核心所指,只剩"喧哗"。

关于媒体的研究,还有一个方面存在问题,就是习惯用媒体来区分受众。每一种媒体又总在强调自己对于受众的唯一性、不可替代性。从国家的行政管理思维来论,只要互不进犯对方领域,这种说法是能够成立的。仅仅由于不同媒体以不同的方式、手段传达着同样、同质的信息,他们在行政区域上的区别事实上就被抹杀了。

当全民进入互联网时代,传统媒体各自固有的阵地实际上已被攻占。起初不愿意接受现实可以理解,但用一系列数据来证明自己"还是老大""不可替代"反射出来的是故步自封、是拒绝进步。须知当你在他人心中被替代之后,还有谁听你举证,听你解释?愿意听你解释的人,你不说什么他也不会离开你,但不见得明天他还在场。

今天媒体研究的功用不是在发现问题,更多只是在解释问题的缘由。过去因为没有互联网,传统媒体的问题可说是缺乏参照系,不易显现出来。大多数研究只局限于为媒体传播服务,为媒体传播的效果正名,存在的问题得不到解决。当受众可以不再依赖大众媒体之时,他们是如此轻易地与之挥手分别。我对大学生进行过一个小范围的非提示性意向调查,问题是当你成家时,将所需大小家电按重要性程度顺序列一个清单。回复中,只有一人提到电视机,处于加湿器之后位列第9。重要性名列前两位的是手机和笔记本电脑。结果让我吃惊,难道他们已不再需要广播、电视了吗?深访得知,他们不需要的只是收音机和电视机,对于广播和电视节目还是需要的,只是获取渠道变了。对认定受众必定以既定方式,属于特定媒体的认识。

事实上,从20世纪80年代以来,传播学作为现象性学术研究就一直没有新的突破。这似乎显示出传播学理论已滞后于现实,以致难以对现实问题作出回应。它一直在解释现象,却始终未能深究原因、揭示本质。摇摇摆摆当中,新的时代已经来到,在新的现象面前,更凸显出理论的局限与发展的滞后。其实比起巨变的媒体传播能力,受众对信息的处理能力未曾改变。换言之,如果不是紧随多变的媒体、迷恋万变的技术,我们不至于被抛下如此之多。反观,当信息的传输能力、储存能力呈几何级数增长的同时,人对于信息的处理能力与2000年前的古人相比尚不见明显进化的证据。若把今人与古人相比,或许还不及古人,因为至今尚不见有人能出孔、孟其右。撇开受众、紧追传播的研究,必定为受众所抛弃。

传统媒体在理论研究上不见成果,致使其问题成堆、危机四伏的另一个原因在于,用来揭示受众行为的理论这些年被忽视了。如果说"大众传播学"是针对传播媒体的学问,那么"人际传播学"则是针对受众的学问。自传播学出现至今,大众传播与人际传播在学术理论上的发展,并不同步,这也是事实。以至于当我们试图用它解释基于互联网进行的人际传播现象时,也倍感人际传播理论的不足。不得已,我们只好回归传播学的大本营,即在社会学及社会心理学中寻求解答。之所以可以这样做,还是因为人的进化是极其缓慢的,这给了我们回归学理大本营的可能。

我们知道,无论是传统媒体还是新兴媒体,信息始于人,终结于利用它的人,是人在利用媒体发出信息,也是人通过媒体来消费信息,因此人既是信息的"起点",也是信息的"终点"。可见,人是人类社会最基本的媒体。因此,大众传播学也不能忽视对人的研究。当每个人都成为传者,他所引起的社会反响,他所激起的个人心动,一定会反作用于这个社会。随着时间的推移,作用已日见端倪:它让习惯于受动的人心觉醒,驱动了人人均为传者的欲望,颠覆了传统上媒体与个人的关系。因此研究不得不从范式开始进行革新。

二、关于对收编/抵抗范式的学习

因此,我们不得不正视"收编/抵抗"这个研究范式,见表8-1:

表8-1 受众研究的两个范式

项目 \ 范式	行为范式	收编/抵抗范式
受众	社会个体	由社会构建(阶层、性别、种族等)
媒介	刺激(信息)	文本(媒体)(语境)
社会后果	功能/功能失调、宣传、影响、效果	意识形态、收编和抵抗
理论模式	效果研究、利用与满足	编码和解码、粉丝

收编/抵抗范式将受众研究的难题界定为:受众成员是否通过参与媒介活动而被主导意识形态收编或对这种收编进行抵抗。需要指出的是,这个"范式的研究都是基于马克思主义模式对权力的不平等分配的关切而组织起来的。不管受众受制于文本(媒体)①,还是受众抵抗文本(媒体),其组织原则都是一样的"②。

其中有三个模式,分别是:"受众主导模式""文本(媒体)主导模式"和居于中间的"协调模式"。"受众主导模式"和"文本(媒体)主导模式"分别位于对立的两端。然而没有哪个受众理论家会完全赞同"文本(媒体)主导"或"受众主导"。这两个立场代表着过去二三十年里的一个理论连续体的两端。媒介研究就在这个连续体里来回摇摆,时而强调受众,时而强调文本(媒体)。只不过在过去20年里,钟摆已经摆向了"受众主导"这一头。

(一)受众主导模式——抵抗

对受众主导的研究范式,斯图亚特·霍尔也有过他个人的定义:受众有可能完全理解话语③赋予字面的内涵意义及曲折变化,但以一种全然相反的方式去解码。他或她利用"对抗的符码"进行解码。与此相近,D.莫利是这样表述的:"解码者可以辨认出讯息是如何根据语境④被编码的,并用一个另类参照系将编码的框架挤到一边,添加给讯息一个直接'对抗式'的阐释。"⑤

在理解文本(媒体)和受众的关系时,受众倾向于认为文本(媒体)不是千篇一律的,而是多义的,包含着若干可能的意义,允许一系列的受众解释。受众在这种组织松散的文本(媒体)面前不是被动的,而是积极地讨论、分析、忽视或拒绝文本(媒体)。这种受众活动有可能导致"对抗式解读",当然它也允许中立的或游戏性解读。⑥

这一模式显然不是传统媒体希望看到的,然而事实上,这种模式并非能因人的好恶而转移其对客观现实的真实揭示。"上有政策,下有对策"的说法不是空穴来风,它在一定程度上反映出大众对上传下达媒体功能的基本态度。进入互联网络媒体时代,这种模式中的现象更为多见。自媒体中的观念对抗、低俗对骂,甚至人肉搜索,都是这

---

① 一定的符号或符码组成的信息结构体,这种结构体可采用不同的表现形态,如语言的、文字的、影像的等等。
② 〔美〕尼古拉斯·艾伯柯龙比、布莱恩·朗赫斯特:《变化的受众——变化的研究范式》,载于陶东风主编:《粉丝文化读本》,北京大学出版社2009年版,第64页。
③ 在福柯看来话语是语言与言语结合而成的更丰富和复杂的具体社会形态,是指与社会权力关系相互缠绕的具体言语方式。话语是特定社会语境中人与人之间从事沟通的具体言语行为。
④ 文本(媒体)存在的社会基础与范围;亦可视为言语交际相关的社会文化背景。
⑤ 〔美〕尼古拉斯·艾伯柯龙比、布莱恩·朗赫斯特:《变化的受众——变化的研究范式》,载于陶东风主编:《粉丝文化读本》,北京大学出版社2009年版,第58页。
⑥ 同上,第59页。

种情形的反映。在基本道德素养缺失的社会里,甚至会出现"对立面反对的,我就拥护;对立面拥护的,我就要反对"这种极端的抵抗现象,只是由于解码的方式不同,有时会以犬儒主义的面貌进行抵抗。

(二)文本(媒体)主导模式——顺应

法兰克福学派成员阿多诺是这种提法的"始祖"。在他看来,那些喜爱工业化和商业化的流行音乐的听众被一套标准化的、程式化的反应所网罗。来自流行音乐的愉悦,浅薄而虚假。听众表现出来的是"节奏性服从"。他们是"节奏的奴隶",跟从歌曲的标准化节拍,并被其控制。在阿多诺看来,喜欢这种愉悦的个体因陶醉而堕落,任由工业化的资本主义体制主宰。①

斯图亚特·霍尔在他的论文《编码,解码》中将文本(媒体)主导的研究范式称为"霸权观点",并把它定义为:"(a)它用自己的语言界定可能产生各种意义的精神世界以及社会或文化中种种关系的完整层面。(b)它带有合法的印记——它与社会秩序是'自然的''不可避免的''应当如此的'说法相联系。"②

持相近观点的人还有 F. 帕金和 D. 莫利,他们认为:他或她完全在信息自身显示和偏爱的解释框架内对信息进行理解,因此,他或她就会在主导符码内部进行解码,或和主导符码保持一致。

尼古拉斯·艾伯柯龙比和布莱恩·朗赫斯特将其进一步明确为:"媒介提供了单一的主导意识形态,并被受众不加辨别地接受。文本(媒体)是千篇一律的,包含着一个明显的偏好意义,使得另类意义很难出现。受众是被动的,是文本(媒体)的囚徒,深受偏好意义的影响。"③

尽管他们针对这种模式在表述上有所差异,但他们对文本(媒体)主导范式的认识总体上是一致的:以揭露来达到批判目的。表述上的差异,仅仅体现了他们认识侧重点的不同。这种研究范式的价值也只在其批判性,批判就是其全部。受众如若缺乏批判的道德,接下来受批判的就不仅是某一类原先的文本(媒体),而可能泛化到任一对立的社会关系当中去,新兴媒体也不可能例外。推而广之,以抵抗论一切,那么一切抵抗就都等同于回应——顺应。传统的大众媒体就是在一片抵抗声中,不断完善,逐渐

---

① 〔美〕尼古拉斯·艾伯柯龙比、布莱恩·朗赫斯特:《变化的受众——变化的研究范式》,载于陶东风主编:《粉丝文化读本》,北京大学出版社 2009 年版,第 59—60 页。
② 〔英〕斯图亚特·霍尔:《编码,解码》,载于罗钢主编:《文化研究读本》,中国社会科学出版社 2000 年版,第 357 页。
③ 〔美〕尼古拉斯·艾伯柯龙比、布莱恩·朗赫斯特:《变化的受众——变化的研究范式》,载于陶东风主编:《粉丝文化读本》,北京大学出版社 2009 年版,第 59 页。

壮大,发展至今。

(三)协调的模式——协商

斯图亚特·霍尔在他的论文《编码,解码》中对"协调的模式"如此定义:"它认可旨在形成宏大意义(抽象的)的霸权性界定的合法性,然而,在一个更有限的、情景的(定位的)层次上,它制定自己的基本规则——依据背离规则的例外运作。它使自己的独特地位与各种事件的主导界定相一致,同时,保留权力以更加协调地使这种主导界定适合于'局部条件',适合于它本身团体的定位。协调符码通过我们可称之为具体的或者定位的逻辑运作,不平等的关系得以维持。"①

D. 莫利认为,协调的模式指的是:解码者接受的意义大致和编码意义相同,但编码者能通过将讯息和反映他或她的立场、利益的具体或特定语境联系起来的方式,来修正或部分地改变既定的偏好意义。

约翰·菲斯克则通过对电视受众的研究指出:"电视传送的不是节目,而是一种符号经验。这个经验的特征是开放性和多义性。电视不完全是一个由观众自己动手组装的意义箱,但它也不是一盒预先造好的、用于销售的意义。电视尽管受限于一些文化决定因素,但还是提供了逃避、修正和挑战这些限制和控制的自由和权力。所有的文本(媒体)都是多义的,但多义性绝对是电视文本(媒体)的核心。"②

这种折中模式明显具有二元性思维特征。在坚持对立,但不完全对立的关系中,解释他们所认为的现实,这在一定程度上接近了真实现象,但却不能全面概括现象的成因。在令传统媒体莫衷一是的同时,也会让新兴媒体对号入座。相反,在新兴媒体环境中,因可能对话而可能进行协商。要轮到传统媒体环境中,双方的社会地位不平等,在受众与大众媒体之间缺乏反馈机制的情况下,协商只能是一件遥遥无期且效率较低的期盼。

除上述模式外,还有一种难以称为模式的观点属于 S. 列维斯通,她把通过文本(媒体)和读者的互动来制造意义的过程看作是一场斗争,是"两个半强势的源头之间的协商场域"。这是一个复杂的过程,文本(媒体)限制了观众所能制造的意义,观众又用大相径庭的方式阅读文本(媒体)。S. 列维斯通通过让观众看《加冕街》来进行试验。这部电视剧讲述的是一个父亲反对女儿结婚的故事。女儿是父亲第一次婚姻的

---

① 〔英〕斯图亚特·霍尔:《解码,编码》,载于罗钢主编:《文化研究读本》,社会科学出版社 2000 年版,第 357—358 页。
② 〔美〕尼古拉斯·艾伯柯龙比、布莱恩·朗赫斯特:《变化的受众——变化的研究范式》,载于陶东风主编:《粉丝文化读本》,北京大学出版社 2009 年版,第 62 页。

产物,她所要嫁的年长男人曾经和父亲现在的妻子有过奸情。S.列维斯通认为这个叙事包含两种可能性的解读,要么是真爱战胜偏见,要么是头脑简单的天真打败睿智。为了了解观众对叙事的阐释,她设计、发放了一份问卷,并对观众的反应进行了集群分析。分析结果显示,存在四个观众集群。S.列维斯通将其分别称之为犬儒主义者、浪漫主义者、协商的犬儒主义者和协商的浪漫主义者。如这些术语所暗示的,浪漫主义者相信父亲的决定是错误的,他占有欲强,而且蛮不讲理,女儿和她的未婚夫是般配的一对。犬儒主义者则正好相反。他们支持父亲,不相信那对伴侣是真心相爱。其他两个观众集群的立场则介于犬儒主义和浪漫主义之间。

结果显而易见,读者对文本(媒体)的反应是多种多样的,为这些反应贴上"主导"或"抵抗"的标签是很困难的。这主要是因为文本(媒体)实际上包含着不止一个偏好解读,更准确地说,所包含的偏好解读是矛盾的。

在今天的自媒体环境中,因为没有任一独大的情况存在,所以哪怕只是一个简单的出自个人的文本,若要对解释(解码)进行归纳,恐怕就不会止于一位数范围。例如由成龙代言的、曾被工商部打假的广告再次被网友们挖出来进行了新一轮解读,其中的"Duang"迅速成为了网络上最热门的词语。一时间,网友们对"Duang"进行了无数创造性释用。连成龙本人也只能"投降"。"仁者见仁,智者见智",以及"莫衷一是"这些自古已有的词语,为我们揭示今天网络现象再贴切不过了。

"收编/抵抗"模式,也有它的局限。如果它离开了它收编或抵抗的对象,它的价值就显示不出来。更准确地说:它与抵抗者构成了一个彼此互为存在前提的整体,因此,如果没有抵抗、顺应和协商者,也就没有传播。

相反,互联网支持者在与传统媒体的"抵抗"当中,它们不是相互依存的关系,而是取代关系。因为他们各自出发点不同、服务方式不同、服务对象的局限性也不同。

发源于管理者、所有者、支配者的是传统媒体,发源于大众、消费者、生活家的是互联网络媒体。

与互联网络媒体平等、均等、共享、共有信息资源服务方式不同,传统媒体以信息不对等、地位差异、关系悬殊、稀缺关系、供不应求为原则构建它的市场地位。

在服务对象的局限性上,以国境为界来限定受众与以语言为界来区隔介入者之间的差别,在传统媒体的受众范围与互联网络媒体的消费者范围上,显然不在一个数量级上。加之大众传媒以极少数人向不特定的多数人传递的只能是相同的信息,它与质量无关,与受众规模无关;而互联网络媒体以多数人向多数人传达的信息,随人数的规模扩大而出现的是质和量的提高,它与参与者规模呈正向关系。

虽然上述差异较大,但更为巨大的差异还在于被利用的媒体的所属关系上。传统媒体永远只会属于权贵和利益集团,而不会属于受众;互联网媒体则正好相反,它除了与介入者密不可分之外,不属于任何权贵和利益集团。在此基础上衍生出来的平等、自由、互动、互利性质,使互联网络媒体一开始就在公众当中具有了极大的元生命力。正因为大众传媒只是上情下达的渠道,是一个彻头彻尾的单向性传播道具,它的社会功能中有缺陷。因此,多少年来,个人与个人之间的信息传递总局限于口口相传。它是大众传媒的二次信息渠道,同时又必然是有自功能的另一类型的信息通路。人际交往源于大众,属于大众,作用于大众。大众传媒的发达,使个体的发声愈发势微力单,由此驱动了个体在广域人际社会交往方面需求的上升,驱动了大众对互联网络媒体的热情拥抱。

以上所述的"收编/抵抗"范式尽管较新,但还是基于对当时的"新媒体"——电视的研究得来的。麦奎尔对新媒介的消费者是这样描述的:"新媒介的消费者们,是一些典型的花更少时间、投入更少热情,并在与媒介建立联系、作出反馈方面,吝于付出的人。"这无疑指的是那些电视机面前的"沙发土豆"。他还进一步指出:"实际上,这里中断的是媒介(传播者)与受众之间的社会联系,虽然受众个人与某位演员或某个信息源之间的关系,可能依然紧密。很显然,早期连接媒介与受众的那一条标准纽带,已不大可能存在,这意味着媒介对接受者观念和信念的影响力更低了。"[①]电视与观众,乃至所有传统媒体与受众都是截然分离且互为对立面存在,这是个事实。因此相应的所有研究无一不是对立起来进行分析和思考的。所以不是"对抗"就是"收编",二者之间的"协商"或"协调"模式会出现。用丹尼斯·麦奎尔的话来说就是"中心—边缘模式,最典型的是所谓'训示'模式——可直接称之为从一到多模式。"

时至今日,丹尼斯·麦奎尔所称的新模式已然出现,它们分别被称作"咨询模式"和"互动模式"。前者指接受者决定他们所需要的信息和信息接收时机,并且从媒介所提供的范围广泛的信息和文化内容中去寻找和选择。后者表明,没有所谓中心,通过广泛延伸的、连接每一个人的网络,信息传送者和接受者之间的对话和交流是有可能实现的。[②]

当对立被打通,分离被连接之后,以往所有对立或对立统一模式都将失去大部分价值。互联网推动的"信息革命还影响着以资源而不是行为来衡量的权力"。使得拥有信息就是拥有权力。"广播转向窄播具有重大的政治意义。光缆和因特网使得信息发送者能够分割受众,或将特定受众作为目标。对政治而言,更为重要的是互联网媒

[①] 〔英〕丹尼斯·麦奎尔:《受众分析》,刘燕南等译,中国人民大学出版社2009年版,第165页。
[②] 同上,第157页。

体具有互动作用,不仅可以集中关注,还可以促进跨界行为的协调。低成本互动为虚拟社群这种新鲜事物的发展提供了机遇;人们可以把自己设想为某单一群体的组成部分,而不管他们在实际空间上相距多远。"①

随着信息源从媒体旁落大众,"在现场"的一定不是媒体人员,而是当事者和相关者。当每一名当事者和相关者都可以成为一名传者时,通常意义上记者的"在现场"就失去了意义,他们的工作只是对个人媒体的搜索、整理和编辑。传统媒体的位置势必与公众相同,它也无非是个"二传手",一个信息流通业者而已。如同传统媒体之前的地位是受众赋予的一样,眼下的地位同样也是公众赋予的。

三、诞生于后工业化进程的个体主义

每一个人都可以是一个面向社会的自媒体,这种意识已然觉醒。它经由大生产、工业化对农耕经济的取代,追求个人在 GDP 中所占比重来论成功与否。在实现个人价值最大化、高喊出"我能"的同时,大工业业已走入了后工业化时期。密集的、群体的,劲往一处使、汗往一处流的场面,被信息技术的浪潮、日益加剧的竞争、过度细分的市场空间,以及重奖下凸显出来对个人才能的依赖等推动着退出了"剧场"。服务业及第三产业登上舞台,摘取了最大产业的桂冠。与之配合的是,分配制度日益走向以个人绩效为指标的方向,以承认个人的经济意义和社会价值为基础。随着统计上个人收入的不断增加,可支配剩余收入使消费能力日渐上升,专属消费促使消费日显个人中心主义,甚至发出消费权利的呼唤。它不仅催生了《物权法》,更凸显了个人参与劳动分配的要素走出了物质财富,使劳动力及所有权也参与到了利润分享当中。对个人权利极大尊重的同时,也是对个人的社会经济地位最大限度的承认。这对于进一步调动个人的创新创造能力意义重大。

除此以外,个人的活动范围也随着出走能力和需要的提高而被扩大。农民离开了土地,走进城市;乡村凭借经济发展,变为城市;农民集体性劳作的双手承担起了国家基本建设的重任;年轻学子可以循着自己的心愿奔走于五湖四海,寻求实现个人价值的机会;老年人也可以过上"候鸟式生活",随季节迁徙于大江的南与北。所有这些无一不在呼唤个人的生活及自我、自主的意识。

中国共产党的十八大五中全会于 2015 年的 10 月 29 日通过了全面放开二胎的政策,使实行了(1980.9—2015.10)25 年的独生子女政策走到了终点。尽管如此,它给

---

① 〔美〕罗伯特·基欧汉、约瑟夫·奈:《权力与相互依赖》,门洪华译,北京大学出版社 2002 年版,第 263—268 页。

中国社会留下的,不仅是独生子女要求独占父母之爱的意识,更多的是以我为中心的个体主义思维方式。他们必将接管这个社会,继续未尽的发展。或许在这一代人身上存在的问题与先天的优势,正好是这个时代发展的源泉。

眼下,个体主义最显著的特征是这一代人要面向社会发声,对社会产生作用。这是个人自我与社会互相关联意识的觉醒,是个体这个最小单元社会的形成。它必然进一步促使社会向个体化深入发展,"我们"的意识或将向"我"的意识过渡和发展。

随着以大为特征的工业化经济逐步走到尽头,接力的无论是信息、服务还是文化经济,其个体化特征只会更加明显。虚拟的聚合便可产生集体的力量,创造出更多的财富,这会使个体在社会中的地位得到加强。他们以自己的决心、觉悟和责任运用他们创造的信息。在这一过程中,以我为中心的获取和利用信息服务,将使利用信息占有支配和管理大众优势的意识失去意义。占有知识者往往能够解释现实及其现象,其中多有选择性注意与选择性解释的成分;解释又难免迁就于知识的局限,以及"唯上"目的性的局限。这或许会使出身于集体主义,形成于支配思维,作用于工业化时代的传统大众媒体更加无地自容。

当然也可以有预知完全相反的思维:坚持集体主义文化环境,并把它落实到生产关系和分配关系当中。只是不知有多少人愿意这样。如果大多数人愿意如此且能身体力行,或许社会的个体主义进程会被延后。由于社会发展已然至此,上述可能性接近于零。

个体主义始于社会经济基础的变革发展,经由分配与人事管理的改革提高,再到追求个人价值和梦想的行动,以及与之相衬的大众文化消费方式,客观上个体主义文化的发展成为必然。随后而至的互联网技术与文化思维,更是使个体主义文化得到了升华和提高。"众筹""分包"是其表现,"宅人"一族、"SOHO"的出现是其中的极致表象。

个体主义给我们的启示是:

(1)随着个人劳动积极性被调动起来并转化为生产力,生活资料供不应求的局面已经被改变;

(2)大量消费以满足大量生产需求的时代,也随着生活资料全面供大于求而被彻底改变;

(3)被大工业生产养成的差异化、个性化消费愿望已成为牵引新型生产方式的动力;

(4)由极少数人满足大多数人个性需求已经不可能,取而代之的是多数人应对多数人需求服务的时代;

（5）大工业化生产无一例外遭到了挑战，同样富含大工业化基因的传统媒体产业也不例外。

正是这些使传统大众传媒面临只有改革才能前行，才有生路的境地。反之，互联网络媒体之所以显示出更强的生命力，不是因为它顺应了时代，而是由于它就是这个时代的产物，它的基因暗合了这个时代的需求。如同大工业化生产对应了过去那样一个时代一样，它如今面对的是它孕育出来的后工业化新时代。可以想见，互联网的出现，鞭策着后工业化时代不断向前的同时，也很有可能造就一个更新的时代。如果"互联网+后工业化"仍不能与时俱进，它也必然成为新时代的创造者，同时也成为自己的掘墓人。

四、人对于人的影响力出自最基本和最深刻的社会关系

在个人与个人的交互当中，基于互惠、互利的沟通和互动，人对于人的影响关系建立了起来：有的源于社会认同，有的来自互通有无，更有根据喜好的，也有相信权威的。互通有无基于短缺，当然也包含模仿。被各种理由驱动的人与人之间的你来我往，起初因为识字率低，街谈巷议是必然；之后经过碰撞，逐渐汇聚成民意，有时还会上升到舆论层面。它们抵抗的是对民生可能形成的伤害，同时对官媒形成转化装置，辅助吸收。其中既有个人的高见，也不排除存在群体盲思。然而意在解决问题的意识成为主流后，它的局限只在道德层面。由于知识的物理性私有已被数据库公共服务所取代，人人便利享有知识的现实打碎了占有知识的权力。过去因博闻强记、藏书过万而成为知识"大家"者，远敌不过一个小小的搜索引擎。人与人真正比拼的阵地升华到了道德和使命的境界，进入到发现问题与解决问题的决心和能力的层面。

班杜拉把存在和运行于社会人与人之间的信息交换上升到"社会学习"的高度加以把握。在形成注意过程—保持过程—运动再现过程—最后的产出动机过程之后，人对于人的影响得以实现。这是一个显而易见的过程，但解释起来又是一个很复杂的过程。其中的关键在于，任意两个过程之间，都可以视其效果进行调整。与传统媒体的传播相比，我把人与人之间的传播称为"看得见的传播"。

人与人之间具有"吸引力"这样一种特殊关系。有基于相似产生的吸引力、有基于互补关系的吸引力，还有由于接近、认可，甚至只是由于外表产生的人对于人的吸引力。在这些吸引力的作用下，人际之间的影响就不可能是一件简单的事。此外，出于自我评价的需要、出于自我评价之后保持的需要、也会使人刻意地去注意他人的评价——产生影响几乎是必然的。

作为社会的人，保持并维护关系是维护社会和谐的重要一环。要维护友情，也要维护爱情，更要维护亲情，其间人对人的影响是不可避免甚至是自我意愿的一部分，如此一来，影响力自然不言而喻。在维护所有关系的同时，在"有来无往非礼也"的认识基础上，人们自然也在进行"交换"。因此当交换能带来更大的收益时，人与人之间的影响关系就会变得更强且更有力。在交换过程中，当付出大于收获时，人际间的影响关系和影响力也随之减弱。这就是前面所说的"不断修正的，看得见的传播"的一种表现。在这种关系当中，维系长期存在并推动发展的要素就是"公平"二字。受众在消费大众传媒的过程中，影响关系上没有"公平"，传者与受众之间互不可见，更谈不上随时调节，传播效果自然受影响。

"自我表露"是人际之间实现公平交换关系的手段之一。只有付出，才会有回报。这种朴素的认识可随时随地在人际交往关系中捕捉得到。今天它在微博、微信中广为应用，在换取无数个"赞"的过程中，形成和保持着人际之间广泛的社会交往。通过"社会渗透理论"我们甚至可知：自我表露是一种社会交换的基本形式，随着关系的发展，这种交换会变得越来越广泛和深入。在以自我表露打头的影响关系中，人们可以获得的只会比在传统媒体那里得到的多，得到的深。可以相信，在利他主义表露的作用下，也只有在利他主义前提下，基于表露的人际交往才可能长期发展。它甚至会有助于遏制"利己主义"，随着交往的深化还会使社会更加和谐。

因为人际传播与大众传播是两种不同性质的传播，这种不同会在社会基础、信息源、接受者、语境、渠道、信息、反馈、手段、目的、效果、问题和能力这些方面表现出来。因此，作为人际传播的延伸的互联网络媒体，必定会比传统媒体有着更多、更广的施加影响力的空间，有着更深、更透彻的影响能力。

人对于人的影响能力或许不会变，尤其是基于血缘关系的影响力更可能依然故我，但权力性影响因素地位降低导致的人对人的影响能力则会有所改变。比如，因与他人相比，自己占有比他人更多的信息类资源，对于信息短缺者具有的"短缺性权力"正在逐步消失；课堂上不自觉地施放的"典故"，立刻会遭到学生基于搜索结果的反驳。尽管数据库里的东西也是由人输进去的，也一定会出错，但现实中靠"我知，而你不知"获得的快感中难免已含有苦涩味。这似乎可比喻为一种全新的"盈利模式"，这种模式一改之前个人化、单一、线性的发展关系，成为集群化、众筹、非线性发展关系。与此同时，教师一个人影响学生的可能性已渐渐降低，因为在每一个学生的背后都有千千万万人的付出。在对学生的影响中，与教师较量的就是这千千万万不知名的隐藏着的智慧。

五、从众的影响力归于群体的压力

看似自然的反应,抑或下意识之为,其中有多少属于自然反应,多少属于无意识的行为?只因成了习惯,也多有受益,从众习惯就被不自觉地形成了。问题是很多情况下,人们不愿意承认自己从众,怕由此被视为"没有主见"。如同视不从众为优点一样,是周围人的看法在影响自己的认知。从众与不从众均反映出社会压力的存在。

其实,无论是在集体主义文化社会,还是在个体主义文化社会中,从众现象都是普遍存在的。因为自己的态度、信念与集体的规范相左时会产生纠葛,它揭示的是为防止纠葛产生而主动改变自己的态度、信念的过程。它同样是众人与个人的相互关系,与人的本性密切相关。

人是社会的动物,容易与周围人进行比较,因差异而被孤立,因孤立而感到不安。因此人有主动寻求"社会承认的要求",这就构成了人与人交往的基础和关系。

在与群体的交往中,虽有"群体盲思"形成误导,但是当身陷问题或是危急中时,因为不知原委而陷入被动,急于脱困,此时若他人有对策,我们会相信他人比自己更正确,由此形成跟随,这就是基于"信息性社会影响"的从众。产生此效果的另一个原因是只有结论而无相应的支撑材料,它甚至能使最擅长独立思考的人也难免从众。如果说在此情况下自我判断还是基于事件本身的因素的话,另一种被称为"规范性社会影响"的形成就完全偏离了事件本身的范围,它表现为:因群体压力而改变自己原有的正确认识。这被视为"不应该"的从众。

尽管可以视之为"不应该"的从众,但人们还是难以对抗。它内部的合理性,被外部的合理性取代了。在这当中,从众的人其实也在完成着"社会比较",也进行着一种理性判断。尤其是在必须作出决定,而没有任何有助于作出决定的条件的情况下,心理上会有明显的"认识的不协调"感,它也会促使人为摆脱这种感受而从众。这时从众的人并不认为自己在从众,而是"认同"他人的做法。至此我们会发现,从众与模仿有密切关联性,它自有其必然性和合理性。

与从众关联的是榜样的影响力问题。榜样之所以具有影响力,是因为它能成为学习的对象,即还具有"可替代性"来实现。这也是由于人具有向社会,通过观察自我完成学习的能力。换言之,它是作为可供模仿的对象而起作用的。

其中榜样能唤起感知的能力、水平、对应的习惯等是重要的条件;一经唤起,在多大程度上能够予以保持和记忆是必要的条件;之后是对所要模仿的榜样的信息能否转化为有效的行为;最后的关键是对榜样模仿者来说,是否能得到内部的奖励、内心的认可以及榜样带来的好处。可见榜样的力量是受多种因素左右的,也可以说它并不是无穷的。榜样凭借社会规范形成社会意识,促成向个人行为转化,依赖的是个体不得不接受的社会压力。其中榜样的社会化接受、认知和展开才是榜样更具力量的前提和保证。

尽管都是从众,通过社会性观察学习,通过模仿遵守已有的社会规范,也是追求效益的捷径;在完成自我管理的同时,也是维护社会关系的手段。这样从众的价值自然不可忽视。而对于为从众而从众,因习惯于从众而使自负者更加自负、使自卑者更加自卑的结果我们也不得不防。关键的问题是无论哪一种影响结果,都表现了从众对个人的影响能力是存在的,但从众具有影响能力又是有条件的,它主要源于内心对社会压力的反应,而绝非从众本身。

从众还将依然故我,但已经由跟从有知识、有权力者,逐步转变为跟从有能力、有贡献者。小到生活中的吃、穿、用,大到通过从未谋面的他人的贡献,构建起意志的团队,挑战不可能中的可能性。先知性经验正让位于后知性经验,比如:有人把吃过的亏、得到的便利,以及他人是如何智慧地解决问题等拿出来与人分享;基于大数据分析和挖掘,呈现出前所未见的深层动因和行为结果,其中最不可思议的,要数粉丝团的巨大规模化到了足以影响经济和社会认知的地步。

这些从众中的共性是现实可参照和可信赖的证据。这是一种更加感性,但却越发趋于理性的素养的结果。一如对粉丝团中的从众行为的理解,止于亚文化、对抗性文化的认识,在粉丝团的全新作为面前已越来越难以解释。作为消费的粉丝文化,正逐渐具有创造能力。其中"恶搞"传统文本,造就全新消费市场就是例证之一;更有组织起来左右影视市场,甚至要引领其发展方向的异动,也不失为证据。

六、流言的影响力在于期盼与无果

人之从众,显现于行为,实则服从于认知。在形成认知的过程中,信息是个重要的前提。然而在有人看来,信息纵然有大众媒体把握,无论可信度,还是信息量,即便趋于泛滥,但与善变的人心相比,也还是不够用。因此,即便有了大众传播,仍取代不了人际传播。一如在粗俗与精致的食材当中,都饱含着人体所必需的。色彩因有白才彰显了黑之黑;人心因有善,才凸显出恶之恶。因此,与大众传播取代不了人际传播一样,流言也不会因有了新闻而自动消失。相反,在众多的流言当中,谣言是最害人的东西,却仍最具影响力。

流言之所以有影响力,原因可能是缺失危机相关信息,可能是一厢情愿的追求,可能是缺乏判别依据,更可能是必要信息不足、行为时间紧迫等因素所致。与这些众多的外部因素相对应的是，处于中心位置的人是不变的，他会把所有的外部因素转化为重要性、模糊性、相关性、紧迫性来加以把握，随之作出取舍决断，真者便视为信息，伪者则定性为谣言；之间的大多数，因难辨真伪，只能被视为流言。此外流言影响力的大小还取决于信众数量的多少。问题是即便知道是谣言，在"逆火效应"的作用下，其影响仍难以扑灭，其中的关键在哪里呢？还在已知是谣言的人身上。正如奥尔波特在他的《谣言心理学》一书中提到的："如果我们听到的谣言给事实做出了一个符合我们私生活的解释，我们便愿意相信并传播它。"也如卡普费雷所言：我们隶属的那个社会群体认为是真实的东西才是真实的。社会是建筑在信仰而不是证据的基础上的。也如奥尔波特所指出的：谣言内容本身应满足使人相信的两个条件，能够相信和愿意相信。

流言定然不会消失，因为人们的兴趣不再止于结论，流言的性质会从结论性流言转变为缘由性流言。流言之所以具有影响力还因为流言体现着人与社会的关系。如果是在对战中，想象的流言会在为战胜共同的敌人而强化集体意志方面更有作用。

七、宣传的影响力出于权力下的技巧

反思宣传影响力的过程是一个纠结的过程。宣传不过是权力意志在传播中的表现，宣传是从治理和管理的角度对大众心理的驱动，其目的是要对大众从思想到行动进行影响，从而达到有效控制社会的目的。此时，宣传中体现出来的道德的约束力、理论的说服力、文化的归属力、艺术的感染力和科学的影响力等都可以成为意识形态控制的表现形式，都属于社会控制的文化因素。当通过宣传活动使人们自发地遵守宣传内容时，权力的作用就充分体现出来了。

基于这种逻辑关系去挖掘理论，就能发现并没有宣传独有的理论，也不存在宣传专用的技巧。本书中所涉及的理论，大多借用的是心理学中关于"说服"的理论解释。就说服而言，大多是以理去服人，直接效果就是他人无言以对，实现口服。由于各人对道理的认识存在巨大差异，因此做到"心服"不是一件容易的事。比"口服"更深入一步的是"信服"，它接近于"心服"。因缺少认识内化过程，所以"信服"不等于"心服"。目前辅之以使人不得不顺从的权力作用，口服可以转化为信服，也能为心服打下一定的基础。

在外部权力中，政治就是重要的内容之一。宣传一旦被提到政治的高度来理解，就具有了超出其外延的支配力，其中包含了时下全员与之相关的必要性、重要性、紧迫性、危险性等因素。因此，它有利于从意识、态度，以及意志行动上调动全体人员的投入意愿。借助外力是宣传的一种常见手段，作为一种正压力，与之相伴而生的是负压力——抵抗力。因此,宣传中可持续利用的不是对硬权力的依赖,而是对软权力的有效应用。

获取信息是有所作为的先决条件,转变成了有所作为是获取信息的先决条件。

占有知识就是拥有权力,它让位于发现问题及力图解决问题的能力。如前面关于宣传的影响力一章里提到过:对福柯而言,终极权力是知识的权力,社会控制是通过对知识或事实的控制来进行的。

对于所谓的宣传技巧应该有一个更为理智的认识。我们发现,即便有硬权力相助,可宣传真正有效对接的是软权力的成分。过去受扩大化了的政治意识驱动,与宣传紧密相连的是硬权力,其基本句式是:不……,就……。置于"不"字之后的往往是所谓的宣传内容,而置于"就"字之后的则是强权作用力的内容。以往在硬权力支持下的简单化宣传,掩盖了抵抗意识,不利于长治久安。因此,人们发现在软权力的帮助下,尊重心理规律的宣传才是有效的,把这些有效的方法归纳起来称为"技巧"。需要注意的是,即便称为"技巧",它的作用也是有局限的。一切唯技巧论,把宣传作为手段的做法,都是不科学和难见长效的。同样,由于各自有其规律,简单粗暴地把宣传与教育相连,把宣传与新闻报道对接的做法,对教育和新闻报道只能是一种干扰。

宣传只可以是顺水的船,绝难成为逆流的舟。其影响能力皆来源于罗伯特·达尔、约瑟夫-奈以及福柯所认为的"权力",它是那种让别人做他们不愿意做的事情的能力。它有时在外部,有时也会在心里。比如,我高兴得想喊出声来。其中"高兴"就构成支配"喊"的权力;"我激动得夜不能寐"也一样。宣传若能做足前因,自然能成后果,这就是其具有影响力的极佳写照。

八、文化的影响力来自环境的力量

文化可以理解为与人相关的所有物质和精神的产物,及它们之间的所有关系的总和。文化构成了我们赖以生存的环境和前提,作为一种先于我们的存在,引导着我们。恰如博厄斯所言:人是文化的产物。

如果说人也是文化的创造者,那么经济上从农牧业走向工业社会,又从工业社会走进信息产业社会,与此同时,人被从集体中分离出来,得以凸显其自身的价值,就是人在经济层面上创造的文化。

其间,纵使科技突变、人口增长、欲望无边,人首先钟情于人本身,这一不曾改变的事实也属于人所创造的文化。

在钟情于人本身的同时,人们还创造了社会这个可供个人参照和模仿的系统,以及如何利用这个系统实现对人的管理的各种方式方法,这也是人所创造的文化。

处于危机与困顿中时,人如何以野果充饥,以流言当饭吃的应急手段,也是人所创造的文化。

前进中,如何组织人心、管理社会,在解决各式各样问题的过程中创造了借助权力、动用政治用于社会控制的宣传管理方式,更是人创造的文化。

所有这些,但不仅这些,皆是人所创造的文化的表现,同时也构成了我们的生存环境。它等同于自然环境,对于后人来说,大有"顺则昌,逆则亡"的寓意。集体主义文化环境中成长起来的人,之所以有在环境面前"逆来顺受"的认识,就因为他们在人与环境的关系上,能把社会环境与自然环境相提并论,进而能克己以从之。这种克制揭示出来的恰好是文化对人的影响力,只不过它显得更为深刻,也更为广泛。

从权力距离、个人和集体、内在与外在、阳刚与阴柔等维度,对不同国家文化,借助霍夫斯泰德从社会基本观念、人格、家庭、教育和消费等方面进行的分析和对比之后,在一系列巨大差异中可以深刻感受到文化作为"心理程序"对人的巨大影响力。回顾今天的公益广告,无一不是以固有的国家、民族文化为出发点进行的基于经验主义一元式思维的说服活动。出身于这个文化的人,不谈缘由,只归结于文化,就能接受,对外来文化者,恐怕理解起来就很费力。

思考题

1. 简述有形与无形的影响对媒介传播的影响。
2. 简述短期的影响与长期的影响的利弊问题。
3. 简述可追求的影响与不可追求的影响价值。
4. 简述在追求的影响中前进的受众需求。
5. 简述眼前的空气、水资源和媒体环境对于人的关系。

后 记

接近完稿的这些日子,北京处在前所未见的雾霾当中,百米之外的一个个高楼都不见了踪影。如同我所做的研究,完善还只在可望而不可全及当中。这其中,有环境的问题,也有认识的问题;有社会的原因,也有个人的局限。我以为,可望而不可即,不能成为不去涉及的理由;未能取得足够深入的研究成果,也不能成为不去追求深入研究成果的理由。雾霾一定是人的问题,不能取得深入研究的成果也只能是人的问题。克服雾霾不是一个人可行之事,需要人人参与、付出行动、不断保持,如此方能见效。对人与人之间影响力的研究也定然需要后人的参与,不断竭力而行,方能结出正果。

于今,我所能做的,仅仅是重新弘扬"打破沙锅问到底"的精神,以及坚持科学理性的做事原则,哪怕它只对后人的做事态度有所帮助,我也不虚此番劳作。在社会科学研究上,我们有过一个最好的时代,但却是一个低起点的时代,是一个多少年、几代人始终没能挣脱的起飞点。起飞意味着脱离,起飞也是对起点的致敬,因此任何为起飞所做的挣扎,只要不对起飞构成阻碍,就是令人敬重的;反之亦然。

事实上,理论的起飞的确不是一件易事。多少年来意识形态领域里的守旧观念,固然需要去克服,与之相比更为急迫的事是怎么去克服。这就要说到研究的管理理念了。立于经济人地位上的研究管理,只考虑可预见成本数量,在基础上决定投入的多少。这种做法确实可以使研究具有最大的投入产出比,但必须明白,在唯效率论的驱使下,社会失效和理论失败都有可能来得更快。而立于道德人地位上的研究管理,只要是以有效性效率为评价核心,把人的精力投入作为第一生产力加以呵护,研究成果不仅会更有价值,还能保证有效效能的持续性。这真正暗合了"无钱万事不能,但有钱也不是万事皆能"的道理。尤其是当研究要创新并且克服千难万险的成本无可预计时,支持科研接近成功的主要支柱就只有精神力,这是无价且可贵的成本。所谓科研成果质量的高与低,大多取决于人的精力投入的多少。从这个意义上来说,如果我的研究没能有更高的质量,皆因过程中太多的事务性工作占用了我的大部分精力,而我又不具有为研究义无反顾的勇气。相信每一位生活在高校里的同仁对如此挣扎都感受颇深。这种挣扎导致的物质层面的结果就是人人有力无心的付出造就了大批有量缺质的研究成果。

总之,这是一个逐渐向好的时代,也是一个难以让人静心书案的时代!

钟以谦

2016 年 11 月

图书在版编目(CIP)数据

媒介传播理论:人与人之间的影响/钟以谦著.—北京:中国传媒大学出版社,2017.2
(网络与新媒体专业"十二五"规划教材)

ISBN 978-7-5657-1674-4

Ⅰ.①媒… Ⅱ.①钟… Ⅲ.①传播媒介—高等学校—教材 Ⅳ.①G206.2

中国版本图书馆 CIP 数据核字(2016)第 068044 号

网络与新媒体专业"十二五"规划教材

媒介传播理论:人与人之间的影响
MEIJIE CHUANBO LILUN:RENYUREN ZHIJIAN DE YINGXIANG

著　　　者	钟以谦
责 任 编 辑	吴　磊
特 约 编 辑	陈　默
装帧设计指导	吴学夫　杨　蕾　郭开鹤　吴　颖
设 计 总 监	杨　蕾
装 帧 设 计	刘鑫、方雪悦等平面设计团队
责 任 印 制	阳金洲

出版发行	中国传媒大学出版社
社　　址	北京市朝阳区定福庄东街1号　邮编:100024
电　　话	86—10—65450528　65450532　传真:65779405
网　　址	http://www.cucp.com.cn
经　　销	全国新华书店
印　　刷	北京艺堂印刷有限公司
开　　本	787mm×1092mm　1/16
印　　张	14.75
字　　数	271千字
版　　次	2017年2月第1版　2017年2月第1次印刷
书　　号	ISBN 978-7-5657-1674-4/G・1674　　定价 49.00元

版权所有　　翻印必究　　印装错误　　负责调换

致力专业核心教材建设　　提升学科与学校影响力

中国传媒大学出版社陆续推出

我校 15 个专业"十二五"规划教材 162 种

播音与主持艺术专业（10 种）
广播电视编导专业（电视编辑方向）（11 种）
广播电视编导专业（文艺编导方向）（10 种）
广播电视新闻专业（11 种）
广播电视工程专业（9 种）
广告学专业（12 种）
摄影专业（11 种）
录音艺术专业（12 种）
动画专业（10 种）
数字媒体艺术专业（12 种）
数字游戏设计专业（10 种）
网络与新媒体专业（13 种）
网络工程专业（11 种）
信息安全专业（10 种）
文化产业管理专业（10 种）

　　传媒人书店　　　　传媒人书店　　　微博关注我们　　微信关注我们　　访问我们的主页
　　（For IOS）　　　（For Android）

本书更多相关资源可从中国传媒大学出版社网站下载
网址：http://www.cucp.com.cn
责任编辑：吴　磊　　特约编辑：陈　默　　意见反馈及投稿邮箱：cucpoffice@cuc.edu.cn
联系电话：010-65783283